数字普惠金融丛书

# BITCOIN AND MOBILE PAYMENTS

## Constructing a European Union Framework

# 比特币与移动支付

## 欧盟的探索与实践

Gabriella Gimigliano

[意] 加布里埃尔·吉米拉诺　主编

伍旭川 张晓艳 黄余送　主译

东北财经大学出版社
Dongbei University of Finance & Economics Press

大连

辽宁省版权局著作权合同登记号：图字 06-2018-284 号

**图书在版编目（CIP）数据**

比特币与移动支付：欧盟的探索与实践 / （意）加布里埃尔·吉米拉诺（Gabriella Gimigliano）主编；伍旭川，张晓艳，黄余送主译.—大连：东北财经大学出版社，2020.3
（数字普惠金融丛书）
书名原文：Bitcoin and Mobile Payments：Constructing a European Union Framework
ISBN 978-7-5654-3750-2

Ⅰ．比… Ⅱ．①加… ②伍… ③张… ④黄… Ⅲ．电子支付-研究 Ⅳ．F713.361.3

中国版本图书馆 CIP 数据核字（2020）第 020869 号

东北财经大学出版社出版发行
大连市黑石礁尖山街217号　邮政编码　116025
网　　址：http：//www.dufep.cn
读者信箱：dufep @ dufe.edu.cn
大连图腾彩色印刷有限公司印刷

幅面尺寸：170mm×250mm　字数：220千字　印张：17.75
2020年3月第1版　　　　2020年3月第1次印刷
责任编辑：李　季　刘慧美　　责任校对：吉东鹏
封面设计：冀贵收　　　　　　版式设计：钟福建
定价：49.00元

教学支持　售后服务　　联系电话：（0411）84710309
版权所有　侵权必究　　举报电话：（0411）84710523
如有印装质量问题，请联系营销部：（0411）84710711

# 译者序

金融科技近年来取得快速的发展，比特币与移动支付可以被视为理解金融科技的两条主线：比特币的发展带来了区块链这一驱动金融科技长期发展的底层技术，也使得各国央行开始意识到央行数字货币的重要性，并开始研究和部署央行数字货币的发行；移动支付不仅成为数字普惠金融的核心工具，更产生了连接用户、商品、服务和金融的高频度、多维度的金融大数据，进一步为推动云计算和人工智能的发展提供了动力。本书正是聚焦于有关比特币与移动支付的经济、法律和监管等议题，并统一在欧盟的监管框架内进行系统性的讨论。具体而言，本书具有以下特点：

第一，本书在欧盟框架内对移动支付和虚拟货币（尤其是比特币）进行研究，重点比较各国的监管经验，内容新颖且具有欧盟的特色。例如，在支付的安全性和创新性方面，欧洲央行、欧洲银行管理局和欧洲立法部门强调，它们最终的目的是要推动建立一体化的、包容和竞争性的支付服务市场。

第二，本书具有跨学科的特征，内容丰富全面。例如，在比特币等加密虚拟货币的法律属性方面，目前几乎所有的法律体系都缺乏相关的具体监管办法。我们认为当前的监管和立法支柱的核心问题是，法律框架能在多大程度上适用于移动支付和比特币。本书对相关的法律议题进行了全面的梳理和探讨，不仅讨论了欧洲反洗钱框架在适应新的技术进步时可能存在的不足，而且还围绕这些不足给出了一些有价值的方案。

第三，本书既有理论的探讨，又在实践上提供了政策可操作的建议，涉及的监管建议可供相关政府部门和监管机构参考。例如，本书的作者认为，从全球监管移动支付的视角来看，功能监管的理念比机构监管更好；本书还深入讨论了与比特币和移动支付有关的增值税征收问题。而比特币和移动支付的监管议题涉及安全支付、个人数据保护、反洗钱和增值税等问题，本书对这些议题都进行了详细的探讨。本书还集中讨论了欧盟框架内的主要监管挑战，如关注客户的资金和数据的完整性、支付和金融系统的可靠性，以及欧洲市场的竞争力等。

本书翻译团队的成员包括伍旭川、张晓艳、黄余送、刘学、伍立杨和唐洁珑。伍旭川翻译了前言，刘学完成了第1~3章的翻译，唐洁珑完成了第4~6章的翻译，伍立杨完成了第7、8章的翻译，黄余送完成了第9、10章的翻译，张晓艳完成了第11、12章的翻译。最后由伍旭川校对和统稿。虽然经过多次检查，本书的翻译难免会出现一些纰漏和瑕疵，欢迎读者批评指正。另外，感谢东北财经大学出版社编辑为本书的顺利出版所做出的工作。

伍旭川
2019年12月

# 前　言

在欧盟框架内探究移动支付和比特币：研究的理论基础和目标

**研究的理论基础**

　　本书探讨了移动支付和虚拟货币（尤其是比特币）的监管问题。移动支付是用于访问基于银行和非银行的支付系统的设备，而对虚拟货币的定义是"有价值的数字表示，它不是由中央银行、信用机构或电子货币机构发行的，在某些情况下，它可以作为货币的替代品"。①比特币作为一种交易货币，代表了最广泛的去中心化的虚拟货币。那么，如果这两种支付手段的运行方式不同，是否可以在欧盟框架内并行发展？事实上，这背后蕴含着三层基本原理。

　　首先，这两种支付手段都能让用户进行线上和线下交易，同时也能实现客户对企业、点对点和企业对客户的支付。

　　其次，移动支付设备允许用户通过移动钱包使用比特币。

　　最后，作为基于信息及通信技术（Information and Communication Technology，ICT）的支付产品，它们在欧洲的数字单一市场战略中发挥着

---

① ECB，Virtual currency schemes—a further analysis，February 2015，25.

关键作用。

数字单一市场的规划目的是"在公平竞争的环境下，个人和企业都可以无缝开展在线活动，同时无论消费者的国籍或居住地是哪，都保证消费者的权利，保护个人数据信息"。[①]为此，2015年欧盟委员沟通会确定了以下目标：（1）改善消费者和企业对在线商品和服务的访问流程；（2）为网络服务的发展建立一个合适的环境；（3）最大限度地增加对ICT的基础设施、调研和创新方面的投资。

这是一个长期项目，可以追溯到马丁·邦曼（Martin Bangemann）在1994年为欧洲理事会编写的关于欧洲和全球信息社会的报告。报告称西方工业模式"被视为是失败的"，这一模式是基于重型汽车工程和电子工业的，当时在英国和德国的经济体系中发挥了重要作用。此外，该报告涉及信息技术部门，并将技术发展作为欧洲经济增长的指导方针。[②]

相应地，展望未来十年，欧盟15国领导人2000年在里斯本举行特别首脑会议，制定了一个新的战略目标：使欧洲成为"世界上最具竞争力和活力的知识型经济体"。这一长期战略目标旨在消除在线跨境服务的障碍，为企业、消费者和公民提供法律保障，并将为此建立一个灵活的、技术中立的法律框架。[③]在这个框架内，欧洲议会和理事会通过了《电子商务指令》，并在几年后通过了关于消费者金融服务远程营销的指令：《2002/65/EC指令》。[④]

---

① Communication from the Commission to the European Parliament, the Council, the European Economic and Social Committee and the Committee of the Regions, "A Digital Single Market for Europe", Brussels 6.5.2015, COM (2015) 192 final, 3.

② Philip Leith, "Europe's Information Society project and digital inclusion: universal service obligations or social solidarity?", International Journal of Law and Information Technology 20, no. 2 (2012): 102-123.

③ Report from the Commission to the European Parliament, the Council and the Economic and Social Committee, Brussels. COM (2003) 702 final, 1-25.

④ Directive 2002/65/EC of the European Parliament and of the Council of concerning the distance marketing of consumer financial services published in the OJEU of 9.10.2002 L271/16.

《电子商务指令》①的“内部市场”条款规定，根据欧盟成员国的规章制度，允许信息社会服务商向整个欧盟提供服务；而《2002/65 / EC指令》对金融服务提出了广义的概念，要求支付服务和透明度至少要达到《97/7 / EC指令》②中远程合同的金融服务用户的水平。③

根据《2002/65/EC指令》，客户必须提供大量的初始信息。这些信息包括供应商和金融服务的责任（主要特点、整体价格、额外费用、付款流程和支付方法、任何特殊的风险或信息的有效期和距离合同），以及行使撤销、庭外索赔和赔偿程序权利的条件。

上述责任和义务是根据最初的服务协议，而不是事后的操作制定的。下面是关于银行账户合同和存款操作的例子。根据序言第17条，开设银行账户或获得信用卡的合同被视为初始服务协议，而在银行账户中存取资金（以及直接借记或贷记转移指令）被视为初始服务协议下的操作。因此，在服务提供者的披露和透明度义务中，既没有规定，也不授予消费者退出的权利。

当《2002/65/EC指令》被《2007/64/EC指令》（即PSD）修正时，消费者支付服务远程营销的框架分为两部分：通用类别和特殊类别。这二者都涉及为潜在客户提供初步信息。因此，必须根据两个指令的联合应用，向签订远程合同的潜在客户提供一组初步信息。

根据PSD的要求，在支付服务和单一支付交易这两类服务的合同框架方面，要适度进行区分，需要提供的信息包括：（1）支付服务商；（2）支

---

① Directive 2000/31/EC on certain legal aspects of information society services, in particular electronic commerce, in the Internal Market (Directive on electronic commerce) of 8 June 2000 published on OJEC of 17.7.2000 L 178/1.

② Directive 97/7/EC of the European Parliament and of the Council of 20 May 1997 on the protection of consumers in respect of distance contracts, published in OJEC of 4.06.1997 L 144, 19—27.

③ 当使用“远距离沟通手段”进行要约、谈判和下结论时，在《2002/65/EC指令》框架下签订“远距离”合同。这是一个技术上中立的想法，涵盖了所有供应商和消费者没有实际出现情况下的沟通手段。

付服务流程；（3）所有费用、利息和汇率（如适用）由用户支付；（4）用户和服务商之间的通信形式；（5）缔约双方的职责；（6）涉及合同变更、终止和期限的事件时的用户通知程序；（7）补偿系统。

尽管取得了进展，但2012年的绿皮书①认为支付服务是未来电子商务发展的主要障碍之一。对监管方面的担忧主要源于各个成员国支付方式的多样性、企业和消费者的支付成本，以及支付安全问题。

目前对于移动支付或比特币还未设定一个专门的框架。尽管移动支付被归入2007年PSD的总体框架，更新版（PSD2）即将正式发布，但与其他去中心化的加密货币一样，比特币似乎也不属于基于共同体（community）的主流支付服务。

这种观望态度听起来像是欧盟监管领域的新现象。欧盟立法者最近对一个新的ICT支付产品即电子货币产品的处理是：欧洲议会和理事会颁布了两个指令，将发行电子货币视为一种受监管的活动，且电子货币发行机构的许可和稳定机制基本上形成了信贷机构的立法框架。②

事实上，欧盟委员会认为电子货币不受监管既不符合市场的利益，也不符合电子货币用户的利益。因此，根据欧盟委员会的意见，需要采取立法行动来确保电子货币服务提供者的组织健全和稳定，并以同样的方式，使电子货币持有者对这种创新的支付方式有信心。因此，委员会采取了积极主动的措施，并起草了一份双重指令。③

另外，欧洲中央银行批准了该指令草案，并提议将新的电子货币机构纳入"信贷机构"的范围内，以对其实施准备金和统计报告的要求。在立

---

① Green Paper "Towards an integrated European market for cards, Internet and mobile payments", Brussels, 11.1. 2012. COM(2011)941 final, 3 ff.

② Directives 2000/46 and 2000/28 of 18 September 2000 of the European Parliament and the Council on relating to the taking up and pursuit of the business of credit institutions, of 18 September 2000, published in OJEC L275 of 27.10.2000.

③ 说明书。欧盟委员会关于欧洲议会和理事会对电子货币机构业务的接管、追求和审慎监管的指示。

法过程中发表的意见明确陈述了这一点。在这里，欧洲央行认为，"这种可能性……是至关重要的，特别是为对货币政策有重大影响的电子货币大幅增长做好准备"。[①]

然而，在修改电子货币指令时，强调了2000年的电子货币指令限制了"电子货币服务的真实单一市场"和"这种用户友好型市场开发"的发展。事实上，有人提出了一些批评性意见，一方面是关于对目标的限制，另一方面是关于对资本和自有资金的要求。最后，在共同体内获得授权的电子货币机构数量微乎其微。也就是说，根据本国控制和单一许可原则，被授权在成员国境内提供电子货币的机构数量少之又少。直到2009年，关于电子货币机构的指令才放宽了对机构组织和稳定性的要求，以及活动限制。[②]

将事前的立法策略与完全缺乏针对电子支付和比特币的法律框架进行比较，人们可能会推断，二者都不会对消费者保护构成挑战，也不会带来金融风险。

然而，国际监管机构和监管当局的调查研究却得出了不同的结论。有人认为，移动支付和虚拟货币，尤其是比特币，可以刺激支付系统市场的创新和竞争，但它们也可能会危及金融诚信、资金保障措施，以及支付网络的运营韧性。[③]

重要的是，支付"生态系统"已经变得更加复杂。利益相关者包括发明者、"矿工"、发行者，以及"钱包"供应商、处理支付服务商或移动网络运营商。这些不同的利益群体并没有带来新的风险，而是使除了监管和实施安全标准之外的支付系统的设计和运行也变得复杂化。事实上，开

---

① Opinion of ECB of 18 January 1999, OJ C 189 of 6 July 1999.
② 2009年9月16日，欧洲议会和理事会关于对电子货币机构业务的接管、追求和审慎监管的指令，于2009年10月10日发表于OJEC L 267。
③ Tanai Kiaonarong, "Oversight Issues in Mobile Payments", IMF Working Papers no. 123 (2014):1-35; CPMI, "Non-banks in retail payments", BIS Publication, September(2014):1-47.

放的网络通信和新的商业模式可能会削弱用户对资金和数据的保护，并增加洗钱的风险。[1]

在监管方面，欧洲央行最近一直在研究虚拟货币计划，但没有制定出事前的立法策略。毫无疑问，比特币与21世纪头十年的电子货币一样，可能会对金融诚信、资金保护和支付系统稳定性方面构成威胁。然而，这一次欧洲央行没有采取立法行动，且比特币与实体经济的联系仍然有限，交易量也很小。有鉴于此，具体的监测活动将付诸实施。[2]

最后，无论移动支付和比特币是作为建立数字单一市场、促进电子商务发展的有效支付工具，还是作为市场上支付服务更有利的手段，都有必要在欧盟框架内监管它们的风险和缺点。

**研究的目标**

正如上文所述，欧洲政策制定者没有为其中任何一个政策制定具体的规定。在这种背景下，需要解决的问题是研究比特币和移动支付如何与欧盟的制度和监管相互影响。

根据欧盟的支付法规，即内部市场的支付服务指令 PSD、PSD2[3] 和《2009/110/EC指令》，支付服务和电子货币产品形成了一个相对全面但并非面面俱到的支付框架，该框架包括专业的支付服务管理和发行电子货币的流程。这些指令具有互补性，但它们为消费者及作为支付服务提供者和电子货币持有者的微型企业制定了一个强制性框架。事实上，它们可以享受：

（1）支付服务的透明的规范条件，包括支付交易操作前后的信息；

---

[1] Terry Bradford, Fumiko Hayashi, Christian Hung, Simonetta Rosati, Richard J. Sullivan, ZhuWang, and Stuart E. Weiner, "Nonbanks and Risk in Retail Payments：EU and U.S.", edited by M. Eric Jonhson, Managing Information Risk and the Economics of Security（Berlin：Springer 2009）17–53.

[2] ECB, "Virtual Currency Schemes–A further Analysis", February（2015）.

[3] 当时，PSD2还没有被批准。

（2）从授权阶段到解散阶段，监督支付服务商以使其符合稳定性要求和企业机构要求；

（3）提供单一支付服务和支付账户服务的基本统一的合同责任和义务。

在这个框架内，首要任务是确定这个法律框架能在多大程度上适用于移动支付和比特币。也就是说，移动支付和比特币在多大程度上可以归入支付服务和电子货币的概念，而这正是监管和立法支柱的核心。

此外，本研究还考察了使用移动支付和比特币支付的一系列跨部门监管问题。这些跨部门的监管问题可以分为两类：

第一，市场上普遍存在的宏观和微观经济问题，由国际监管机构和监管当局来处理。这类问题基于不同的服务商参与、非金融提供商的发展，以及将支付系统设计成开放的网络。涉及的内容有反洗钱控制、个人数据保护和支付交易安全等。

第二，有关欧洲的问题实质上是建立在欧盟对数字单一市场——一个支付和金融服务的单一区域及一个针对欧洲公民（无论是自然人还是法人）的单一区域——的政策优先的基础上的。尽管2015年关于数字单一市场的欧盟委员沟通会将跨境电子商务交易的增值税体系视为一种法律负担，但在不同的支付服务提供商之间创建公平的竞争环境一直是欧盟的主要目标。电信运营商和移动网络运营商提供各种增值服务，使语音、数据和支付漫游活动可以紧密交织，这带来了更大的挑战。事实上，反垄断和监管活动一直在运用卡特尔的统一价格原则和集中化原则来权衡外部和内部的竞争。

**关于本书**

考虑到前面概述的基本原理和目标，本书是一本跨学科的著作，在欧盟框架内对移动支付和虚拟货币（尤其是比特币）进行研究，重点比较研究监管的经验。

为了全面处理这一问题，本书分为四个部分。

第一部分介绍了"制度战略与经济背景"。正如前面已经提到的，欧盟政策制定者正在实施一个长期项目，以建立一个单一的支付服务领域。关于这个项目，第1章（Gino Giambelluca 和 Paola Masi）分析了欧盟框架内创新支付领域的监管趋势，并概述了主要政策优先事项以及相关法律和监管机构的来源。第2章（Gianni Bonaiuti）从经济学角度论述移动支付和比特币的关键表现。这很重要，因为不仅可以根据可靠的经济分析来监管每个活动，而且长期以来欧盟法院在执行欧盟法律时采取了一种实用的方法。

第二部分专门讨论了"框架：欧盟的比较大纲"。这部分对移动支付和比特币进行比较，并从立法和监管角度做了分析。事实上，由于没有专门的移动支付和比特币框架，因此更重要的是调查欧盟的支付和金融服务框架是如何涵盖这个主题的。这项研究在第3章（Noah Vardi）和第4章（Gabriella Gimigliano）论述。

与此同时，移动支付和比特币的全球性特征，激励研究者们超越欧盟的界限，密切关注第三国的法律体系和良好的监管经验。第5章（Andrea Borroni）和第6章（Elisabetta Cervone）对此进行了比较调查。

第三部分集中讨论了欧盟框架内的主要监管挑战，主要关注客户的资金和数据的完整性、支付和金融系统的可靠性，以及欧洲市场的竞争力。这部分涉及的主要议题有国际监管机构、欧洲机构和监管机构制定的政策优先事项。事实上，第7~11章分别论述了安全支付问题（Safari Kasiyanto）、个人数据保护（Gloria González Fuster）、洗钱控制（Carolin Kaiser）、增值税问题（Redmar A. Wolf）、欧盟竞争框架内的一体化业务模式（Daniele D'Alvia）。它们都在不同程度上影响着数字单一市场的建立及欧盟的支付和金融服务的单一领域。

第四部分是"结论"。Benjamin Geva 在最后一章中着眼于支付服务的发展，以及多样化的连续性问题。正如 Geva 教授所言，移动支付和比特币"引入了新的角色，但还没有改变支付系统的基本架构"。

Gabriella Gimigliano

意大利锡耶纳

## 参考文献

ECB.（February 2015）. Virtual currency schemes – a further analysis, Frankfurt am Main：European Central Bank. 1–37.

Bradford，T.，et al.（2009）. Nonbanks and risk in retail payments：EU and U. S. In M. E. Johnson （Ed.），Managing information risk and the economics of security（pp. 17–53）. Berlin：Springer.

Kiaonarong，T.（2014）. Oversight issues in mobile payments. IMF Working Papers 123，1–35.

CPMI.（2014）. Non - banks in retail payments. BIS Publication, September，1–47.

Communication from the Commission to the European Parliament，the Council，the European Economic and Social Committee and the Committee of the Regions. A digital single market for Europe. Brussels 6.5.2015，COM（2015）192 final，pp. 1–20.

Leith，P.（2012）. Europe's Information Society project and digital inclusion：Universal service obligations or social solidarity？International Journal of Lawand Information Technology，20（2），102–123.

Green Paper.（2011）. Towards an integrated European market for cards, internet and mobile payments. Brussels，11.1. 2012. COM（941）final，pp.

1-25.

Report from the Commission to the European Parliament, the Council and the Economic and Social Committee Brussels. COM （2003） 702 final，pp. 1-25.

# 目　录

# 第一部分

# 制度战略与经济背景

# 第1章　监管机器：欧洲创新支付的制度方法

Gino Giambelluca and Paola Masi[1]

意大利央行

**摘要：** 本章探讨了创新支付监管方法的演变，描述了相关当局的角色和行为。2011年绿皮书《迈向信用卡、互联网和移动支付一体化的欧洲市场》首次制定了欧洲电子支付和移动支付的重点和一致的政策立场。支付的安全性是创新支付能够健康发展的关键因素，欧洲央行、欧洲银行管理局（the European Banking Authority）和欧洲立法部门（the European legislators）随后在这方面采取了行动，最终目的是考虑当前的体制架构（如权力分工和国际合作等）在推动建立一体化、包容和竞争性的支付服务市场方面的充分性。

## 1.1　引言

支付服务市场商业模式的演变不断反映出监管与技术进步之间复杂的平衡。随着互联网和电子商务的扩散、移动服务和共享经济的发展，电子支付工具在任何时间和地点都能被使用——即使支付者的位置是移动的或

① G. Giambelluca · P. Masi(✉)

Banca d'Italia, Market and Payment Systems Oversight, Italy

© The Editor(s)(if applicable)and The Author(s)2016

G. Gimigliano(ed.), Bitcoin and Mobile Payments,

DOI 10.1057/978-1-137-57512-8_1

是距离较远的。技术还持续为新的商业模式创造机会，包括移动支付和虚拟货币计划。

在这方面，各机构和监管部门正在制定不妨碍市场发展的制度规则和监管措施。由于数字世界没有地理上的边界，制度上的具体操作将很复杂。除此之外，困难还在于如何使行动与技术发展同步，并将虚拟货币等突发现象与传统的法律和经济类别相结合。这一困难的一个标志是，随着监管机构之间跨部门和跨境关系的加强，管理金融服务和支付系统的制度框架的复杂性也在日益增加。在欧洲，关于如何规范创新支付服务的讨论仍在进行中，更好的内部革新可能得益于以下三个方面：一是创新友好型的监管讨论；二是对最近创新支付发展的制度战略的综述；三是不同当局考虑到这方面框架、目标和任务的协作和重叠，对相关表述进行了更新。

## 1.2 创新友好型监管环境的讨论

监管在经济意义上被认为是公共干预的核心形式，通常被视为创新的推动力或阻碍。监管的概念根据不同的历史、地理背景或现行的监管制度而有所不同。其广泛的定义包括正规工具（formal tools），如法律、条例、指令、通告、条例，和不太正规的（less formal）工具，如市场自律和最佳惯例（行业行为守则）。其差异主要体现在监管以何种方式取代其他形式的公共干预，特别是公共企业或公共设施。[①]监管以多种方式影响创新

---

① Robert Baldwin, Scott Colin and Christopher Hood, Introduction to A reader on Regulation, eds. Robert Baldwin, Scott Colin and Christopher Hood (Oxford: Oxford University Press, 1998), pp. 1-58.

的激励，并贯穿于从研发（R&D）到商业化的整个创新周期。[①]在国内或跨境层面上，法律渊源的多层次结构以及在不同机构之间的监管权力分配，往往使分析更加复杂化。[②]经济活动日益全球化，以及在某个货币区里的国家和国家权力界限的模糊性，将组织视角的重要性引入监管领域，[③]这是建立一个创新友好型监管环境的主要因素。

金融业历来受到严格监管，主要是由于其产品往往是金融创新的主要甚至唯一的工具。[④]金融制度对创新的影响被归为对监管与经济增长间关系的更一般的分析，具体的分析为关于竞争与反垄断对资本投资的影响的研究。[⑤]经典的熊彼特理论强调了一个（较强的）竞争环境对企业家创新意愿和能力的负面影响：在国家和国际层面的暂时垄断可能是对技术创新的适当激励。[⑥]不同的是，一些实证研究发现竞争对创新和经济增长普遍

---

① Pelkmans, Jacques and Renda Andrea. "Does EU regulation hinder or stimulate innovation?" In Centre for European Policy Studies（CEPS）, Special Report（Bruxelles：no. 96, November 2014）, pp. 1-28.

② Enria, Andrea, "The Single Rulebook in banking：is it 'single' enough？" in Lectio Magistralis（Padova：University of Padova, 28 September 2015）, pp. 1-2.

③ Hancher, Leigh and Moran Michael, "Organising Regulatory Space" in A reader on Regulation, eds. Baldwin, Robert, Colin Scott and Hood Christopher（Oxford：Oxford University Press, 1998）, pp. 148-172.

④ Visco, Ignazio, Remarks in Harnessing financial education to spur entrepreneurship and innovation. 3rd OECD / GFLEC Global Policy Research Symposium to Advance Financial Literacy（Paris OECD 2015, May 7）, pp. 1-5.

⑤ Blind, Knut. "The Use of the Regulatory Framework to Innovation Policy" in The Theory and Practice of Innovation Policy – An International Research Handbook, eds Smits, Ruud, Shapira Philip and Kuhlmann Stefan（Cheltenham：Edward Elgar, 2010）.

⑥ Aghion, Philippe, AkcigitUfuk and Howitt Peter. "The Schumpeterian growth paradigm" in Annual Review of Economic,（Palo Alto, CA, 7 (2015) 557-575. Aghion, Philippe, Bloom, Nicholas, Blundell, Richard, Griffith, Rachel, and Howitt, Peter. "Competition and innovation：An inverted-U relationship" in Quarterly Journal of Economics,（Oxford, UK, 120 (2) 2005）：701-728.

具有积极影响。[1]最近的研究倾向于在这些分歧中寻求折衷：这些研究承认竞争与创新之间关系的复杂性，在一个动态语境中关注这二者之间的非线性关系，并明确引入竞争规则对企业创新激励的不同影响。

关于支付的基础设施，文献出于两个原因仍在争论金融交易的清算和结算系统中促进竞争的机会：

（1）它们将网络效应与特定的自然垄断的属性相结合，如许多公用事业。

（2）监管支付部门的主要公众利益在于维护系统稳定性（风险分配问题）和保护消费者。

然而，支付系统的许多制度改革——源于2000年英国的"克鲁克肖克报告"（Cruickshank Report）以及欧元系统的单一欧元支付区（SEPA）项目——是受到了增加市场竞争、提升透明度、改善市场管理模式、提升提供支付服务的标准与公平性的需求的激励，以推广方便用户的（免费）创新的付款方式。支付市场通常是寡头垄断的，监管机构可能会尝试将其开放给新的供应商（如欧盟的非银行机构和非金融机构），并对费用设置进行干预，以便在不同的利益群体间有效地重新分配成本和收入。监管机构更倾向于提高支付效率，特别是进行支付创新，[2]其中，政府是促进支付创新（如引入电子支付的新规则）的直接推动者，普惠金融是支付创新的驱动力，使用创新支付工具或低成本的新型银行账户，可以更好地将没有银行账户的人纳入金融行业。

机构改革与总体监管框架结构（机构、权力、标准、监督实体、执行力），特别是如何划分监管实体和监管实体内部，正在影响对经济和

---

[1]　Brandolini, Andrea and Ciapanna Emanuela. "L'ambigua relazione tra concorrenza e crescita." In Concorrenza e crescita in Italia: illungoperiodo, eds Gigliobianco, Alfredo and Toniolo Gianni(Venezia: Marsilio, forthcoming).

[2]　Bank for International Settlements, Innovation in retail payments. (Basle: Committee on Payment and Settlement Systems, May 2012), pp. 1-58.

（或）部门经济主体监管的成本和有效性。[1]金融机构通常由三个要素构成[2]：机构、职能和目标。这三个要素不是相互排斥的，而是结合在一起以提高系统的弹性。以机构为重点的监管主要考察金融机构，而不考虑其业务的混合性，而功能性监管则恰好相反。管理结构或内部监管框架，通常是根据监管的目标设定的，其最优结构的最终标准是：在满足基本要求的同时，提高监管效率和达到目标。由国际金融组织提出和推广的这个理念是：监管机构是最有效力和效率的，但同时也是最透明和最负责任的。然而，当监管的目标之间存在潜在的冲突时（如促进竞争与创新服务的激励相冲突），要考虑的一个问题是，哪种结构在解决冲突方面最有效。将制度结构聚焦于目标的一个优点是，它要求在政治层面解决这些不同目标之间的重大冲突，但这并不一定与整个金融架构的最优设计相对应。

## 1.3　创新支付市场发展的制度战略

在过去的十年中，欧洲创新支付战略在一系列政策干预中实现发展，这些干预政策与以下三方面的政策目标相关：促进运营商之间的竞争，将欧洲各个国家的市场整合为单一的欧元区，加强支付系统与服务的安全性。通过这三方面政策的实施，我们可以对最新的支付创新监管政策进行统一的、连贯的概述。

---

① Organisation for Economic Co-operation and Development(OECD).The governance of regulators.(Paris：OECD 2014) 13–28 and Recommendation of the Council on Regulatory Policy and Governance.(Paris：OECD，March 2012)，pp. 3–19.
② Goodhart, Charles, Llewellyn David and Hartmann Philipp. "Reflections on Financial Regulation." in Financial Stability Review，(London：Bank of England，n.3，1997)，pp. 51–60.

### 1.3.1　创新和竞争

　　欧洲第一个关于支付服务的指令《CE/2007/64 指令》（PSD）主要关注的是竞争，其引入了新的支付服务提供商，即支付机构。随着支付机构的混合化，立法机构的目标是为高新技术企业（如电信企业）提供获得支付服务的机会。事实上，它们被允许将支付系统与传统服务相结合，充分利用其广大的客户基础和创新能力。尽管新规已颁布多年，目标只被部分实现。电信行业对支付行业并不感兴趣，在不改变与银行和金融部门合作模式、不增加合规成本的情况下，它更倾向于能够提高专业化程度的商业模式。电信行业只对不受监管的服务感兴趣，比如那些数字产品和服务。换句话说，就是手机账单上的移动支付服务可以与传统的银行和信用卡服务竞争。这也是为什么欧洲议会于 2015 年 10 月通过了新指令（PSD2），修正了电信运营商可以"无许可证"提供的支付服务的范围，这是基于比例风险方法，目的是激励创新。一方面，立法者明确列出了可以用手机支付购买的商品和服务的类别，将捐赠和购票包含在内；另一方面，它定义了交易的最大金额（每笔交易 50 欧元和每月交易 300 欧元），而支付机构需要获得制度许可才可以处理较大额度的交易（见专栏 1.1）。

　　与第一个指令相比，PSD2 确定了与该战略一致的其他商业模式（被欧盟委员会多次肯定），以鼓励高度竞争的电子支付市场的发展。这是建立在贸易和行政管理向互联网模式（电子商务、电子政府）转变的基础上的，根据共同体机构的说法，必须通过开发有效的支付方法来充分支持互联网的发展，使所有公民都能方便地获得跨境交易服务。在一个在网上使用支付卡为主导的市场中，立法者的干预手段有两种：（1）根据交换费的规定（IFR），修订关税规则和卡片交易的透明度；（2）PSD2 正式承认允许账户访问的服务。这两种干预行为（IFR 和 PSD2）为在互联网上安全有效地使用支付工具建立了框架，促进了在线支付方式的多样化，并增加了电子商务消费者和运营商的交易机会。

至于对创新的影响，虽然许多批评者强调PSD2存在迅速过时的风险，但支付服务的新规定扩大了支付系统涵盖的范围，包含了对客户信息的在线管理，但是不包括资金流动和基金管理，如启动付款或访问账户信息。这就表明了金融行业支付服务方式的持续变化：与其他创新服务模式（如众筹或社会贷款）一样，客户信息的管理与访问用户的财务领域（管理凭证、支付启动和账户平衡信息）相关。为了保证系统的可靠性，客户信息管理正变得与金融交易管理一样重要。

**专栏1.1　修订后的支付服务指令（PSD2）**

　　PSD2更新了PSD制定的规则，该指令旨在建立一个更加一体化、安全、高效的欧洲支付市场，同时也促进支付服务提供商建立一个公平竞争的环境。

　　PSD2通过扩展新服务和参与者扩大了PSD的覆盖范围。特别是，在互联网支付领域出现了一些新参与者，它们向消费者提供了新的支付平台，即通过信贷转账即时支付在线购物，而不需要信用卡。它们在付款人的账户和网络商家之间建立了一个桥梁，确保后者的信用转移已经启动，并在适当的时候被记入贷方。对支付账户的访问服务，即账户信息服务，允许消费者对他们的财务状况有一个整体的了解，并以友好的方式分析他们的消费模式、消费支出和财务状况。

　　新指令涵盖了那些至今还未被欧盟层面监管的新的支付供应商，解决了在保密、责任或此类交易安全方面可能出现的问题。

　　除了对数字产品和服务的支付豁免外，PSD2还规定了通过商业代理和受限制的网络进行支付交易的豁免范围。商业代理的豁免在某些电子商务的管理中尤为重要。网络平台市场的商业模式将会受到豁免的新范围的影响。

　　在国际金融机构的指令中建立的商业代理的豁免在成员国中得到了不同的应用。某些成员国允许使用电子商务平台的豁免，这些平台代表个体买家和卖家，没有实际的保证金来谈判或达成商品或服务的销售或买卖。这意味着消费者面临风险，因为他们没有受到法律框架的保护，这也是扭曲竞争对支付市场的影响。为了解决这些问题，PSD2阐明了豁免适用于"代理人仅代表付款人或只代表收款人行为的情境，无论其是否拥有客户的资金。当代理人既代表付款人又代表收款人时（如一些电子商务平台），他们只有在任何时候都不进入或控制客户资金的情况下才会被豁免"。

PSD2还修改了在"受限制的网络"下提供的支付服务或购买有限类别的商品和服务的例外范围。需要更好地界定这一豁免，是因为它往往涉及大量的付款额和价值——被用来支付数千种不同的产品和服务，风险更大，若对消费者没有法律保护，对受监管的市场参与者也有不利之处。这就是为什么PSD2首次引入向主管当局和欧洲银行管理局（EBA）报告的义务，即旨在加强消费者保护和协调实施成员国豁免。关于消费者的权利，PSD2为无条件退款（在付款后的8周内）提供了法律依据，由欧洲支付理事会制定的泛欧直借计划担保，在SEPA内形成了较高水平的消费者权益保护。此外，会员国可以制定对付款人更有利的退款规则。PSD2还确认，成员国可能需要保留以欧元计价的直接借记，以满足市场的特定需求，允许付款人和付款人的支付服务提供商在一个框架合同中约定付款人无权退款；当付款人同意直接对他/她的PSP执行交易时，会对付款人提供即将支付的信息，或者提供支付到期日前至少4周的付款服务。在任何情况下，付款人都受到一般退款规则的保护，在借记卡生效后的13个月内，对付款人进行保护，以防发生未经授权或不正确的付款交易。此外，新指令增加了消费者向欧盟以外地区汇款或在非欧盟区域支付的权利。PSD2将PSD规则在透明度上的应用扩展到"单项交易"，从而覆盖欧盟以外的支付交易。关于费和透明度方面的规则，PSD2不鼓励在网上和商店中使用特定支付工具（包括借记卡和信用卡）的做法。在所有的情况下，对商家的信用卡收费是有上限的，根据对基于卡片的支付交易

（IFR）的交易费的规定，将不再允许商家对支付卡的消费者收取额外费用。这意味着禁止对欧盟内95%的信用卡支付收取超额费用。关于支付机构的制度，PSD2在很大程度上证实了当前的PSD所规定的许可和操作要求。主要的改动部分与付款安全水平提高有关：希望被授权为付款机构的实体向其申请安全政策文件，并说明安全事故管理程序和应急程序。旨在确保金融稳定的资本要求在PSD2中基本保持不变，因为它们是在PSD中提出的。对第三方服务提供商的具体资本要求，与它们各自的活动和它们所代表的风险有关。第三方服务提供商自身没有资金要求，但需要为它们提供服务的领域提供专业的赔偿保险。在授权和监督支付机构的前提下，PSD2还加强了当局之间的合作和信息交流。欧洲银行管理局建立了一个合法授权的中央支付机构。至于提供跨境服务的支付机构，原则上对它们活动的监督仍由其所在成员国负责，但东道国的权力得到了加强。PSD2在护照检查程序方面，促进了国家主管机构间进行更好的合作和信息交流。此外，东道国可以要求在其领土内与代理商和分支机构合作的支付机构定期报告其活动情况。在紧急情况下，要求立即采取行动，东道国允许对有关的支付机构采取预防措施，与此同时有义务与成员国合作寻求补救办法。PSD2包含一个选项，即成员国可以要求与在其领土上设立的代理或分支机构有合作的提供跨境支付服务的支付机构设立一个中央联络点。中央联络点应确保主办地区的支付机构的活动有充分的沟通和信息交流。欧洲银行管理局的任务是起草有关部门之间合作和信息交流的监管技术标准，以及可以要求建立中央联络点的标准和这种联络点的职能。

### 1.3.2 创新与金融一体化：SEPA项目

在欧洲，监管机构还通过建立一个统一的支付市场来支持支付创新，该市场与欧盟的监管规定，即《260/2012指令》，使SEPA的标准成为强制性的。①资金转移方式的协调可以激励创新产品和服务的发展，这些产品和服务可以根据SEPA的新规定，从34个不同的欧洲国家的付款人和收款人的可达性中受益。SEPA的信用转移和直接借记可以在电子商务中实现创新支付，如由PSD2管理的支付启动，以及通过移动设备支付的新支付模式。后者的一个例子是基于智能手机的个人对个人支付（person-to-person payments，P2P），其在一些国家正在取得进展。②

欧元零售支付委员会（ERPB）最近提到需要"支付服务提供商提供P2P移动支付服务，应该尽可能利用现有的基础设施（如SEPA支付和IBAN）"。③此外，应该创建一个统一的过程使P2P移动支付数据（即移动电话号码或电子邮件地址和IBAN）可以跨境交换本地解决方案——因此基于包含IBAN代码的档案和由现有计划管理的电话号码之间的联系，ERPB建议建立一个工作流来识别标准，以确保现有解决方案之间的完整性和互操作性。

P2P移动支付丰富了移动支付市场，替代了基于钱包或支付卡的移动支付，这是一个不错的选择，对市场的影响可能非常重要。SEPA所有用户的可及性和较低的定价模式（与传统的银行卡支付相比）使这些服务对传统和在线的商家都有吸引力。最后，值得注意的是，这些服务即使是高度创新的，也可能受益于SEPA的良好监管框架。

---

① 欧元推出后，对跨境零售业一体化的失望促使欧盟委员会积极参与这一领域，并对纯粹的"市场主导"一体化进程缺乏信心。参见：Ciani, Daniele and Masi, Paola. "Integration of EU Payment Systems: a 'tolerable straight line'?" in Ianus Special Issue 2014（Siena: Università diSiena）7-23.

② P2P移动支付可以通过智能手机上下载的专用移动应用程序实现人与人之间实时的资金转移，其功能与诸如"whats app"之类的消息服务相同。该应用程序可以实现SEPA信贷转移，在付款人和收款人之间生成的绑定各自电话号码的两个账户间完成。

③ ERPB, Statement, 29 June 2015. https://www.ecb.europa.eu/paym/retpaym/shared/pdf/3rd_erpb_meeting_statement.pdf? 6b0bc1dab8413a918607df831ad883df.

### 1.3.3 创新和安全

新的业务模式和工具的发展也需要安全性。在支付市场，以及其他数字经济领域，用户和服务提供者之间的关系是建立在设备、应用程序和网络基础设施的基础上的。此外，在"共享经济"模式中，这种相互作用不仅是技术上的，还涉及整个用户群体。在这种背景下，我们有了一种新的形式，支撑着双方在商业和金融上的关系，鉴于这种形式的复杂性，其不能由数字市场上的任何一个参与者自主担保。

这就是为什么监管机构近年来一直在采取措施帮助数字市场重现建立牢固关系的条件，其建立在与纯粹的虚拟方完全信任的基础上。与其他部门的其他法规一样（见NIS指令），PSD2第一次对安全问题进行了广泛的干预，设定了支付服务提供商的最低要求。新指令引入了在客户范围内对身份验证的要求，以及在支付系统内部，在许可阶段和当前操作中都需要的具体程序。

其他措施已经被引入到系统层面上，例如提供者与主管当局之间对重大安全事故交换信息。[①]这种干预符合全球机构正在制定的加强关键部门应对新出现的恶意软件的威胁的安全措施。在国家和欧洲层面上制定的有效的"网络安全战略"是创建欧洲"数字单一市场"的支柱之一，[②]金融服务和支付行业是重要组成部分。作为该框架的一部分，PSD2旨在为数字世界的服务定义一套明确的规则，并为其用户提供新范围内的权利保护。

---

① 正如PSD2"说明"中声称的，支付服务提供商必须报告重大的安全事件，以确保对其他支付服务提供者、支付系统和用户的损害控制在最低限度。
② European Commission, A Digital Single Market Strategy for Europe,（Bruxelles：COM (2015)192),6 May 2015.

## 1.4 当局的作用

现行的制度框架对欧洲和国际支付系统制定的监管规则非常复杂。国家层面的当局和各种超国家机构在指导和促进部门的发展方面具有不同的技能和任务。实际上，欧洲机构机制日益复杂的情况也反映在支付领域，主要参与者是欧盟委员会、欧洲银行管理局和欧元体系。

### 1.4.1 欧盟委员会

近年来，欧盟立法者（欧洲议会、欧盟委员会和欧洲委员会）重点通过全面的支付服务将零售支付整合在一起，通过制定一个全面的法律框架来促进市场的发展。支付服务和电子货币的基础包括：关于支付服务的规定《2007/64 指令》，关于跨境支付的规定《924/2009 号条例》，电子货币指令《2009/110/EC 指令》，SEPA 规定的《260/2012 号条例》，有关银行卡支付交换费用的《2015/751 号条例》，以及修订后的支付服务指令。

立法行动可以以各种研究报告和咨询报告作为支撑。2011 年欧盟委员会发布绿皮书《迈向信用卡、互联网和移动支付一体化的欧洲市场》，首次制定了欧洲电子支付和移动支付的重点和一致的政策立场。从监管的角度来看，因为支付市场的重要领域，特别是银行卡支付领域，在国家边界上持续碎片化，并且在某些地区缺乏消费者保护与安全措施，所以有必要进行干预。因此，建立一个统一的安全的电子支付市场是非常有必要的，这能够促进经济的增长，确保消费者、商家和电商在内部市场交易时享有支付的自由选择权，确保交易透明。[①]

---

① PSD2 "recital", no. 4.

为了在这些问题上与成员国保持沟通，委员会通过专门机构和工作组来促进欧盟法律框架的换位和实施方面的协调。①对支付创新的永久管控，也反映了欧盟对支付市场框架的监管存在困难：全球参与者的强大竞争压力，技术变革的快速发展，利用更有利的规定的能力，制定标准的复杂、艰难的过程——这些都是影响传统交易监管有效性的因素。市场与国家主管当局间不同形式的对话是有必要的，以确保欧盟成员国适用规则的一致性和有效性。

随着单一市场的发展，欧盟委员会在监管过程中日益依赖于技术研究组、工作组、直接参与的主管当局、自我监管组织（SRO）和市场经营者。鉴于难以找到合适的新支付激励措施，并对不同的业务模式保持中立，委员会的做法存在过度监管的风险，并与其他机构的行动和建议重叠。这可能会使人们认为欧盟监管权力的分配效率低下。

### 1.4.2 欧洲银行管理局

欧洲银行管理局成为支付服务机构框架的重要参与者。按照法律（《1093/2010号条例》）规定的义务——致力于金融系统的稳定性和有效性，EBA非常愿意参与支付市场，因为支付市场的运作与EBA的目标息息相关，如促进公平的市场竞争环境、确保适当的监管风险措施，并加强对客户的保护。EBA有义务对新的和现有的金融活动进行监管，并听取方针和建议，主要关注支付创新。

2014年7月，在对这一现象进行深入研究的基础上，EBA发布了一份关于虚拟货币的意见，为这一特定的创新制定了监管方法，并邀请欧洲机

---

① 两个主要例子是2009年《里斯本条约》生效后设立的支付委员会与银行、支付和保险专家委员会。这两个委员会支持向欧盟委员会授权，在支付领域提供咨询/专业服务，并协助委员会拟订每一项条例的实施法案和授权法案。

构对其进行监管。①EBA建议对那些在虚拟货币和法定货币之间提供转换服务的实体（虚拟货币兑换商）进行干预，将其纳入反洗钱立法的适用范围内；最后，EBA邀请成员国的监管机构阻止银行、电子货币和支付机构从事与虚拟货币有关的业务，直到该规定发布。其他几家国际监管机构，如金融行动特别工作组（FATF），也解决了虚拟货币的风险预测问题。

EBA在创新支付服务方面的另一个重要举措是在2014年12月发布了《互联网支付安全指南》。该指南基于欧洲中央银行（ECB）的安全薪酬建议，是各机构在应对支付市场新挑战方面合作的一个很好的例子。2015年，欧盟立法委员承认了EBA在支付系统中的重要性，以及它与欧洲系统的合作，并赋予它一系列的授权，以制定监管技术标准和指导方针，特别是在安全问题上。②

**专栏1.2 FATF指引**

2014年6月，FATF发布了虚拟货币的关键定义和潜在的AML/CFT风险报告。尽管支付和金融创新带来了好处，但FATF强调虚拟货币的支付产品和服务（VCPPS）出现了洗钱和恐怖主义融资（ML/TF）风险和其他犯罪风险，这些风险必须被识别和降低。为此，2015年6月，FATF针对虚拟货币发布了基于风险（RBA）的指导方法，重点是将其应用于与VCPPS相关的ML/TF风险上。

该指南将虚拟货币划分为两种基本类型：可兑换的虚拟货币和不可兑换的虚拟货币。可兑换虚拟货币的概念并不是说它有正式的可兑换性（例如，在金本位的情况下），而是一种事实上的可兑换性（例如，有一个市

---

① PSD2排除了将虚拟货币纳入管制的可能性，下次更新电子货币指令时，可能会出现新的可能。

② 这里参考的是互换费条例(IFR)，它要求EBA制定管理技术标准(RTS)，以确保银行卡方案和处理实体之间的分离。修订后的支付服务指令(PSD2)将赋予EBA制定六个技术标准和五套准则的权利。根据欧盟《1093/2010号条例》的第15条，欧盟委员会正式采用了该管理技术标准。

场存在）。因此，虚拟货币的"可兑换性"是指有一些个体参与者提出报价，且其他人接受此报价，其在实际货币中具有同等的价值，并且可以兑换成真正的货币。

可兑换虚拟货币有两种类型：集中的和分散的。集中的虚拟货币有单一的管理权限（管理员）。管理员发行货币，并制定规则，中央统一支付，并且有权赎回货币（将其从流通中撤回）。可兑换虚拟货币的汇率可以是浮动的——由市场供求关系决定；也可以是固定的——由管理员根据货币或其他实际的固定值来确定，如黄金或一篮子货币。目前，绝大多数虚拟货币的支付交易都涉及集中的虚拟货币。分散的虚拟货币是分散的、资源开放的、对等的虚拟货币，它们没有中央管理机构，也没有中央监管（如比特币）。

可兑换的虚拟货币可以兑换成真正的货币或其他虚拟货币，由于种种原因，它们很容易受到洗钱和恐怖主义融资的影响。与传统的非现金支付方式相比，虚拟货币系统可以在互联网上进行交易，通常以非面对面的客户关系为特征，并允许匿名融资。

分散的系统容易受到匿名风险的影响。目前还没有中央监管机构，也没有可用来监测和识别可疑交易模式的反洗钱（AML）软件。执法部门不能针对一个中心地点或实体（管理员）进行调查或资产扣押。这在传统的信用卡和借记卡或较老的在线支付系统中，是不可能出现的。

虚拟货币的全球影响力同样也增加了 AML/CFT 风险。虚拟货币系统可以通过互联网（包括移动电话）访问，并被用来进行跨境支付和资金转移。此外，虚拟货币通常依赖于涉及多个实体的复杂的基础设施，这些实体通常分布在多个国家，用于转移资金或支付。这种服务的细分意味着 AML/CFT 合规和监管/执行的责任可能不明确。此外，客户和交易记录可能由不同的实体持有，通常是在不同的司法管辖区，这使得其更难被执法部门和监管机构获得。分散的虚拟货币技术和商业模式的迅速演变，包括在虚拟货币支付系统中提供服务的参与者的数量和类型/作用的变化，加刷了这一困难。更重要的是，虚拟货币系统的组件可能位于没有充分的AML/CFT管控的司法区。

### 1.4.3　欧洲中央银行和欧元体系的作用

由于欧元系统的使命是简化支付系统的运作，因此它对促进支付系统的创新一直很有兴趣。欧洲央行和各国央行在欧洲银行业向SEPA迁移的过程中发挥了基础性作用。根据欧盟条约，欧元体系活动的主要驱动因素是效率和可靠性。通过其监督职能，欧元体系对支付系统、支付计划和支付工具的安全性和工作效率进行了评估；它还建立了一个关于零售支付安全的欧洲论坛"安全薪酬论坛"，以促进安全问题的解决，由银行代表进行监督。"安全薪酬论坛"制定了互联网和移动支付的安全建议，尽管在监管框架的基础上缺乏执行力，但其考虑了关于互联网支付的EBA指导方针，体现了PSD2关于支付安全的规则（见专栏1.3）。

**专栏1.3　关于互联网支付安全的EBA准则**

鉴于网络支付诈骗情况的逐年增加（2012年，网络欺诈造成的损失达7.94亿欧元，比上一年上涨了21.2%）破坏了支付系统市场参与者的信心，2014年年末，EBA决定发布《网上支付指导准则》（基于ECB的安全支付建议条款），于2015年8月1日起实施。

该准则制定的目的是界定互联网支付服务的共同最低要求，这些支付服务包括：在互联网上执行银行卡支付，包括虚拟银行卡支付；在"钱包解决方案"中使用信用卡支付数据；在互联网上执行信贷转移；直接借记电子指令的发行和修改；通过互联网在两个电子账户之间进行资金转移。

除了这些规定之外，指导准则还提供了一套最佳实践方案，鼓励（但不强制）支付服务商按照这套方案去实施。

手机支付（除了基于浏览器的支付），以及通过邮局、电话订购、语音邮件或使用基于短信的技术和通过专用网络进行的支付交易，都被排除在指导准则外。

该准则规定了三个不同领域的要求：

（1）一般控制和安全环境。该准则要求支付服务提供商实施并定期审查互联网支付服务的安全政策。在建立服务之前和之后，支付服务提供商都应该定期对互联网支付和相关服务的安全性进行全面的风险评估。支付服务提供商应保证监管的持续性和统一性，并妥善处理安全事故的后续工作，它们必须建立一个汇报这类安全事故的管理流程，以防止发生重大安全事故。支付服务提供商应按照各自的安全规定来执行安全措施，以减轻风险。它们必须确保所有交易以及电子指令流程都有适当的跟进。

（2）互联网支付的具体安全管控措施。最重要的安全管控措施是建立强有力的客户认证体系，因为这涉及启动互联网支付，以及对客户的高风险的行为，如签发或修订电子直接付款授权书及访问、查阅或修改敏感的付款信息。在一些预先确定的低风险交易中，可采取替代措施，正如在PSD中提到的。同时，该准则还要求钱包解决方案的支付平台在客户登录时支持强有力的客户身份验证。其他要求适用于客户注册的过程、向客户提供的临时认证工具或软件，以及旨在为了防止、发现和阻止欺诈付款交易的交易监察机制。

（3）客户安全意识、教育和沟通。该准则要求支付服务平台在安全使用互联网支付服务方面向客户提供帮助和指导。它们还必须至少提供一个安全的渠道，以便与客户就正确和安全使用互联网支付问题进行在线沟通。支付服务平台应向客户说明当遇到欺诈性付款或可疑性交易情况时向平台汇报的流程。支付服务平台必须为互联网支付服务设置权限，并为其客户提供在这些权限范围内是否需要进一步进行交易的选项。平台还可以提供警报和客户资料管理服务，包括确认付款启动和检查支付交易信息是否正确，以及启动和/或执行的必要信息。

如前所述，PSD2引入了一个更加广泛的安全支付要求——即使很多要求都是新制定的（这是为了覆盖数字经济商业模式中新出现的风险），许多规定完全符合由 EBA 制定的安全性要求的框架，甚至符合之前的 ECB 安全支付建议。

欧元体系还扮演了一个催化剂的角色，为支付行业和其他利益相关方提供制定通用标准的指导和支持，以及可以促进支付链所有环节的创新和效率的互操作性规则和合作行动。其中包括一系列活动，如报告问题、为市场经营者组织研讨会和会议，以及在国家和欧洲层面创建论坛。向这个角色迈出的重要一步是 2015 年欧洲零售支付委员会的成立，欧洲零售支付委员会是一个由欧洲央行设立和主导的新实体，旨在与利益相关方进行持续对话，以便在欧盟发展一个以欧元为单位的综合、创新和竞争性零售支付市场。

正如其职责所述，[①]ERPB 由供应方（支付服务提供商）和市场需求方（消费者、零售商、企业和公共行政部门）的代表组成。ERPB 的工作主要包括制定支付服务市场所需的共同政策立场、指导意见、陈述和战略观点，其主要任务是确定关键问题和工作重点（包括业务实践、要求和标准）并确保解决问题。在其成立的第一年，ERPB 解决了与创新领域相关的各种问题，如即时支付、P2P 移动支付、电子发票等，这些都需要在整合与促进可持续竞争水平之间找到适当的平衡点。

## 1.5 结论

近年来，欧洲的支付系统、服务和产品受到严格监管。想要完成欧洲

---

① https://www.ecb.europa.eu/paym/retpaym/shared/pdf/ERPB_mandate.pdf. 在市场的供应方面，有四个银行界代表、两个支付机构代表和一个电子货币机构的代表参加；在市场需求方面，有两名消费者代表和下列利益相关者类别的一个代表：一是有实体存在的零售商，二是互联网零售商，三是企业/公司，四是中小型企业，五是国家公共行政部门。

一体化的目标，就需要立法者对付款工具（SEPA项目）施加详细的技术要求，以纠正市场经营者之间的协调失灵。此外，开放市场的适应竞争以及避免在特定商业模式中存在分担监管负担方面不公平的差异的目标，导致了更为详细的监管。通常对这类监管的批评主要在于其过分强调了与技术、市场变化速度不一致的高风险，有利于创新的监管方式需要对各种市场商业模式和产品保持灵活性和中立性。从这个角度来看，专业机构如EBA在银行和金融事务方面制定的二级监管，更适合提高监管行动的有效性和及时性。同样，通过促进与ERPB等新机构中的所有利益相关者和运营商的对话，有可能将创新与具有可操作性和竞争力的系统解决方案相结合，并开发出新的安全标准。

对新兴现象（如虚拟货币或移动支付）进行有效监管，要求技术中立，明确界定各有关部门或机构的目标和机构标准化。在支付创新方面，与其他领域相比，监管机构的方法和行动应该更多地取决于相关机构或经济机构之间对话的结果，而不是单纯的"市场力量"。尽管制度复杂性日益增加，监管权力和市场代理的全球维度分配低效，任何金融创新背后的主要公众利益的认识和透明度都有助于设计适当的监管框架。

## 参考文献

Aghion，P.，Nicholas，B.，Richard，B.，Rachel，G.，& Peter，H.（2005）. Competition and innovation：An inverted-U relationship. Quarterly Journal of Economics，120（2），701-728.

Aghion，P.，Ufuk，A.，& Peter，H.（2015）. The Schumpeterian growth paradigm.Annual Review of Economics，7，557-575.

Baldwin，R.，Scott，C.，& Christopher，H.（Eds.）（1998）.A reader on regulation.Oxford：Oxford University Press.

Bank of International Settlement.（2012，May）. Innovation in retail payments. Basle: Committee on Payment and Settlement Systems.

Blind, K. (2010) . The use of the regulatory framework to innovation policy. In S. Ruud, S. Philip, & K. Stefan (Eds.) , The theory and practice of innovation policy-An international research handbook. Cheltenham: Edward Elgar.

Brandolini, A., & Emanuela, C. (forthcoming) . L'ambigua relazione tra concorrenza e crescita. In A. Gigliobianco& T. Gianni (Eds.), Concorrenza e crescitain Italia: illungoperiodo. Venezia: Marsilio.

Ciani, D., &Masi, P. (2014) . Integration of EU payment systems: A 'tolerablestraight line'? Ianus Special Issue. Modulo Jean Monnet, 7-23.

Committee on Payment and Market Infrastructures (CPMI) . (2015, November) . Report on digital currencies. Basle: CPMI.

Enria, A. (2015, September 28) . The single rulebook in banking: Is it 'single' enough? In Lectio Magistralis.Padova: University of Padova.

Financial Action Task Force (FATF) . (2014, June) . Virtual currencies key definitions and potential AML / CFT risks. Paris: OECD.

Financial Action Task Force (FATF) . (2015, June) .Guidance for risk based approach (RBA) to virtual currencies. Paris: OECD.

Goodhart, C., David, L., & Philipp, H. (1997) . Reflections on financial regulation.Financial Stability Review, London: Bank of England, 3, 51-60.

Hancher, L., & Michael, M. (1998) . Organising regulatory space. In R. Baldwin, C. Scott, & C. Hood (Eds.), A reader on regulation. Oxford: Oxford University Press.

OECD. (2012, March) . Recommendation of the council on regulatory policy and governance. Paris: OECD.Organisation for Economic Cooperation and Development (OECD) . (2014) . The governance of regulators. Paris: OECD.

Pelkmans, J., & Andrea, R. (2014, November) .Does EU regulation hinder or stimulate innovation? Centre for European Policy Studies (CEPS), Special Report, CEPS No. 96, Bruxelles.

Visco, I. (2015, May 7) . Remarks, harnessing financial education to spur entrepreneurship and innovation. In 3rd OECD / GFLEC Global Policy Research Symposium to Advance Financial Literacy. Paris：OECD.

# 第2章 比特币与移动支付的经济议题

Gianni Bonaiuti[①]

意大利锡耶纳大学

**摘要：**随着技术创新和新消费观念的发展，在支付领域催生了两种有趣的体验：移动支付工具的日益普及和不需要法定货币和银行货币的替代支付方案，如比特币。这两种情况被认为是推动金融创新的有效动力，但目前它们的积极成果尚不明显。一份综合经济分析报告强调了消费者和第三方运营商的成本和收益，认为移动支付可以改善竞争，迫使银行重新考虑自己的策略。更多的争议问题涉及比特币：在这个问题上，金融运营商的热切期望与监管和货币当局表达的谨慎立场被共同考虑。比特币的非正规基础设施的近期趋势证实了想要建立一个有效的去中心化的、点对点的支付系统是相当困难的。

## 2.1 引言

近年来，对支付系统的关注越来越多，并主要集中于有关未来支付创新的两个话题：移动支付的不断扩展和人们对虚拟货币的使用经验。其

① G. Bonaiuti(✉)

Assistant Professor, University of Siena, Italy.

© The Editor(s)(if applicable)and The Author(s)2016

G. Gimigliano(ed.), Bitcoin and Mobile Payments,

DOI 10.1057/978-1-137-57512-8_2

中，比特币是最著名的和最有争议的虚拟货币。从经济学的角度来看，移动支付和虚拟货币截然不同，但它们都是由技术创新和网络交易量增加等重要因素形成的。移动支付可以创造出新的支付工具和流程，通过竞争有可能会超越现有的支付工具，而银行运营商的策略尚未确定。尽管移动支付未来预计将以非常高的速度增长，但这几乎不会引起人们对其可能对货币控制产生影响的担忧，即便这种情况不会出现。

正如过去所发生的，由网络的外部效应产生的新产品和服务，开启了强化支付标准化业务模式的初步进程，这对于达到允许工具竞争性交换（互操作性）的临界规模而言是必要的，同时也涉及相关用户的利益。目前的情况并非如此，因为移动支付的许多市场解决方案都没有达到将其转化为标准所必需的市场份额。众所周知，零售支付市场的双方是相互依存的：如果需求增长放缓，新产品的供应就会减少，但相对应的是，如果没有足够的条件，需求就无法扩张。在初始阶段，用户必须在许多不兼容的产品之间进行选择，而供应商需要适当的消费需求来补偿所必需的昂贵投资。

第二个话题的影响更广泛，因为它对现有货币功能和制度的稳定性构成了潜在的威胁，其造成的后果目前尚不清楚。正如许多研究者所论述的，比特币方案是一个替代货币功能（包括货币）的例子，它与公共机构（中央银行或政府）完全分离，并且不受传统的第三方（银行或其他中介机构）的制约。

这是一个去中心化的支付方案，特别适用于小额交易，优势是成本较低、方便使用。根据他们的观点，比特币带来的影响远远不止全球资金转移：它的核心创新是所有交易的公共分类账可以应用于其他财产转移交易。这一应用会在没有监管干预的情况下保证单笔操作的准确性。

对于一个没有任何中央协调机构、基于自愿融资的金融组织，人们可能会产生一些疑问，为了促进人们接受比特币这一交换媒介，应该建立一个协调团队，即使在复杂度最低的情况下，也可以为人们提供向导，指导人们如何进入该支付平台。而与点对点的支付系统相反，目前我们看到的是一个集中式的交易过程，通过"挖矿"来创造额外的新货币单位。

即使移动支付和虚拟货币都是技术进步的重要结果，也需要对它们进行单独分析：移动支付的发展将在现有的框架中延伸，而虚拟货币的发展可能为一个全新的支付环境铺平道路。

我们很难预测一个新的支付手段带来的所有可能的结果：历史上有许多创新工具的例子并不是由市场趋势所形成的。20年前，电子货币被认为是所有传统货币的替代品，其被预期的快速增长将对央行造成潜在损害；相反，过去的有关个体资金交易的案例表明，由于其涉及公共利益，不能在完全不受监管的情况下实现诸如货币政策等关键功能。

尽管移动支付与现有的传统货币（即名义货币和银行活期存款）相兼容，但基于所谓的"虚拟货币"的方案——如比特币方案——构成了另一种支付方式，因为虚拟货币在功能上与预付卡或银行账户分离。这种开放式的支付系统涉及的问题有：首先，我们必须考虑消费者和中介机构的最终收益（成本降低）；其次，必须注意系统方面的问题，特别是缺乏监管可能会在用户信心丧失时增强对支付系统的负面效应。

## 2.2　移动支付

根据欧盟委员会最近发表的文章，[①]对移动支付的定义是：由移动设备发起并确认的数据和指令的支付系统，因此应更多地关注程序而不是支付工具或交换媒介。移动支付可以进入银行卡体系（信用卡或借记卡），并通过银行账户进行最终转账，这在互联网交易中是必需的。这种定义使

---

① European Commission, Towards an integrated European market for cards, internet and mobile payments, Green Paper, Brussels, 11 January 2012.

得工具、程序和资金这三个独立概念存在重叠，而这三者的区别未来在移动支付和电子支付之间将不那么明显。[①]另一个问题涉及移动支付的用户和提供者：通常，用户倾向于使用哪种支付方式，主要取决于其基本功能，比如节省成本或时间，而不是使用方便。换句话说，移动支付必须提供至少与传统支付程序相同的访问条件，比如银行卡支付方案。

有两种类型的移动支付：近距离支付和远程支付。[②]第一种需要一个特定的移动设备，可以使用近场（NFC）技术——在非常短的距离内传输数据，并有一个位于销售点的终端机。在这种情况下，移动支付就像非接触式卡一样运作，当支付地点是公交车、停车场等特定地点时，移动支付则非常方便。使用一款NFC智能手机，消费者通过"物理"的互动点（POI）在传统的商店消费，[③]通过无线连接移动设备进行支付：安装在个人手机设备上的应用程序启动，由商家的服务提供商完成支付。

远程支付是一个更有趣的例子，因为它不受任何特定的访问点的限制，作为一个接入点的"分子网格"，使支付行为变得更容易，就像使用现金一样。远程支付的优势在于既简化了支付程序，也方便了支付手段：理论上，所有传统的支付工具（信用卡、信用转移、直接借记）都可以使用远程移动支付，人们只需在智能手机上安装一个专门的应用软件即可。[④]在近距离支付中，程序也是由智能手机应用程序启动的，但方式更为复杂：用户和商家之间的联系需要通过访问商家网站，显然，这一操作必须能在任何地方完成，在购买商品和服务之后，像传统的电子商务交易

---

① 电子支付是通过远程支付卡交易，或在线银行程序，或电子支付服务提供商在互联网上支付的。参见：European Commission，Towards an integrated European market for cards，internet and mobile payments，Green Paper，Brussels，11 January 2012。

② 欧洲央行2013年11月在《关于移动支付安全的建议》中增加了第三类移动支付——当通过移动网络运营商服务进行支付时，不需要在移动设备上安装一个特殊的应用程序。

③ 关于欧洲支付委员会的详细分析见White paper Mobile wallet payments，2014年1月。

④ 移动支付应用程序与远程访问的在线银行服务不同。参见：European Payment Council，White paper Mobile wallet payments，January 2014。

一样，支付程序将支付网关作为第三个组件。后者是与电子商务网站分离的控制器和通信服务。在远程移动支付中，商家的支付服务提供商也参与其中：它的职责是管理由交易产生的资金转移。对于欧盟来说，要执行移动支付、近距离支付或远程支付，付款人和受益人必须拥有SEPA的代码支付账户或SEPA的信用卡，通过该卡进行资金转移。[1]移动设备上的应用程序根据移动支付服务和交易的不同特点（如消费者对企业或消费者对消费者的交易）选择工具和程序。

在网络经济的原则下，对支付系统进行分析：我们面对的是一个网络支付平台，它的使用不仅取决于单个消费者的偏好和选择，还受到所有其他参与者的行为的影响。[2]消费者的选择取决于服务的直接成本（或购买商品的成本），以及与这一选择相关的成本，即交换成本。客户将他们的活期账户从一个银行转移到另一个银行就是其中一个例子。从传统支付转变为移动支付的过程中，转换成本可能是一部技术上先进的新款手机的价格，随着智能手机的日益普及，它的成本将会下降。[3]

当支付系统存在平等访问条件，转换成本可以忽略不计时，消费者的选择将只取决于不同服务提供商收取的费用，因此竞争将涉及定价政策。在执行速度方面，新技术的程序速度比现有技术更快：付款操作的各阶段（从认证、账户检查、下订单到确认）流程被简化，因此现金和移动支付之间的区别可能会变得模糊。这就是即时支付，它的执行时间是最短的。

在传统的支付方式中，银行曾处于中心位置，因为无论是信用卡支付

---

[1]　资金转移可以通过SEPA工具来执行：SEPA信用卡转移，SEPA直接借记，SEPA银行卡框架。

[2]　这种方法的基本原理参见：Oz Shy, The economics of network industries,（Cambridge：Cambridge University Press,2005）。

[3]　其他转换成本是学习成本，它需要将一个标准化的应用程序输入移动电话计划，以最大限度地降低移动电话运营商的成本。

还是直接债务还款都需要通过银行账户进行最后的清算。①在使用电子支付的情况下，即使消费者使用其他电子平台或互联网门户，如 PayPal 计划，银行仍占据中心位置，因为需要通过信用卡进行银行存款转账。

以移动网络运营商（MNO）的信用——存储在移动设备中——作为交换手段进行支付，可能会带来根本性的变化。从功能上讲，这种安排与使用预付卡时没有什么不同，但由于采用了不同的法律制度，所以形式上无法对等。只有电子货币机构可以作为信用卡的发行方存储货币价值，而电话信贷则是一种预付款，只能以特定的方式使用。进一步的发展将取决于监管计划和像电话公司这样的利益相关者所采取的商业战略。

移动支付的演变可能会推动银行和非银行运营商提供的支付服务的重新分配：未来对接入点的关注将逐步远离通常的银行计划，但银行可以将它们的角色从最后一个接入点提供者调整为中介——作为其他支付结算代理服务的提供者。移动支付的范围将扩大到传统商店的交易，以及越来越多的电子商务交易，从而减少其他运营商在新支付系统中的参与。这可能是移动支付革命的一个更明显的特征：准备与银行支付竞争的潜在运营商很多——从移动网络运营商到硬件和软件制造商，以及电子商务公司和与互联网相关的服务公司。它们可以在同一业务中汇集不同的活动以实现规模经济和范围经济。在这方面，银行的竞争力似乎较低，因为它们的活动并非多样化，而非银行运营商可以通过提供额外的服务或其他促销活动来刺激支付习惯的改变。

银行系统将面临一个十字路口：一种选择是提高竞争力，另一种选择是与其他运营商整合。根据第二种策略，银行账户，即交换媒介，将继续成为移动支付的核心，传统的银行业务将被新的非银行业务流程取代。电子商务的广泛传播将导致支付习惯的改变，它并不一定需要新的交换手

---

① 用电子货币、预付卡支付，不需要银行账户。

段，而是对现有的交换手段改变使用方法。只有不断增长的替代货币的广泛使用，才可能削弱银行的作用。

在移动支付发展的现阶段预测哪一种趋势会占上风很困难，原因有二：首先，我们没有——如前所述——作为参考标准的独特方案，以保证应用程序的相互交换；其次，前面提到的不同利益相关者的整合过程还远未完成，而且支付提供商和其他相关服务提供商之间的界限可能会变得不那么清晰，因为移动支付将成为一个类似联合生产的过程。建立一种支付创新的条件源于竞争与合作的复杂平衡，因此，促进形成既定标准的制度干预是至关重要的。但是，目前不存在这种协定。在欧洲的案例中，我们有SEPA的经验，在完全不同的情况下已经实现了自我监管，其利益相关者的数量比移动支付的要少。即使在这种情况下结果也不同，这让人们对一个完全由市场驱动的解决方案产生了怀疑。尽管重要的组织机构对未来的发展[①]有共同的看法，但要建立一个统一标准还需要很长时间。

欧洲机构追求促进零售支付领域竞争的目标，以推广创新的支付工具，并允许其他运营商进入一直由银行主导的市场。最近一项关于支付服务[②]的新指令的提议与这一目标一致，并进一步促进了银行和非银行机构在零售支付领域的公平竞争。为了使这个市场更具竞争性，新指令允许非银行经营者进入银行账户进行支付，从而削弱了在远程支付中使用的交换手段带来的传统竞争优势。这一重大的创新可能会重塑整个支付系统，促使新进入者提供竞争性方案。然而，新的经营者将会有双重的经济约束：一方面，需要收回巨大的固定投资成本，以提供新的服务；另一方面，必须采取一种有竞争力的定价政策，以抓住以前属于银行的客户。由于这些原因，银行零售服务的竞争加剧可能来自从事支付系统的运营商，或是从

---

① 参见欧洲支付委员会和GSM协会2010年10月的《移动非接触式支付服务管理角色要求和规定》。
② 参见欧洲议会通过的关于支付服务的修订指令（PSD2），2015年10月。

事其他盈利业务的新运营商。前者可以利用现有资源和规模经济，后者可以通过其核心业务收入来补贴最初的低利润活动，并利用范围经济的优势。当新的竞争对手来自不同的经济部门时，它们可以通过新的移动支付程序，匹配额外的商品或服务，或者其他的营销解决方案。例如，对于电子商务供应商，将支付服务与销售服务分开是非常困难的，这是对欧盟委员会立场的进一步确认①，网络支付和移动支付之间的区别将越来越不明显。

关于支付系统的一致性，有人质疑主要或完全基于利润最大化的演进可能与支付系统执行公共利益功能的假设不一致。如果支付工具和程序进入完全的市场竞争，可能会出现关于支付系统稳定性、可靠性和安全性的风险。

## 2.3 比特币

金融危机后，中本聪在学术论文中提出了比特币的方案，这是一个去中心化的电子支付系统。②尽管它在全球交易中无足轻重，③但在这几年比特币吸引了世界范围的关注，这些关注不仅来自律师和经济学家，还来自数学家、政治家、情报人员。比特币之所以受到这种强烈关注，甚至是来自于媒体的广泛期待，与其使用的不同动机有关。与其他创新支付的快速扩散相比，④比特币交易的增长速度似乎很慢，但与替代货币的经验不同，它在诞生6年后仍然存在。

---

① European Commission, Towards an integrated European market for cards, internet and mobile payments, Green Paper, Brussels, 11 January 2012, p. 5.
② Satoshi Nakamoto, A peer-to-peer electronic cash system, (2008).
③ 2015年2月，比特币的市值为26亿欧元，而M1欧元区的总市值约为6 000亿欧元。
④ 例如，我们想到了M-Pesa。

世界范围内的非银行机构发行货币的经验——人们使用不同于法定货币或银行账户的支付手段——有很多。通常情况下，它们的发行量局限于一个固定的环境，为受限制的当地或地区公司和居民提供某种利益，主要是为了促进当地的经济活动。[①]它们可以被看作代金券，与法定货币平价交换，并用于一般的销售策略。

虚拟货币则完全不同：它们是数字实体，既没有发行方，也没有诸如央行或电子货币机构（EMI）这样的私人机构的监管。它们不同于通常受监管的法定货币、银行货币或电子货币，但是它们是参与者在特定计划中接受的货币。尽管自2009年年初比特币推出以来，其他类似的电子货币也建立起来，但没有一种货币像比特币一样得到初创公司和商业运营商如此的支持。[②]

学者和当局试图定义比特币，目的是澄清它是否应该成为某种类型的金融、财政或商业监管的对象。[③]我们离达成一个共同的观点还很远。到目前为止，如何定义比特币的解决方案包括：明令禁止，承认其为金融利益（德国）或商品（芬兰），以及将其视作需要特定授权的活动（美国）。比特币还没有被认为是货币，甚至是虚拟货币。[④]欧洲央行最近发表的一

---

① 关于这个话题，参见：European Central Bank，Virtual currency schemes，Frankfurt，October 2012；European Central Bank，Virtual currency schemes – a further analysis，Frankfurt，February 2015；Mona Naqvi and James Southgate "Banknotes，local currencies and Central bank objectives"，Bankof England Quarterly Bulletin，2013，4th Quarter；Gerhard Rosl，"Regional currencies in Germany：local competition for Euro？"，Deutsche Bundes bank，Discussion paper series 1：Economic Studies n.43，（2006）；Rolf Schroeder，The financing of complementary currencies：risks and chances on the pathtoward sustainable regional economics，The 2nd international conference on complementary currency systems，The Hague，19-23 June 2013。

② Goldman Sachs. "All About Bitcoin"，Top of Mind，Issue 21，11 March 2014 is an example.

③ Reuben Grinberg，"Bitcoin：An Innovative Alternative Digital Currency"，Hastings Science & Technology Law Journal，Vol. 4，December 2011 and by Financial Action Task Force – FATF，Virtual currencies key definitions and potential AML / CFT risks，Paris，June 2014.

④ European Central Bank. Virtual currency schemes，Frankfurt，October 2012.

项观点将虚拟货币，如比特币，重新定义为"有价值的数字表示……在某些情况下，它可以被用作货币的替代品"。[①]由于转换为法定货币的不确定性，它否认了比特币和类似的有关虚拟货币的货币地位。

## 2.4　比特币计划是如何运作的？

在比特币计划中，没有中央机构充当发行人或管理者：它是P2P形式的数字货币，用户同时是交换媒介的消费者和生产者。两个私营组织（比特币基金会和比特币组织）正在追求（特别是通过信息和软件更新）提升比特币体验的目标，但它们的作用对交易来说并不重要。新比特币的发行与它们的验证交织在一起，随着比特币交易规模的逐步扩大，比特币的发行量也随之增加。所有该计划的参与者理论上都有相同的机会进入验证过程，从而获得新的比特币。实际上，由于亟待解决的内部算法日益增加的复杂性，单个用户通常可能没有所需的硬件资源来完成这项工作，因此，"挖矿"功能是留给少数设备良好的参与者的。

缺乏央行的监管源于中本聪提出的交易机制中关于信任问题的解决方案，根据该机制，受信任的第三方（中央银行或商业银行）提供的解决方案十分昂贵，需要仲裁和交易成本。我们通常接受法定货币或银行资金，是因为我们信任国家或银行系统，但这些机构只是简单地检查一下，确保单位货币不能同时使用两次。多向支出问题可以通过一种加密方法来解决，这是通过数学计算验证的，付款人是该单位货币的有效所有者。对流通过程的控制可以通过数字签名系统和由相同参与者共享的复杂验证过程

---

① European Central Bank, Virtual currency schemes - a further analysis, Frankfurt, February 2015, p. 25; the same definition has been expressed in European Banking Authority, EBA Opinion on virtual currencies, 4 July 2014.

来实现：在这种情况下是不需要中央银行的。比特币作为一种交易的补偿在两个用户之间转移，而不受第三方的监管：它通过数字算法来检查规律的有效性，通过这种算法将一组交易添加到区块链中。这就是公共分类账，它被免费提供给所有的参与者，汇报自计划开始后进行的所有交易的顺序。2009年，中本聪建立了一个开放源代码项目，发行首批50个比特币。

参与者可以下载一个软件应用程序（客户端软件）安装在个人设备上，然后创建一个数字钱包，生成一个地址代码来存储收到的比特币。[①]这些钱包可以在专门的比特币服务提供商或其他接受比特币账户的金融运营商处使用。[②]每个钱包的拥有者稍后可以拥有无限的地址码，用于日后的交易。

每个地址可用的余额都用来支付一笔交易，它们被转移到收款人的接收地址。如果比特币的支付价值超过了要支付的金额，那么将会有一个反向交易，即在发送者的钱包中自动生成一个新的地址码。比特币支付的独特之处在于，通常在钱包中，余额不会积累在同一个地址中，就像传统的银行活期账户一样，因为必须将接收到的价值发送至之前的零余额地址[③]，然后由软件应用程序支付新的交易额，将用户钱包中的各种地址集中起来：这样一来，从一个所有者到另一个所有者的比特币转移记录很轻松就完成了。一笔交易并不像通常在银行账户中那样是指从一个传出的地址到一个目标地址的通信，因为多个传出地址的余额都被收集到目标地址。每一个比特币都可以与一个识别地址配对，这样就可以验证发送者是否是有效的所有者。

数字签名流程是为了防止多向支出：对于每笔交易，每个参与者都有

---

①　比特币可以作为商品、服务或金融工具的商业交易的支付工具，也可以是慈善捐款。比特币也可通过专业的电子平台与其他外汇兑换。也有少量的ATM机接受欧元或美元换取比特币。

②　Coinbase.com and Paymium.com：the latter is incorporated under the French law.

③　对每笔交易使用一个新地址是bitcoin.org的建议行为。

两个单独的字符串，叫作"密钥"。[①]只有公钥被传上网，私钥才需要与进行转移的所有者进行匹配。[②]当收款人收到付款人的消息时，他们可以轻松地验证交易是否完成：只有当私钥和公钥正确匹配时，才可以进行转账。当传输进行时，交易还未完成，因为付款必须经过验证，这需要大约10分钟。在此期间，交易状态显示"未被确认"。比特币的转移只是一个留言，但却包含了很多信息：这些信息都是用来验证这笔交易的。每笔交易都被传到最近的网络节点，然后是整个网络，这样所有的参与者理论上都可以竞争去验证它。

不确认的交易集中在一个节点区域中，通过复杂的加密算法来启动验证流程：当节点，即单个参与者或用户池，找到数学解决方案时，该区块被添加到区块链中现有的其他区块中。区块链是从交易开始时所有交易排列而成的序列，它的结构可以预防出现当款项提交到网上后被取消的情况。[③]区块中首次包含的交易收到第一次确认，稍后，当其他的额外交易经过验证，被添加到区块链中时，原始交易将收到第二个确认消息，如此往复，直到第六次确认为止。最后的确认表明原始的交易被包含在六个区块中（并被验证）：在这一点上，交易的状态将会变为"确认"，而转移的比特币的数量将是有效的。自此，付款就完成了。新区块的长度是可变的：它们由不同数量的交易和不同的比特币转移价值组成。[④]

验证过程起着核心作用，因为这一功能在传统支付中通常由央行来执行：在比特币计划中，是通过点对点的机制实现去中心化的支付功能

---

① 当软件生成一个新地址时，用户会有另外一对私有和公有的钥匙。公钥代表了存储或接收比特币的代码。

② 一个简化的描述参见：Anton Badev and Matthew Chen，"Bitcoin：Technical background and data analysis"，Federal Reserve Board Finance and Economics discussion series，2014-104，October 2014。

③ 该方案中使用的复杂算法不可能重新计算整个序列，因此发送方不能拒绝交易。

④ 关于日常交易的有用信息参见网站 blockchain.info，在实时的情况下，你可以看到被验证的新区块添加到区块链中的进展。

的。[①]这是一个在竞争中实现合作的例子（所有的节点都有助于验证区块），因为解决了验证区块的算法的第一个节点会得到由系统本身生成的新比特币。第二个节点对比特币的验证至关重要。同时，验证过程也是允许比特币被接受为交换媒介和发行机制的一种手段，而不是由第三方直接控制的。每隔4年就会有210 000个新区块加入区块链，[②]这是由内部增长规则决定的：这一过程是在自愿的基础上进行的，参与者被命名为"矿工"，他们的工作就像挖掘过去的金矿一样。我们已经说过，通过数字算法来验证一个新区块的难度越来越大，因此，验证过程不适合缺乏足够资源的个体参与者参加，而是适合进行集中"挖矿"。

除了向新区块的"矿工"发放新比特币外，每笔提交的自愿交易费用构成了另一种补偿形式：当验证过程完成时，用户支付的是可变金额，[③]即使这笔费用是完全自愿的，可能没有任何费用的交易从未被验证过。

为了促进比特币的支付进程，许多运营商作为服务提供商加入了"比特币支付系统"，使其更加便于交易：严格地讲，它们的功能对比特币的用户和商家有积极影响。它们提供的服务涉及三类：交易设施、与其他货币的实时交换、通信，所有这些都是由网络公司提供的。"越来越多的初创企业开始提供新的虚拟货币产品和服务，以方便使用去中心化的虚拟货币支付网络，尤其是比特币。"[④]这些公司有钱包供应商、虚拟货币支付处理商、虚拟货币兑换商和比特币自动柜员机（ATM）运营商[⑤]。这是一个

---

① 由于验证的难度越来越大，以及随之而来的对昂贵的加工机器和能源的需求，这种"民主"的特征与其说是真实的，不如说是表面的。

② 每天大约有144个新区块加入到区块链中。

③ 转账金额的1%通常是由发送者收取的：可变费用可以根据交易的类型来申请，正如网站bitcoin.org上所解释的那样。交易可以被贴上"高优先级"的标签，这取决于费用和使用比特币的创建日期，以刺激存储在钱包中的闲置资金。

④ Financial Action Task Force - FATF, Guidance for a risk-based approach to virtual currencies, Paris, June 2015, p. 43.

⑤ 只有少数几家比特币ATM机制造商：2014年年底，世界上有大约300台机器在运行，由商户在其商店接受比特币支付。

基础设施如何自动增长的例子，即使它在系统启动时没有被考虑在内。钱包供应商也会自动管理比特币，为交换者提供便利，使其能够保证与法定货币的可兑换性，从而使交易的时间最小化。最重要的功能可能是支付处理器，特别是对于商家。当一个商人获得比特币的余额时，他可以立即将其转换为传统货币，以防止日内波动和可能的损失。补充服务包括：降低比特币的波动性，改善与传统支付系统的连接，使可用的比特币设备在财务账户上使用SEPA的地址码。在这种情况下，传统的或新的支付服务提供商可以充当风险承担者来管理日常波动。

从事"挖矿"活动的基础设施公司，将计算机集中运作在一个厂房内，使用专门的硬件生产商提供的特定高功率机器。在这种情况下，"挖矿"活动不再是单个用户参与比特币计划，而变成了一种有效的商业活动。①

## 2.5  为何使用比特币？

人们使用比特币的原因有很多，第一种是在意识形态领域，他们对比特币的未来价值的动机较弱，而更倾向于将其视为一种不受国家管制的交换媒介，特别是银行或其他金融中介机构根本不参与的支付系统。当然，这一立场是少数，它可以说是2008年金融危机之后，人们普遍批评银行和金融运营商是破坏金融世界的罪魁祸首、与健康的实体经济相冲突产生的结果。

人们更多地关注第二种动机：非法活动。诸如洗钱、非法交易武器和毒品、恐怖主义融资等非法活动可以从P2P机制（如比特币计划提供高度的匿名性）中得利。与比特币有关的另一项活动（即使不被认为是非法

---

① 到2014年年底，采矿活动的每日总收入估计约为100万美元。

的）就是在线赌博。根据美联储2014年中期①发布的最新预测，非法交易中几乎有一半可能来自比特币。②

使用比特币的第三类动机是个人的经济便利。这一动机必须明确地从需求和供给两方面考虑：新的支付系统通过降低转账成本和缩短时间，使其更加方便地进入支付系统和全球联网来吸引用户。根据金融行动特别工作组给出的定义，提供比特币相关服务（或者虚拟货币支付产品和服务）的公司更喜欢简单的商业模式，就是将与创新过程相关的所有东西卖出。此外，正如引言中所述，许多其他行业认为比特币的真正创新是其记录系统，即建立公共分类账的加密方法。与移动设备的联合使用可以促进比特币在无存款或存款不足的人群中扩散，这些人经常转移少量资金，甚至在不同国家之间：从这个意义上说，比特币计划可以提升金融包容性。没有监管、没有第三方和汇率费用，降低了支付的总成本。在使用汇款服务时，跨国汇款通常被收取5%的费用，而在比特币计划中平均自愿费用约为1%。③

传统的银行运营商试图在这方面展开竞争，即提供更便捷的支付工具，如家庭和电话银行的各种业务。此外，未来的竞争压力可能来自即时支付的快速扩张，也可能来自拥有比特币系统的非银行支付服务商。

用户倾向于认为所有不同的支付工具都一样安全，并且不受安全、隐私或欺诈问题的影响。当来自不同业务活动的非银行经营者提供替代支付工具和程序时，人们可能会怀疑，所有这些是否都以一种方便的方式实

---

① Anton Badev and Matthew Chen，"Bitcoin：Technical background and data analysis"，Federal Reserve Board Finance and Economics discussion series，2014-104，October 2014.

② 大量的小额比特币交易源于在线赌博服务，参见：Anton Badev and Matthew Chen，"Bitcoin：Technical background and data analysis"，Federal Reserve Board Finance and Economics discussion series，2014-104，October 2014，p. 19.

③ 汇款在全球范围内增长，因此这将是未来一项有吸引力的业务。

现，就像银行通常所做的那样。[①]

到目前为止，我们只考虑了使用比特币的好处，而没有讨论用户将接触到的潜在风险。欧洲银行管理局2014年[②]发布的一份报告列出了影响个人和系统性方面的所有可能风险。其中，个人风险指的是用户、商家和其他市场参与者的风险。由于法定货币和虚拟货币计划之间的相互依赖关系，系统风险可能来自于支付系统提供商的违约。[③]一般情况下，关于风险的信息是正确的：这个功能是由不同的代理以非正式的形式提供的，并且阻止用户了解该计划的所有特性。作为"有价值的数字货币"，比特币显然面临着运营风险，即由于硬件故障或软件崩溃，存储在个人钱包或外部账户中的比特币可能会完全消失。如果遇到欺诈，用户无法受到任何法律保护，因此不可能得到补偿。同样，在没有监管的情况下，交易所平台或钱包提供商的关闭活动都可能取消客户的比特币余额。此外，由于比特币是"私人资金"，交易自愿，不能绝对保证可以使用从其他人那里获得的金额，因此，比特币不可能成为一种被广泛接受的交换媒介。即使考虑到传统的货币功能，即价值储存，比特币似乎也不充分具备该功能，因为它与其他法定货币相比汇率波动很大。将比特币作为个人财富是有风险的，因为用户易遭受较大的资本损失。[④]

---

① 关于这个话题，参见：European Central Bank，Recommendations for the security of mobile payments，Frankfurt，November 2013。

② European Banking Authority，EBA Opinion on virtual currencies，4 July 2014.

③ European Banking Authority，EBA Opinion on virtual currencies，4 July，2014，p. 35. 下面的问题是来自意大利银行的警告，参见：Banca d'Italia "Avvertenza sull'utilizzo delle cosiddette valute virtuali"，Rome，30 January 2015。

④ 其主要原因是比特币汇率的高波动性：在2009年启动该计划时，1比特币的价值约为0.10美元。2013年12月，1比特币可以兑换1 200美元。

## 2.6　对比特币的批评观点

　　从硬件制造商到支付服务提供商，比特币计划体现了强大的创新[①]驱动力：运营商对建立新的支付程序和去中心化的替代系统[②]越来越感兴趣，这些系统将应用于其他商业领域。此外，很多金融机构将比特币及其内部的金融结构看作是摆脱严格监管和减少交易成本的解决方案：对它们来说，虚拟货币可能成为额外获利的机会。[③]为了建立全球性的金融领域，有时需要对不受监管的创新过程采取宽松的政策。

　　正如SEPA的项目所揭示的，零售支付的竞争是富有成效的，因为自我监管的方法显然不同于"自己动手"的钱。尽管如此，现在人们似乎广泛接受[④]了由于特定需求而建立的一个不受监管的特殊支付系统。因为这些原因，可以这样理解人们对比特币的广泛关注：越来越多的人认为，一种可编程的电子货币将很快流通起来，[⑤]它将充当交换媒介或商品，或是金融产品的基本组成部门，但它不会成为过去一直使用的传统意义上的货

---

① European Banking Authority，EBA Opinion on virtual currencies，4 July 2014。

② 就欧洲的情况而言，受益可能小于风险。各国央行都认为这是一种创新，其潜在风险取决于消费者对它的使用。参见：The Economist. "Blockchains：The great chain of being sure about things"，31 October 2015；European Central Bank. Virtual currency schemes – a further analysis，Frankfurt，February 2015.

③ 例如，英国政府的文件中说明了"制订计划，使英国成为全球金融创新的中心"的意图，宣布"支持创新的监管措施，以释放新技术，并允许新的创新者与成熟的玩家竞争。政府将研究数字货币可能给消费者、企业和宏观经济带来的潜在好处"。参见：H.M. Treasury. Digital currencies：call for information，18 March 2015，para. 1。

④ 建议金融机构"可以发行自己的比特币，将比特币技术作为公共分类账使用"，参见：François Velde，"Bitcoin：a primer"，Chicago FED letters，Federal Reserve Bank of Chicago，December 2013，p. 4。

⑤ Pak Nian，Lam and David Lee Kuo Chuen. "Introduction to Bitcoin"，in David Lee Kuo Chuen，(editor). Handbook of digital currencies.(Amsterdam：Academic Press，2015).

币。[1]以往的经验表明，私人货币通常以自愿交易为前提，存在于一个封闭的用户群体中。这个问题涉及所产生的潜在外部性，因为支付工具的竞争不等同于支付手段的竞争：中央银行的法定垄断正向一个完全不同的局面演变，即货币将成为商业价值链的一部分，产生微观和宏观的风险。

第一种批评看法是关于比特币把促进使用某种交换手段的便利作为商业战略的一部分：在竞争与合作并存的环境下，为了提高支付效率，商家和支付提供商会采取不适当和不合规的行为，[2]以便消费者察觉不到这种不受监管的点对点的支付系统存在的潜在风险。

第二种批评看法源于：这种私人的货币支付计划可能会对支付系统产生负面影响，当防火墙不存在时，由于虚拟货币的功能、制度和法律定义不明确，许多问题得不到解决。一方面，货币和监管当局试图限制比特币的使用，并防止危机的蔓延；另一方面，一个全球性金融行业正积极地增加比特币的交易，提供实时资金转换和其他服务。对支付系统的影响可能来自于，作为比特币和其他货币的双重运营商的复杂处境。[3]例如，一旦交易所网站出现故障，人们对此失去信心，可能会影响人们对传统支付系统的信心。可以假设，由于黑客攻击或技术上的违约，导致电子平台的所

---

[1]　有四种不同的货币，而比特币是一种合成商品货币，参见：George Selgin, Synthetic commodity money, 10 April 2013. Available at SSRN: http://ssrn.com/abstract=2000118。其他分析参见：David Yermack, "Is Bitcoin a real currency? An economic appraisal", in David Lee Kuo Chuen (editor). Handbook of digital currencies. (Amsterdam: Academic Press, 2015); Stephanie Lo and Christina Wang. "Bitcoin as money?", Current perspectives, Federal Reserve Bank of Boston, n. 14-4, September 2014。

[2]　在这个意义上，安全和隐私方面的考虑是至关重要的。在这本书中，你可以看到 Safari Kasiyanto 对此的观点。

[3]　人们的注意力主要集中在兑换商身上，因为"可兑换的虚拟货币活动与货币金融系统中受管制的金融活动交织在一起"。参见：Financial Action Task Force – FATF. Guidance for a risk-based approach to virtual currencies, Paris, June 2015, p. 4; European Banking Authority, EBA Opinion on virtual currencies, 4 July 2014 and in European Central Bank, Virtual currency schemes – a further analysis, Frankfurt, February 2015。

有比特币钱包突然消失[1]：金融运营商的损失会造成一种传染效应，由于该计划没有发行的中央委员会，因此，很难说服人们对比特币重拾信心。比特币通过数字算法预先提供支付交换，它阻止了创造——也就是消费——非现有的比特币。这种机制不需要一个中央银行或私人监督机构来保持信心，它通过公共分类账来解决多向支出的问题。人们不禁要问，当使用加密数字货币时，是否真的没有必要设立最后贷款人。

大约20年前，当首次推出电子货币时，[2]许多学者对央行的作用提出了质疑。最近，在讨论支付机构的活动时，人们对支付系统稳定性提出了新的担忧。然而这两种预期的负面影响都没有发生，人们可能会认为比特币也会如此。但比特币与之前的情况不同，因为电子货币扩散要求消费者使用特定的设备，而支付机构的发展需要像移动网络运营商或大型零售商这样的非银行机构的深入参与。[3]

"用数字代表价值"的支付手段，如比特币，其发展主要在于人们的支付习惯，正如我们在分析转换成本问题时所指出的：如果这些成本能降至零，就会刺激出现进一步的创新。比特币可能会继续作为一种交换手段，但它的扩展规模将取决于未来的技术革新，这在目前仍难以想象。然而，从目前的发展可以看出，由于初始环境的准备不足，基于对等自愿参与，激励措施在逐步减少，因此想要实现自由的、全球化的交易手段的愿景不现实。

最初的自愿参与是不够的，一个追逐利润的交易环境可能会形成。必须建立一系列更健全的金融监管和协调机构，如现有的比特币基金会，为潜在用户提供完整的、标准可靠的信息。

然而，从经济学角度看，当"挖矿"的收入接近于零的时候，当前

---

① 例如，日本 Mt.Gox 平台，于2014年2月关闭。
② 根据欧洲央行的定义，电子货币被视为"预付的硬件设备"。
③ 另一方面是虚拟货币的许多关键参与者以前没有出现过：其中许多是初创公司，经理的动机很强，且其营销策略是高度动态的。

1%的交易费可能会增加，这就阻碍了比特币计划的扩大。要想摆脱这一困境，需要有规模经济。也就是说，与金融中介机构保持稳定的联系——开展广泛的业务活动，它们可以制定一种定价政策，以维持现有的非常低的交易费用。显然，高度集中化与去集中化互相矛盾。

目前，对于比特币"挖矿"的观点是：如果着眼于向区块链中添加新区块的实体，我们就会认识到，前4个区块（F2pool、Antpool、Bitfury、Btcc pool）占据了近3/4的交易量。[1]这些公司作为大"矿商"，都是比特币专用硬件的制造商：它们不是通常意义上的支付系统的第三方，但它们的活动是维持和发展该计划的基础。可以把它们看作比特币的发行商（即寡头垄断），从这个观点来看，比特币支付方式与现有的支付方式更相似。

## 参考文献

Ali, R., Barrdcar, J., Clews, R., & Southgate, J. （2014a）. Innovations in payment technologies and the emergence of digital currencies. Bank of England Quarterly Bulletin, 54 （3）, 262-275.

Ali, R., Barrdear, J., Clews, R., & Southgate, J. （2014b）. The economics of digital currencies. Bank of England Quarterly Bulletin, 54 （3）, 276-286.

Au, Y., & Kauffman, R. （2008）. The economics of mobile payments: Understanding stakeholder issues for an emerging financial technology application. Electronic Commerce Research and Application, 7 （2）, 141-164.

Badev, A., & Chen, M. （2014, October）. Bitcoin: Technical

---

[1]  2015年11月1日,blockchain.info报道。

background anddata analysis. Federal Reserve Board Finance and Economics Discussion Series, 2014-104.

Banca d'Italia. (2015, January 30). Avvertenza sull'utilizzo delle cosiddette valute virtuali. Rome: Banca d'Italia.

Board of Governors of the Federal Reserve System. (2015). March). Consumers and mobile financial services 2015. Washington, DC: Board of Governors of the Federal Reserve System.

Committee on Payment and Settlement Systems (2012, May). Innovations in retail payments. Basle: Bank for International Settlements.

Committee on Payments and Market Infrastructures (2014, September). Nonbanks in retail payment. Basle: Bank for International Settlements.

Dennehy, D., & Sammon, D. (2015). Trends in mobile payments research: Aliterature review. Journal of Innovation Management, 3 (1), 49-61.

European Banking Authority - EBA (2014, July 4). EBA opinion on virtual currencies. London: EBA.

European Banking Authority - EBA. (2013, December 13). Warning to consumers on virtual currencies.London: EBA.

European Central Bank. (2009, December). Retail payments - Integration and innovation. Frankfurt: European Central Bank.

European Central Bank. (2011, October). The future of retail payments: Opportunities and challenges. Frankfurt: European Central Bank.

European Central Bank. (2012, October). Virtual currency schemes. Frankfurt: European Central Bank.

European Central Bank. (2013, November).Recommendations for the security of mobile payments . Frankfurt: European Central Bank.

European Central Bank. (2014, June).Retail payments at a crossroads: Economies, strategies and future policies. Frankfurt: European Central Bank.

European Central Bank. （2015, February）.Virtual currency schemes − A further analysis. Frankfurt: European Central Bank.

European Commission. （2012, January 11） . Towards an integrated European market for cards, internet and mobile payments. Green Paper, Brussels.

European Commission. （2013） . Proposal for a directive of The European Parliament and of the Council on payment services in the internal market and amending Directives 2002 / 65 / EC, 2013 / 36 / EU and 2009 / 110 / EC and repealing Directive 2007 / 64 / EC, COM/2013/0547 final.

European Payment Council. （2014a, January） . White Paper mobile wallet payments. Brussels: European Payments Council.

European Payments Council. （2014b, December） . Overview on mobile payments initiatives. Brussels: European Payments Council.

European Payments Council and GSM Association. （2010, October） . Mobile contactless payments service management roles requirements and specifications .Brussels: European Payments Council.

Financial Action Task Force − FATF. （2014, June） . Virtual currencies key definitions and potential AML / CFT risks, Paris: FATF.

Financial Action Task Force − FATF. （2013, June） . Guidance to a risk-based approach to prepaid cards, mobile payments and Internet-based payments services, Paris: FATF.

Financial Action Task Force − FATF. （2015, June） . Guidance for a risk-based approach virtual currencie, Paris: FATF.

Financial Crimes Enforcement Network − FinCEN. （2013, March 18） . Application of FinCEN's regulations to persons administering exchanging or using virtual currencies. FIN 2013 - 001. https: //fincen. gov / statutes_regs / guidance/html/FIN-2013-G001.html.

Financial Crimes Enforcement Network – FinCEN. （2014, October 27）. Request for administrative ruling on the application of FinCEN's regulation to a virtual currency payment system. https：//www.fincen.gov/news_room/rp/rulings/pdf/FIN-2014-R012.pdf.

Goldman Sachs，（2014, March 11）. All about Bitcoin. Top of Mind，21, 3-21.

Grinberg, R. （2011, December）. Bitcoin： An innovative alternative digital currency. Hastings Science & Technology Law Journal, 4, 159-208.

Jack, W., & Suri, T. （2011, January）. Mobile money： The economics of M-Pesa.NBER Working Paper, n. 16721.

Lee Kuo Chuen, D. （Ed.）（2015）. Handbook of digital currencies. Amsterdam： Academic Press.

Lo, S., & Wang, C. （2014, September）. Bitcoin as money？ Current perspectives. Federal Reserve Bank of Boston, n. 14-4.

Nakamoto, S. （2008）. Bitcoin： A peer-to-peer electronic cash system. Available at： https：//bitcoin.org/bitcoin.pdf.

Naqvi, M., & Southgate, J. （2013）. Banknotes, local currencies and Central bank objectives. Bank of England Quarterly Bulletin, 53（4）, 317-325.

Pak, N. L., & Chuen, D. L. K. （2015）. Introduction to Bitcoin. In： D. Lee Kuo Chuen（Ed.）, Handbook of digital currencies（pp. 6-30）. Amsterdam： Academic Press.

Rosl, G. （2006）. Regional currencies in Germany： Local competition for Euro？ Deutsche Bundesbank, Discussion paper series 1： Economic Studies n. 43.

Schroeder, R. （2013）. The financing of complementary currencies： Risks and chances on the path toward sustainable regional economics. The 2nd International Conference on Complementary Currency Systems, The Hague,

19–23 June 2013.

Selgin, G. (2013, April 10). Synthetic commodity money. Available at SSRN: http: //ssrn.com/abstract=2000118.

Shy, O. (2005). The economics of network industries. Cambridge: Cambridge University Press. The Economist. (2015, October 31). Blockchains: The great chain of being sure about things. London: The economist newspaper.

Treasury. (2015). Digital currencies: Call for information. Available at: https: //www. gov. uk / government / consultations / digital - currencies - call - for - information/digital-currencies-call-for-information.

United States General Accountability Office–GAO. (2014, May) Virtual currencies. Washington DC: United States General Accountability Office.

Velde, F. (2013, December). Bitcoin: A primer. Chicago FED letter. Federal Reserve Bank of Chicago, Chicago.

Yermack, D. (2013, December). Is Bitcoin a real currency? NBER Working Paper Series, n. 19747.

Yermack, D. (2015). Is Bitcoin a real currency? An economic appraisal.In D. L.K. Chuen (Ed.), Handbook of digital currencies (pp. 31–44). Amsterdam: Academic Press.

第二部分

框架：欧盟的比较大纲

# 第3章  逐步评估虚拟货币的法律性质

Noah Vardi[①]

意大利罗马第三大学

**摘要：**"虚拟货币"是一种不容易被定义的货币现象。它们把自己置于货币、投资工具和商品的十字路口，尽管事实上它们普遍付诸实践（比特币是最突出的例子），但在几乎所有的法律体系中，它们仍然缺乏具体的监管。这引发了一系列问题和风险，引起了监管机构和市场经营者的注意。最近，相关人士发布了重要的研究报告，强调了需要制定特别规则。本章的目的是简要概述这些货币的法律性质，以及可能适用于这些货币的规则，这些规则可能会在具体立法得到批准之前适用。

## 3.1  前言

虚拟货币的"悖论"是：从规范的角度定义时，更容易得出它们不是什么，而不是它们是什么。当考虑到一种货币本质上需要法定担保时，这个悖论就更加明显了。相反，虚拟货币既缺乏规范定义，也缺乏更广泛的、任何形式上的法律监管。因此，可以很容易地推断出，虚拟货币并不

---

①    N.Vardi(✉)

Associate Professor, University of Roma Tre, Law School, Italy

© The Editor(s)(if applicable)and The Author(s)2016

G.Gimigliano(ed.), Bitcoin and Mobile Payments,

DOI 10.1057/978-1-137-57512-8_3

是严格意义上的"货币"。

围绕虚拟货币的法律真空使它们变得极具吸引力而又有风险：（主要是）既不违法，也不禁止，但仍不属于法律范畴。然而，缺乏监管并不意味着这类现象没有受到政府部门、市场经营者和机构参与者的密切关注。[①]

问题是市场、用户和监管机构是否可以以及如何来应对这种法律真空。作为对以下的一些考虑将导致的结论的部分预测，我们应该做一些区分。法律真空并不一定是危险的，只要人们可以保持在私人自治的领域内，现有的一些工具可能会提供帮助。另外，在考虑系统风险时，似乎需要积极的干预。[②]

在尝试从法律的角度评估虚拟货币之前，应该先用几个简短的词来描述它们的工作原理。这种机制是相当复杂的，对非专业人士来说是陌生的，技术问题超出了本文的范围。目前，所谓的虚拟货币方案中每一种都存在着不同的问题。

更具体地说，虚拟货币根据其与"真正货币"和"真实经济"的关系进行分类，也就是要考虑虚拟货币与真实货币之间是否存在以及如何实现

---

[①] 有大量的研究和报告，其中一些是由国家和跨国银行当局委托进行的，它们研究了"虚拟货币"现象。在某些情况下，这些研究还包括对与使用虚拟货币相关的风险的初步评估，以及向公众发布一系列相关的"警告"。这些文件将贯穿全文，参见：European Central Bank, Virtual Currency Schemes, October 2012, https://www. ecb. europa. eu / pub / pdf / other / virtualcurren-cyschemes201210en.pdf, accessed July 2015; European Banking Authority（EBA）, Opinion on 'virtual currencies', July 2014, https://www.eba.europa.eu/documents/10180/657547/EBA－Op－201408＋Opinion＋on＋Virtual＋Currencies.pdf, accessed July 2015; Law Library of Congress, Regulation of Bitcoin in Selected Jurisdictions, http://www.loc.gov/law/help/bit-coin－survey/regulation－of－bitcoin.pdf, accessed July 2015; Financial Action Task Force, Virtu-al Currencies.Key Definitions and Potential AML/CFT Risks, June 2014, http://www.fatf－gafi. org/media/fatf/documents/reports/Virtual－currency－key－definitions－and－potential－aml－cft-risks.pdf, accessed September 2015。

[②] 例如，EBA关于虚拟货币的意见就提出了多个类别的70多种风险，包括对用户的风险，对非用户市场参与者的风险，金融诚信风险，对传统法币的现有支付系统的风险，监管当局面临的风险（参见EBA Opinion on 'virtual currencies', 5）。

货币流动，还要考虑虚拟货币是否以及如何用于购买真实的商品和服务。根据这些条件，现在的虚拟货币可以分为以下三类：（1）封闭的虚拟货币计划（即使有，也很少与实体经济之间有互动，包括用于在线游戏的货币）；（2）单向流动的虚拟货币计划（这意味着以特定的汇率从"实际货币"转换为"虚拟货币"，然后可以同时用于购买虚拟和真实的商品和服务，包括"信用"、"代金券"、"点"或其他"奖金"系统）；（3）双向流动的虚拟货币计划（虚拟货币可根据实际货币的汇率买卖，可用于购买虚拟商品和实际商品、服务，包括比特币）。[1]

然而，最接近观测的类型（同时也是目前最广泛流通的）是比特币，它是一系列的"点对点"电子现金系统。[2]比特币计划不仅可以作为虚拟货币运作的有效范例，我们还可以借鉴其成功的经验以及遇到的风险。

比特币被认为是"加密货币"，主要是因为它依赖于一种P2P加密机制来验证传输。用户可以通过一种叫作"挖矿"的验证机制交换比特币（电子指令），该机制的核心是记录数字货币"所有权"的公共分类账。当比特币的所有者变成接收者，一群所谓的"矿工"访问分类账核实所有者的身份，解决一个复杂的加密问题，并通过在分类账上记录交易来编号向接收者的转移（接收者将显示为新的所有者）。作为对"挖矿"活动（涉及复杂的算法序列的解决方案）的奖赏（也是一种激励），解决密码问题的"矿工"可以得到由软件自动生成的新的加密货币。

考虑到可能的组合算法是有限的，只要通过"挖矿"活动创建新的比特币，就可以保持稳定的增长率，我们可以估算出比特币的最大潜在"开采"数量（约2 100万枚）及时间（2140年）。这使得比特币在一定程度

---

① ECB, Virtual Currency Schemes, October (2012): 13–15.
② 比特币的第一手资料可以在其(假定的)发明者的文件中找到,该发明者化名为中本聪,参见:Bitcoin：A Peer－to－PeerElectronic Cash System, https://bitcoin.org/bitcoin.pdf, accessed September 2015。

上可能是"稀缺的"，因为它们的数量是有限的。正是由于这一特点，一些观察人士对这些代币可能固有的"通缩"性表示了一些担忧。[1]

这种机制的一个基本特征是它是分散的，是"私人的"，因为公共账本记录了比特币功能的所有权，而没有控制权，其不需要中央银行、私人银行或其他信贷机构，也没有一个中央清算所。这种去中心化的系统并不赋予单一中央机构控制货币发行或流动的权力，而且根据比特币背后的意识形态，这避免了央行政策的某些"影响"（即通货膨胀）。因此，一些观察者回想起比特币的意识形态与奥地利经济学派理论之间的类比，一些评论员将比特币称为"哈耶克货币"并不令人意外。[2]


## 3.2　虚拟货币和货币

在简要介绍比特币的具体功能之后，现在可以尝试评估这些"代币"的法律性质。首先，"加密货币"或"虚拟货币"的称谓是误导性的。事实上，为了使资金成为"货币"，它必须具有由国家货币法赋予的法定货币地位。目前，还没有任何国家的法律承认比特币的这种地位。

其次，比特币通过点对点"挖矿"的机制，不受任何中央银行或国家

---

① 用户数量增加导致的"购买"/需求价格的突然上涨，可能会刺激用户不去消费这些比特币，而是把它们当作"稀缺物"。参见：ECB, Virtual Currency Schemes, cit., at p.25）；Reuben Grindberg, "Bitcoin: An Innovative Alternative Digital Currency", Hastings Science &Technology Law Journal 4 (2012): 177 ff。

② Ferdinando M.Ametrano, Hayek Money: the Cryptocurrency Price Stability Solution, available at http://papers.ssrn.com/sol3/papers.cfm? abstract_id=2425270.比特币可以被认为是奥地利经济学派理论——尤其是弗里德里希·冯·海耶克在1976年出版的《货币的国家化》一书中所阐述的"货币非国家化"理论——的实际应用。然而，这种类比也遭到了一些学者的批评，他们强调比特币没有与金本位相当的内在价值，也不符合"米塞恩回归论"的要求，因为货币的接受和流通取决于它所拥有的内在价值（因为它是扎根于拥有购买力的商品）。参见：ECB, Virtual Currency Schemes, 23。

立法机构的干预，证实了比特币背后的意识形态与国家法定货币理念之间存在着矛盾，也因此证明比特币不能被视为官方货币。

识别比特币的法律性质和相关规则适用性的首要结论是：将比特币排除在法定货币之外意味着所有法定货币付款方面的规定，如债务人的债务清偿的规定不适用于这些"加密货币"。

然而，这些顾虑并不排除这些代币的"货币"性质可能会受到进一步质疑。纸币和货币实际上是两个不同的概念，在没有货币的情况下，纸币也有可能存在，尤其是作为"补充"货币时。接下来的逻辑顺序是检验这些虚拟货币是否以及在多大程度上符合"货币"的条件。

传统上讲，货币的法律性质具有三个功能：（1）作为交换手段；（2）作为计价单位；（3）作为价值储存。比特币（以及属于上述其他两种方案的虚拟货币）用于"计价单位"与（虚拟或实际）商品、服务之间的交换。这些代币通常可以识别出第一个功能和第二个功能。[1]更令人惊讶的是，最后一个功能，即价值储存的功能，在某种程度上也可以在比特币上找到，而这最后一个功能引起了市场监管部门的特别关注，因为"价值储存"功能可能与投资"工具"的功能危险地接近（而后者在许多法律制度中受到密切的监督和管制）。[2]

"价值储存"可以被视为是比特币具有的功能，具体而言，人们考虑到可以"挖矿"并投入流通的有限数量的比特币与金本位机制之间可能存在的相似性，就会明白金本位机制在历史上曾是不止一种国家货币的特

---

① 然而，一些观察人士强调，由于一系列的现实原因，包括它们在购买商品和服务的零售交易中的有限流通，以及在实际测量比特币价格时的复杂性，这些功能并没有真正被比特币完全实现。参见：David Yermack，"Is Bitcoin a Real Currency? An economic appraisal"，NBER Working Paper No.19,747，December 2013 9–11。

② 美国最近一个颇为知名的案件（德克萨斯州东区美国地区法院的 SEC 诉 Shavers 案，2013 年）涉及使用比特币进行的庞氏骗局，法院特别指出比特币是一种货币形式；1933 年证券法将"证券"定义为"任何……投资合同"，法院认为比特币可以被认定为投资合同，因此比特币构成"证券法"范围内的投资。

征。①然而，迄今为止注册的比特币的波动率非常高，可能会削弱其价值储备功能。②

## 3.3  虚拟货币和电子货币

将比特币评估为"货币"（尽管不是货币）并不意味着对电子货币的监管可以直接适用于这些代币；相反，比特币不具备"数字货币"的性质，欧洲的电子货币规则就不能应用于比特币，因为它缺乏电子货币指令规定的两项要求。③也就是说，电子货币只有在以票面价值兑换相应的实际货币时才能发行，而且电子货币必须在任何时候都可以兑换成实际货币（《110/2009 / EC指令》第2条第（2）款和第11条），并应电子货币持有人的要求按票面价值兑换（《110/2009/EC指令》第11条）。

这种排除带来的后果是适用于电子货币发行的审慎监管规定不适用于虚拟货币（包括比特币）的发行。

## 3.4  虚拟货币和补充货币

一些观察人士认为，比特币难以归为合法货币（因此，不可能通过类

---

① 2011年和2013年发生的两场"比特币热"，可能就是源于限量发行比特币的想法（尽管尚未实现）。这种机制受到了许多人的严厉批评，例如，经济学家Paul Krugman在《纽约时报》发表的一些专栏文章被大量引用："Golden Cyberfetters" published on 7 September 2011, followed by "Bit-Coin is Evil", published on 28 December 2013.

② David Yermack的"比特币是真正的货币吗？一个经济评估"考虑了截至2013年的主要货币与特币之间的汇率数据。

③ 2009年9月16日的《110 / 2009 / EC指令》生效，内容是关于电子货币机构业务的开展、目标和审慎监管。

比的方式将现有的大多数货币法规扩展到比特币），但是据一些观察家的看法，这些代币具有极大的竞争优势，可以或多或少地自由使用，不受任何适用于其他形式"货币"的监管约束。

由于其交易成本低且可用于小微支付，以及其匿名性特征（比特币的交易账单是公开的，但在账户和个人之间没有任何联系），比特币一方面在线上交易中十分具有吸引力，另一方面，作为一种价值储存手段，与其他"实际"货币竞争，尤其是那些与金本位挂钩的货币。[①]

考虑到比特币的这些特点，比特币和所谓的"补充"或"替代"货币之间可以更容易地找到共同点。后者主要由个体来约束。它们的流通仅仅取决于协商一致（并取决于各方的信任），并且（或可能）被法律系统认可为属于合同自由范围内"付款方式"的一种选择。这种选择往往是在更广泛的共同体层面上进行的。[②]从历史上看，似乎只有在补充货币的流通变得十分分散、对官方货币构成威胁时，监管机构才会关注补充货币。然而，直到补充货币扩张到政府的"警惕"水平，引起对货币政策控制上的损失的担心，才有一定的回旋余地，如使用物物交换或代物清偿等法律策略。

这里允许通过类比来扩展"最小"规则，以解决使用比特币可能产生的一些问题，更具体地说，就是合同规则（基于使用"替代"货币的协商一致性）。

---

① Giulia Aranguena, "Bitcoin: unasfi da per policy makers e regolatori", in Dirittomercatotecnologia, Quaderno Anno IV, n.1 (2014): 23; Reuben Grindberg, "Bitcoin: An Innovative Alternative Digital Currency", 168.

② 一种特别"著名"的补充货币, ex multis, 目前在地方一级采用, 并且达到了有趣的高水平流通, 被称为"Bristol Pound", 这笔钱甚至可以用来支付地方税。关于这一补充货币的功能的概述, 请参见 http://bristolpound.org/。关于美国法律案件对补充货币的处理, 参见: Reuben Grindberg "Bitcoin: An Innovative Alternative Digital Currency", 182 ff.; Nicolei M. Kaplanov, "Nerdy Money: Bitcoin, the Private Digital Currency, and the Case Against Its Regulation", Temple University Legal Studies Research Paper, 2012, (available at http://papers.ssrn.com/sol3/papers.cfm? abstract_id=2115203)(viewed July 2015)。

适用的规则包括：关于合同成立和解释的条款（可能有必要确定双方打算赋予使用替代货币支付哪种法律价值）；表现（需要评估付款的及时性或准确性）；违反合同和合同责任（特别是一方使用了不是约定的货币支付，或违反合同规则时）。[①]

虽然这可能是现有法律工具的第一个重要组合，可能会在虚拟货币的争议和诉讼中得到应用，但是当应用于有关比特币的一些较复杂的问题时，如速退欺诈或破产时（这可能并且通常也意味着与刑法相关），则被证明是无用的。[②]由于比特币不受任何监管，因此人们对使用这些工具可能引起的系统性风险产生担忧。

## 3.5　虚拟货币和支付服务

允许补充货币作为支付工具，将会使另一系列重要（现有）规则——那些非现金支付的规则——扩展到比特币。资金转移的规则与此最为接近且似乎适用（尽管信用卡或支票的规则似乎并不适用），但至少需要确定付款被视为已执行的时间，以及由于错误操作对错误的收款人的支付是否可以撤销的问题。[③]

---

① 这是一些比特币用户在2012年提出的合法索赔(违反合同)，这些人在被黑客攻击后，被剥夺了在比特币平台上的虚拟钱包。用户声称比特币违反了合同义务，因为它没有足够的安全措施来应对黑客行为(https://docs.google.com/file/d/0B_ECG6JRZs-7dTZ5QS0xcUkxQjQ/edit? pli=1)(2015年10月)。

② 关于比特币监管的法律真空不仅涉及货币问题，也涉及私人法律问题。刑法必须处理在虚拟货币平台上进行的犯罪行为(特别是以比特币支付的各种非法商品和服务的交易)：洗钱、欺诈、从一个平台窃取比特币等。

③ 在许多州中，美国U.C.C.第4条作了规定，为了将适用性扩展到通过银行系统进行的转账之外，从而包括由"其他主体"所支付的款项。参见：Rhys Bollen, "The Legal Status of Online Currencies: Are Bitcoins the Future?", Journal of Banking and Finance Law and Practice 24 (2013): 23-25。

然而，这种类比目前还不能扩展至比特币支付服务，因为它属于欧盟现有支付服务指令所定义的支付服务概念。[1]事实上，根据电子货币指令第3条第（1）款，比特币被排除在适用范围之外，虚拟货币似乎更是如此（考虑到电子货币只允许授权主体发行，虚拟货币的发行或"挖矿"完全不受管制）。[2]但是，关于PSD2[3]的提案似乎留下了一定的空间，如果该提案第4条规定扩大"支付服务"的定义，进而包括诸如"第三方支付服务提供者"等概念和"支付启动服务"，或许可以涵盖一些进行虚拟货币交易的平台。

比特币目前不在欧盟支付体系规则的适用范围内，并不妨碍监管机构近期作出的一些判断和决定，它们考虑了法币与比特币之间的兑换，并认为这属于提供支付服务的概念。[4]

由此带来的两个直接后果是：一方面，该服务必须得到授权（至少在一定程度上由监督管理局监控）；另一方面，可能将该活动考虑为是可征税的。[5]

在讨论税收问题之前，也需要研究将与比特币相关的一些服务定性为银行活动的问题。

---

① 2007年11月13日关于内部市场的支付服务的《2007/64/EC指令》。

② ECB, Virtual Currency Schemes, 43.

③ Proposal for a Directive of the European Parliament and of the Council on payment servic-es in the internal market, [final compromise text], 2 June 2015, (available at http://data.consil-ium.europa.eu/doc/document/ST-9336-2015-INIT/en/pdf).

④ 一个由法国商业法院在2011年(12月6日判决)完成的(被广泛地引用)的判决，认为在一些平台上真实货币与电子货币之间的转换实际相当于提供支付服务。因此，该活动必须得到监督机构的授权和控制。美国财政部金融犯罪执法局在2013年发布的文件中也给出了类似的判断，作为对美国银行保密法适用于创造、获取、分配和交换虚拟货币的人的解释性指南。根据财政部金融犯罪执法局给出的解释，在某些平台上进行的实际货币和虚拟货币之间的转换是货币传导的一种活动，因此属于银行保密法的范围。在这份文件发布后，当时最大的比特币平台 mt.Gox 请求并获得了货币服务业务的许可证(也因此正在接受反洗钱和反恐监控)。

⑤ 在这个意义上，德国联邦金融管理局的立场很有趣，它在2013年的一项最新监管规定中将比特币视为"替代货币"的金融工具的"记账单位"，其商业使用范围需要德国银行法的授权(Kredit-wesengesetz)。参见：Giulia Arangüena, "Bitcoin: unasfi da per policymakers e regolatori", 21.

就适用银行法规而言，一项业务是否具有成为"银行业务"的资格，显然取决于单一国家法律的规定。所谓"银行业务"通常要满足"吸收储蓄"和"发放信贷"两个要求。比特币的业务可能会满足第一个要求，而第二个要求（发放贷款）似乎还没有实现。因此，监管机构面临一个艰难的选择：让与比特币相关的业务完全脱离银行业立法的范围，但试图规范它的某些方面。①

强调了将银行法律扩展到比特币的推广或兑换活动的效用，不仅参考了审慎控制，还参考了最终可能扩展到存款的担保（如存款担保计划）。目前，由于缺乏受到监管的基础设施，"吸收储蓄"对比特币用户来说是一项有风险的活动。

## 3.6　比特币和投资合同

比特币是否有资格成为"投资合同"，这个问题的关键在于这些代币是否能作为之前阐述过的潜在"价值储存手段"。是否将比特币认定为投资合同显然取决于国家规定的构成投资合同或工具的规则（目前缺乏相关的超国家立法，如 MiFID 和 MiFID2 似乎不允许在其应用领域中包含虚拟货币）。②

然而，将比特币和其他数字货币排除在投资合同类别之外（这是监管选择），并不会妨碍我们将某些特定主体与数字货币相关的活动视为可能

---

① 这不仅是被引用的财政部金融犯罪执法局文件的结果,也可能是其他文件的间接结果:也就是说,意大利银行最近发布了一份通讯(Bancad'Italia,"Avvertenza sull'utilizzo delle cosiddette 'valute virtuali'" of 30 January 2015),根据这一信息,在支付商品和服务时,私人使用和接受虚拟货币是合法活动,未经授权的虚拟货币计划的发行和兑换可能被视为违反了将银行活动和支付服务活动仅限于授权对象的法律。

② 例如,意大利的立法将比特币排除在"金融工具"类别之外。这使整个"MiFID系统"也不适用于虚拟货币。

受到审慎监管的行为。

在其他法律制度中，虚拟货币可以根据"支付工具"的概念进行分类，这使随后的立法适用于这些工具，包括比特币。[1]鉴于某些运营商可能对比特币进行"投资"或有潜在的"投机"意图，其他系统很可能将其视为"商品"或"金融商品"，[2]当人们开始考虑对这种投资工具产生的"利润"征税，并且内部税收机构已经进行了这种资格认定时（见下文），则情况尤其如此。


## 3.7　虚拟货币和税收

另一个与虚拟货币法律性质的定义密切相关的问题是：比特币的收入税。[3]尽管最初似乎完全忽视了虚拟货币——或者说是"虚拟资产"——的收入，所谓的"虚拟经济"可以逃避任何形式的公共监管，包括税收等，[4]但现在情况似乎已经发生了变化。

回顾一些立法者和税务当局最近所采取的重要立场，它们都暗示了这样一个过程：首先定义比特币的本质，然后验证它们是否属于可征税的资产类别。如上所述，这是美国国税局的立场，它们最近宣布，为了税收的目的，比特币可以被归为财产。2013 年，加拿大税务署还宣布，将对比

①　例如,根据2001年澳大利亚公司法的规定,比特币可以被视为"金融产品"和"非现金支付的工具"。参见:Bollen,"The Legal Status of Online Currencies：Are Bitcoins the Future?",20。
②　日本和芬兰政府将比特币归类为一种商品。2014年,美国国税局宣布,为了税收的唯一目的,比特币可以被归为财产。美国对使用比特币的美国公民征收的税款将参考该操作的日期。参见:Giulia Arangüena,"Bitcoin：unasfi da per policy makers e regolatori",21；Maria Letizia Perugini,Cesare Maioli,"Bitcoin：tramonet a virtuale e commodity finanziaria",available on http://ssrn.com/abstract=2526207 ,10 ff and 1。
③　有关税收和比特币的更多细节,请参阅本书第10章。
④　例如,在网络游戏中获得的"虚拟财产"的税收,参见:Leandra Lederman,"Stranger than Fiction'：Taxing Virtual Worlds",in 82 NYU Law Review 1620,2007。

特币征收两种税：商品和服务的交易将按照易货交易规则征税，商品交易的利润可以作为有价证券交易的收入资本征税。2014年，巴西税务机关也采取了与美国国税局相同的立场：联邦政府认为电子货币是需要征税的金融资产。①

最近，欧盟法院在审理"Skatteverket诉David Hedqvist案"时也考虑了这一问题。②关于实际货币和虚拟货币之间的兑换操作是否受共同增值税（VAT）的影响的判断（根据《2006/112/EC指令》第135条的规定），③有两个原因值得考虑。

一方面，关于税收问题，欧盟法院认为这种兑换属于供审议的服务，但可以免除增值税，因为它符合《2006/112/EC指令》第135第（1）（e）款的规定，豁免涉及"货币（和）作为法定货币的纸币和硬币"等交易。

另一方面，欧盟法院也给出了一个附带的对比特币的本质定义："一个或多个国家的法定货币以外的货币，交易各方接受这些货币可以代替法定货币，并且除支付手段以外，没有金融交易的目的。"人们普遍认为，"比特币这一虚拟货币除了作为一种支付手段之外没有其他目的"，④欧洲法院进一步补充说，比特币不能被视为证券。⑤

## 3.8　监管机构面临的挑战

正如前文所说，法律上的真空只能在一定程度上与现有的规则相衔

---

① 对比特币的收益征税属于第55条的范围，即1999年的法规中所规定的第55条。

② Case C-264/14 of 22 October 2015.

③ Directive 2006/112/EC of 28 November 2006 on the common system of value added tax in OJL 347 11 December 2006,1.

④ European Court of Justice,Skatteverketv.David Hedqvist.

⑤ 因此,比特币的交易不属于证券交易指令第135条第(1)(f)款中规定的增值税的豁免范围。

接，并不总是令人满意。例如，在没有提供必要的监督或授权的情况下，使用类比来扩大规则的适用范围也可能存在"危险"："矿工"和数字货币的创造者相信受监管的银行和支付系统能够对公众产生"信任效应"，这是一种免费的搭便车机制，因为这将不受控制，特别是没有一个中心机构可以作为最后贷款人。①

对监管的要求是由不同的参与者提出的。这一规定是否以及如何进行调整仍然是一个具有挑战性的问题。

尽管货币在传统上是由国家规则控制的，虚拟货币的特征，以及其带来的问题和风险超出了法定货币的概念，而且它们是跨国的。这可能是一个合理的理由，我们希望至少在欧洲地区，特别是在欧洲经济和货币联盟中，出台一项共同体层面上的规定。②

另一个问题涉及的是监管应该介入的时机（事前或事后），以及它的严格程度。③

就时间方面而言，在某些情况下，事后监管可能特别有用。例如，PayPal支付系统在被用户广泛接受并取得用户信任后，于2007年在卢森堡获得了银行授权（一个由法律干预的支付工具，基于用户的信任，被证明能够"生存"在市场上）。

如果考虑过于详细的监管的风险，立法的"严格性"是有问题的，因为基于比特币和虚拟货币的数字属性及其快速发展，技术很快就会过时。

同时，一些内部机构（银行部门、金融犯罪执法机构、国内税收机构和法院）采取的措施似乎都指向两点：要么将这些活动作为"辅助银行业

---

① 欧洲银行管理局在其关于虚拟货币的意见中强调的一个风险。

② 欧洲市场在这一意义上的利益是相当明显的,欧洲央行和欧洲银行管理局所做的研究证明了这一点,它们特别关注与使用数字货币相关的风险问题。

③ 例如,国际货币基金组织的潜在(有限)干预工具以防止私人数字货币对真实货币的价值进行投机性攻击。参见：Nicholas A.Plassaras,"Regulating Digital Currencies：Bringing Bitcoin within the Reach of the IMF",Chicago Journal of International Law 14（2013）：377。

务"（如果比特币也用于贷款，可能更加相关），这就需要通过国家银行法授权比特币的兑换或发行；要么把它们看作"支付服务"，必须在这些特定的法律下被授权。法律体系似乎不太倾向于承认电子货币在任何地方都是法定货币，尽管它们可能被"允许"或"被认可"作为记账单位或补充货币。

## 参考文献

Ametrano，F.M.Hayek money：The crypto currency price stability solution. Available at http：//papers. ssrn. com / sol3 / papers. cfm？ abstract_id= 2425270.

Arangüena，G. （2014）. Bitcoin： unasfi da per policymakers e regolatori.Diritto merca totecnologia，Quaderno Anno IV （1），19–43.

Bollen，R. （2013）. The legal status of online currencies： Are Bitcoins the future？ Journal of Banking and Finance Law and Practice，24，272–293.

European Banking Authority （EBA）. （2014，July）. Opinion on 'virtual currencies'.Reterived from https：//www.eba.europa.eu/documents/10180/ 657547/EBA-Op-201408+Opinion+on+Virtual+Currencies.pdf.

European Central Bank. （2012，October）. Virtual currency schemes. Reterived from https：//www. ecb. europa. eu / pub / pdf / other / virtualcurren-cyschemes201210 en.pdf.

Financial Action Task Force. （2014，June）. Virtual currencies. Key definitions andpotential AML / CFT risks.Reterived from http：//www.fatf-gafi.org/ media/fatf/documents/reports/Virtual-currency-key-definitions-and-potential-amlcft-risks.pdf.

Grindberg，R. （2012）. Bitcoin： An innovative alternative digital currency.Hastings Science & Technology Law Journal，4，160–208.

Kaplanov, N.M. (2012). Nerdy Money: Bitcoin, the private digital currency, and the case against its regulation .Temple University Legal Studies Research Paper. Available at http: //papers. ssrn. com / sol3 / papers. cfm? abstract_id=2115203.

Law Library of Congress. Regulation of Bitcoin in selected jurisdictions. http: //www.loc.gov/law/help/bitcoin-survey/regulation-of-bitcoin.pdf.

Lederman, L. (2007). 'Stranger than fiction': Taxing virtual worlds. NYU LawReview, 82, 1621−1672.Nakamoto, S.Bitcoin: A peer-to-peer electronic cash system.https: //bitcoin.org/bitcoin.pdf.

Perugini, M.L., &Maioli, C.Bitcoin: tramoneta virtuale e commodity finanziaria.Available on http: //ssrn.com/abstract=2526207.

Plassaras, N.A. (2013). Regulating digital currencies: Bringing Bitcoin within the reach of the IMF.Chicago Journal of International Law, 14, 377−407.

Yermack, D. (2013, December). Is Bitcoin a real currency? An economic appraisal.NBER Working Paper No.19747.

# 第4章 欧盟框架内的移动支付：一个法律分析

Gabriella Gimigliano[①]

意大利锡耶纳大学

**摘要：**Gimigliano在欧盟框架内研究移动支付服务。在欧盟，政策制定者正在开发一个一体的程序，以建立一个单一的支付区。这一程序是基于欧洲支付理事会的自我监管和法律的制度渊源，如指令和条例。这两项行动都促进了利益相关者之间的交互操作性、金融稳定性和融资客户保护。为此，至关重要的是要确定基于共同体的支付服务和电子货币的规则和条例，在多大程度上也可以适用于移动支付。

## 4.1 前言

最近，国际监管机构和金融监管机构将移动设备和移动支付作为普惠金融的一种手段进行了研究。[②]

根据世界银行集团和国际清算银行市场基础设施委员会共同撰写的《2015年磋商报告》，普惠金融追求的目标是使所有个人和小微企业都能

① G.Gimigliano(✉)
Lecturer in Business Law，Department of Business and Law，University of Siena，Italy
© The Editor(s)(if applicable)and The Author(s)2016
G.Gimigliano(ed.)，Bitcoin and Mobile Payments，
DOI 10.1057/978-1-137-57512-8_4
② 移动支付、电子货币产品和基本交易账户通常被视为普惠金融的一种手段。

获得至少一个交易账户。交易账户将允许账户持有人进行支付和存储货币价值。事实上，使用支付服务被认为是金融服务整体一揽子计划的重要组成部分。

然而，这些研究揭示了对有银行账户和没有银行账户的人的实际选择的直接和间接影响因素。这些因素包括：获取和维护交易账户的高额成本；转移到另一个分支机构或服务点的费用，特别是在农村地区以及金融知识欠缺的地方。此外，该报告还强调，目前缺乏对文化和宗教多样性的关注、对支付产品的设计，以及对不安全的服务提供商的感知。①

缺乏服务提供商会影响普惠金融的目标实现。事实上，在大多数情况下，没有银行账户和存款不足的人的收入微薄或不稳定，而支付服务提供商必须付出一系列固定成本，如满足反洗钱要求或"了解你的客户需要"，这样的成本很难被覆盖。②

在上述框架内，移动设备被认为是传统支付系统渠道的可行替代品。事实上，移动支付服务是一个巨人的潜在市场，根据拇指法则，③它们将成为降低用户和服务商的支付交易和处理流程成本的合适工具。

然而，较高的风险是一个问题。2014年国际货币基金组织的一项研究将运营韧性、财务稳健和客户资金保护确立为移动支付的优先监管事项。除了运营和流动性风险外，移动支付服务商和基础设施的破产可能会拖累整个支付系统的声誉。

尽管风险水平较高，但在国际层面上，人们普遍认为这些移动支付并不能构成一种新的风险。更准确地说，支付系统的正常运作和金融系统的

---

① CPMI and The World Bank Group, Consultative Report. Payment Aspects of Financial Inclusion, September 2015.
② CPSS, Innovations in retail payments, May 2012.
③ 参见第6章。

稳定性受到新的支付系统的威胁："网络和用户之间的连接点越多，它们的功能就越复杂，风险控制就越具有挑战性"。[①]

基于这样的考虑，对非银行移动支付供应商实行基于银行机构的标准，已被提议成为一种可行的立法解决方案。然而，基于共同体电子货币机构的监管经验表明，这样的解决方案很可能会限制创新和竞争。

本章的目的是在以共同体为基础的法律框架内对移动支付进行批判性的调查。

本章首先概述自我监管活动的主要成就；其次，确定机构框架，即欧洲银行、电子货币机构和支付机构的规则和条例，在多大程度上是适用的。

本章包含三个部分。第一部分将介绍自我监管方法，考察金融中介机构及其协会与欧洲支付理事会（EPC）之间早期合作的进展情况；第二部分将"支付服务"和"电子货币"的概念做比较，调查移动支付的制度框架；而最后一部分根据分析的主要结果得出结论。

## 4.2  自我监管方法和商业模式

在 EPC 的保护伞下进行的自我监管，取得了两个初步结果：首先，确定了移动支付的定义；其次，概述了三种主要的移动支付业务模式，这有助于概述移动支付"生态系统"的利益相关主体和移动支付链。

根据 SEPA 的指导方针，移动支付的概念包括通过移动设备启动的任何资金转移。移动支付的定义必须要确定，因为在欧洲框架内没有立法定

---

① Terry Bradford, Fumiko Hayashi, Christian Hung, Simonetta Rosati, Richard J.Sullivan, Zhu-Wang, and Stuart E.Weiner,"Nonbanks and Risk in Retail Payments: EU and U.S.", edited by M.Eric Johnson, Managing Information Risk and the Economics of Security（Berlin: Springer 2009）,pp.17-53.

义，相反，经济文献在更严格和更灵活的定义之间摇摆不定。

至于商业模式，2010年、2012年和2014年的白皮书提出了邻近或非接触式移动支付、远程移动支付、融合了非接触式和远程系统的移动钱包这几种模式。[①]

它们具有以下特征：

- 它们没有价值上限。

- 它们代表了进入支付系统的新形式，但还是基于传统的支付手段：信用卡支付、信用转账，有时还包括直接借记。

- 移动支付用户必须下载一个应用程序，使其适合于移动支付的移动设备，并且已经与支付服务提供商签订合同，使用户能够通过移动设备转移资金。

然而，根据SEPA的一般原则，并非每一种支付方式都适用于各种移动支付业务模式和各方的支付交易。

实际上，移动非接触式业务模型主要是基于传统银行卡的消费者对企业的交易模式。[②]

2012年，第二份EPC白皮书设想的移动卡支付能提供企业对企业和企业对消费者的支付转移，但这些标签在某种程度上具有欺骗性。[③]事实上，正如2012年的白皮书所强调的那样，大多数企业对消费者的支付交易都是由消费者发起的退款，他们将支付账户标识符发送给商家，而在B2B的移动支付交易中，付款人实际上是消费者，但白皮书没有给出进一步的解释。

---

① 有关融合了非接触式和远程系统的移动钱包的进一步信息，请参阅第2章。

② 事实上，当购买协议完成（或服务协议完成）时，交易员会在POS（即销售点）终端上输入交易金额，支付交易通过轻敲终端上的移动设备来确认：通过默认的支付卡执行支付业务。这种移动支付可能需要双击和使用个人密码来确认支付指令。此外，2012年的EPC白皮书提出了一个更宏伟的计划：建立基于C2C的卡片的移动支付。

③ C2C的SEPA非接触式移动支付交易目前还没有被应用，它们是基于对支付卡计划的参与。

此外，2012 年 EPC 白皮书明确排除了移动直接借记非接触式支付，因为这一支付方式是由收款人发起的，而非接触式的信用转移支付正在考虑应用一种混合技术模型。例如，当传输票据更新时，由非接触式的移动支付启动付款，在销售点点击移动设备，但这笔资金的订单是远程授权的。

至于远程移动支付，[①]SEPA 的原则是基于信用卡支付和信用转账，即使直接借记移动支付没有被明确排除在外。基本方案包括 B2B、C2B 和 C2C 的支付交易。除了使用的支付方式以及付款人和收款人的身份，远程移动支付大多遵循相同的设置模式，[②]最重要的是，这意味着受益人要求某种即时或接近即时的确认支付。[③]

最后，2014 年 EPC 白皮书在移动钱包支付上提出了一个数字钱包的概念，该钱包允许持有者"访问、管理和使用移动支付服务，可能还包括非支付应用程序"，比如与身份证或数字签名相关的信息和证书。[④]

比水平和垂直移动钱包的区别，以及在商业网站或安全服务器上由钱包持有者提供的移动钱包更有趣的是，应该允许客户在整个欧盟范围内通过手机钱包进行支付，无须考虑资金转移支付和移动钱包发放的来源国。

最后，对基于 SEPA 的移动业务模式的分析表明：

• 移动支付的"生态系统"是由各种自然和法律实体组成的，其中大多数都不属于金融体系。事实上，参与者不仅涉及收款人（消费者或商家）、支付服务提供商和清算与结算机构，还有一些安全元素（SE）发行人，负责保护路由消息、进行移动网络操作、发放和回收手机号码的移动网络运营商，以及支付网关提供者，也就是促进开放系统发展的代表发行方和/或受移动支付服务发行人信任的第三方。这个名单还远未

---

① 参见第 2 章。

② Compare：EPC，White Paper.Mobile Payments，18 October 2012，p.30 ff.

③ EPC，White Paper.Mobile Payments，18 October 2012，p.44 ff.

④ EPC，White Paper.Mobile Wallet Payments，January 2014，p.16.

结束。这样的"生态系统"自然会引发法律来源之间的监管一致性问题。在法律术语中，关键的一点是如何分配执行支付业务的职责。当移动网络运营商与支付服务提供商签订代理或外包协议时，这个问题就变得更加重要。

• 上面提到的移动支付交易是基于交易账户的，换句话说，用户和金融机构之间的合同是通过信用、付款或电子机构进行的。这意味着电信公司和移动网络运营商只执行数据载体的任务，因此，将定期采用支付服务提供商的制度框架。参考资料主要是但不完全是关于PSD、PSD2和电子货币指令的。

• 或者，电信公司和移动网络运营商可以作为支付服务提供商进入相关市场，并相应地申请成为信用机构、支付机构或电子货币机构，或者间接在欧盟内建立一个金融子公司。

• SEPA的商业模式完全建立在传统的支付方式之上。这意味着：（1）SEPA关于信用转移和直接借记的规定，以及SEPA关于基于银行卡的支付标准的规定是适用的。（2）PSD（和PSD2）关于缔约双方权利和责任的规定，特别是关于授权和执行付款交易的规定也适用。（3）SEPA的原则规定，任何基于移动网络运营商的移动支付都超出了自我监管活动的范围。对于电信公司和移动网络运营商来说，它们不仅可以进行数据传输，还可以让客户在第三方支付中使用预先支付的余额。因此，"银行将不再参与C2B的交易或是C2C的支付"。[1]人们不禁要问，电信公司和移动网络运营商是否应该被授权为信用机构、支付机构或电子货币机构。此外，还应确定基于共同体的支付服务机构框架是否适用于它们提供的支付服务。

---

[1]　Malte Krueger,"The Future of M-payments：Business Options and Policy Issues." Electronic Payment Systems Observatory, Institute for Prospective Technological Studies, Joint Research Center, European Commission, Report EUR 19934 EN, August 2001,18.epso.jrc.es/Docs/Backgrnd-2.pdf.

在下一节中，我们将考查欧洲的支付服务机构框架，并密切关注准备在欧盟的官方期刊上发表的PSD和PSD2。其目标是确定移动支付是否可以归入支付服务和电子货币的概念，因为电信运营商和移动网络运营商要么仅仅作为运营商，要么作为第三方支付的提供者。事实上，在欧洲的制度框架内，支付服务和电子货币的概念是建立在保护客户资金、支付服务健全和支付系统正常运作的基础上的。

## 4.3　支付服务的制度框架

支付服务和电子货币这两个基本概念是PSD、PSD2和电子货币指令的核心。移动支付在多大程度上可以归入此类标题？

### 4.3.1　PSD的移动支付和支付服务

支付服务没有共同体层面的定义。事实上，支付服务仅被描述为"列在附件中的任何商业活动"。根据PSD附件，支付服务的概念包括：（1）任何能够从付款账户中支付和收回现金的活动；（2）基于付款账户的任何活动，其目的是通过直接借记、信贷转账和/或基于卡的支付方式来执行付款交易；（3）发行和获取支付工具的活动；（4）汇款。[1]除了技术上的差异外，如果服务提供者专业地"持有要转移的资金"[2]以支付报酬，那么就存在支付服务。

事实上，PSD第3条第（j）款规定了该指令的负面范围，即其不适用于：

---

①　PSD区分了支付服务和支付交易。这两项均参考第4条。
②　Maria Chiara Malaguti, "The Payment Service Directive.Pitfalls between the Acquis Communautaire and National Implementation", ECRI Research Report 9 (2009)：11.

技术服务提供者提供的服务支持支付服务，但它们没有在任何时间访问到已有资金的转移，包括数据处理和存储、信任和隐私保护服务、数据和实体认证、信息技术（IT）和通信网络提供、终端和支付服务设备维护（第3条第（j）款）。

与SEPA原则中所述的移动支付进行比较，根据上面提到的概念，这些毫无疑问都是支付服务。事实上，关于支付服务的PSD附件明确包括：

执行付款交易：付款人同意使用任何形式的远程通信、数字或IT设备付钱给电信公司、IT系统或网络运营商，它们只作为支付服务用户和商品、服务供应商之间的中介。

这意味着，当电信公司和移动网络运营商仅仅执行数据传输任务时，移动设备的支付服务是一种受监管的活动。这种活动只能由有特殊许可证的信贷机构、电子货币机构或支付机构来执行。

由于相互承认的原则，欧洲的许可证使法律实体能够在整个成员国范围内提供支付服务，或者建立一个分支机构，或者从国外提供服务，并且不需要进一步的授权。然而，欧洲许可证的发放条件是，该实体在资本水平、自有资金和公司组织方面满足一套初始和持续的要求。此外，国家权力机关受托监督实体的健全和审慎管理。

在这种情况下，可以想象金融中介机构将专门提供移动支付，而电信运营商和移动网络运营商则作为代理或在支付链的一个或多个步骤中作为代理进行干预。通过这种方式，支付服务提供商承担了所有的风险。事实上，支付服务提供商对定期和正确执行支付服务负有完全责任（见PSD中第17条和第18条）。

当一个移动运营商在金融机构和用户之间充当中介时，情况就会略有不同。当移动运营商以其名义持有一家银行的付款账户，但却代表所有客户的利益进行支付交易时，就会发生这种情况。此时，移动运营商可能只是作为银行的代理，但这取决于谁对在客户和提供商的关系中正确执行支付和资金安全负有责任。如果移动运营商承担了这一责任，移动运营商实际上就是支付服务提供商，并且应该拥有必要的许可证；而如果银行承担了责任，移动运营商就会充当银行的代理人。①

此外，电信公司和移动网络运营商可能会考虑作为"纯粹的"或是"混合"支付机构进入相关市场的可能性。

支付机构是专门提供在 PSD 附件中规定的支付服务的金融中介机构。然而，与信贷机构相比，它们在组织、资本和自有资金方面的要求较低。实际上，共同体法律层面的主要目标是制定基于风险的监管。建立的支付机构将成为一个或多个电信运营商和移动网络运营商的子公司，可以利用其广泛的客户基础。

欧洲对支付机构的授权使它们不仅能够提供移动支付和 PSD 附件中列出的其他支付服务，而且还能操控相关的支付活动和支付系统。此外，支付机构被授权提供单一支付交易和支付账户服务，以及在一定期限内扩大信用额度。

"混合"支付机构是"中间"实体。这些实体既提供支付服务，也提供非金融业务，电信公司和移动网络运营商计划缩小这两个市场之间的差距。

所谓的混合支付机构是具有适当许可证的法人，但主管当局可以（PSD 第 10.5 条）：

要求建立一个单独的支付服务的实体，未付款的支付机构的服务活动损害或可能损害支付机构的财务稳健性或主管部门监督支付机构遵守本指令所规定的一切义务的能力。

与纯粹的支付机构一样，它们可以提供 PSD 附件中所列的支付服务，执行支付系统的操作，并在有限的时间内使用除用户资金以外的资金来扩展信贷，其唯一目的是执行支付。

---

① Compare: The World Bank, From Remittance to M-Payments, October 2012, 3 and Maria Chiara Malaguti, "The Payment Services Directive. Pitfalls between the Acquis Communautaireand National Implementation", ECRI Research Report 9 (2009): 18.

然而，协调一致的框架受到一系列不同的豁免政策的影响。除了基于服务提供商和最终用户之间缺乏任何直接或间接的关系（第3条第（n）款）或服务提供商的业务量（PSD第二十六条）的一般的豁免，还有一个非常有趣的豁免，参见第3条第（i）款：

> 通过任何远程通信、数字或IT设备执行付款交易，购买的商品或服务通过电信、数字或IT设备交付并使用，条件是电信、数字或IT运营商不得作为支付服务用户与商品及服务供应商之间的中介人。

这里提到的是支付市场以外的其他市场。事实上，本豁免适用于由第三方或移动运营商制作数字产品和服务，如音乐、报纸、铃声的情况，但后者可能"以访问、分发或搜索工具的形式为它们增加内在价值"（PSD序言第6条）。

### 4.3.2 （即将发布的）PSD2中的移动支付和支付服务

根据去年10月发布的文本，修订后的PSD确立了更广泛的支付服务概念。也就是说，支付服务的概念不再仅仅基于用户的资金（用于支付的资金），也不再仅仅基于获取支付账户数据。

欧洲政策制定者正在跟踪支付系统的技术发展，这导致了支付链的严重碎片化。

在此背景下，PSD2在附件中提供了一项有趣的新支付服务，称为"支付启动服务"。这意味着，这种专业活动必须得到必要的授权，但根据基于风险的监管方法，PSD2制定了一套更加灵活的许可要求。也就是说，PSD2草案规定，支付启动服务的提供者必须持有一份专业的赔偿保险或同等覆盖范围的保险，并且必须对其在支付链中支付顺序的延迟、未执行或有缺陷负有责任。

它应该被认为是新框架的支持竞争的一个方面。支付启动服务提供商在账户持有人的同意下可以进行服务，在支付启动服务的特定业务模式下，无须与支付服务提供者的账户达成协议。

在 PSD 的负面范围条款中规定的豁免范围已经得到了改进，但没有被广泛地修改。

### 4.3.3　移动支付和电子货币

2000 年的指令以及《2009/110/EC 指令》提出了电子货币的定义。它们认为，电子货币是一种将银行的纸币、硬币和票据转换成电子的"有存储价值的货币"的过程，赋予持有者对发行人的债权。电子货币产品必须符合下列要求：

● 转换的过程必须是"可逆的"，即"在电子货币持有者的要求下，电子货币发行方在任何时候都可以以票面价值赎回电子货币的货币价值"。

● 由自然人或法人而不是发行人接受的一种付款方式。

● 按交换的（或少于）资金的价值发行。

问题的关键在于：当移动运营商允许它们的客户付款时，当客户购买通话时间时，它们使用的是相同的机制，它们是否按照上面解释的定义发行电子货币？因此，它们是否应该被授权为电子货币机构？

这是一个关键问题。事实上，发行电子货币是一项受监管的活动，只有经过适当授权的法律实体才能实施。授权使这些机构能够根据欧洲单一许可证和母国控制的原则，在整个欧盟范围内经营其业务，无论其有没有分支机构。然而，授权过程迫使法律实体满足一系列的立法和监管要求，基本上可以与支付机构的规定相媲美，而且它们需要受审慎监管的监督（《2009/110/EC 指令》序言第 9 条）。

《2009/110/EC 指令》还定义了电子货币机构的范围。除了发行电子货币外，电子货币机构还可以被授权作为"纯粹的"或"混合"机构按照特定的框架提供支付服务。[①]

———————————

① 关于"混合"实体，参见 PSD 第 16 章。

为了作出选择，人们可以考虑清算和结算活动是如何进行的。

人们可能会认为，移动运营商以自己的名义代表用户开立账户，客户收到的资金用于支付款项，因此，移动运营商成为客户的受托人。在这种情况下，清算和结算活动是通过银行系统进行的。

或者，人们可能会认为，移动运营商操作一个闭环系统和点对点支付交易，执行与银行系统无关的清算和结算活动。

然而，谁负责清算和结算活动的问题，并不像上面的论述那样有说服力。事实上，传统的电子货币机构通常通过信贷机构间接参与清算和结算活动。

问题的关键是，在《2009/110/EC 指令》的定义下，已经用于购买通话时间的预付费余额是否可以被视为电子货币。

考虑到这两方面，电子货币的可赎回性似乎是一个显著的特征。事实上，与电子货币不同的是，在合同到期前，当持有人要求赎回时，移动预付费余额并不是随时全部或部分可赎回的。

最后，电子货币指令在移动支付中的应用受豁免清单的影响很大。

除了基于尚未偿还的电子货币的平均金额的一般豁免外，还有一个特定的豁免。与 PSD 一样，电子货币指令从电子货币机构制度框架中豁免了任何使用电子货币价值来购买数字产品或服务的情况，电信公司和移动网络运营商"由于商品或服务的性质为其增加了内在价值"。这种额外价值可以通过访问、搜索或分发设施来表示，因为购买的商品或所享受的服务只能被数字设备使用，如移动设备。因此，即使用户与供应商没有直接或间接的关系，并且从移动网络运营商获得服务价格的资金，人们认为移动网络运营商不只是一个中介。事实上，该产品不仅仅是一种支付交易，它属于一个不同的市场。

## 4.4 结论

总之，这一分析强调了自我监管与机构立法行动之间的积极协同作用。

在自我监管方面，EPC被委托在SEPA内部执行一项棘手的任务，即达成一项关于移动支付计划的协议，以便在未来提供一套监管和技术标准。正如在国际层面上所强调的，标准化过程可以提高互操作性的水平，而这反过来又为更有竞争力的环境铺平了道路。然而，保护客户的数据和资金，以及金融系统的健全，都超出了自我监管的目标范围。

回到制度框架，对PSD、PSD2草案和电子货币指令的综合分析，强调了如何将支付服务和电子货币的概念作为在欧盟框架内管理移动支付的基准。欧洲政策制定者正试图控制支付链的技术分裂。事实上，"支付服务"的概念已经不仅仅是关于占用用户资金的问题，还包括了占用支付账户的用户数据的问题。这一变化是否会改善欧盟框架的"效果"？对支付服务的更广泛的保护可以促进普惠金融的进程，但需要有一套（几乎很难）达到高度一致性的监管豁免规则。

## 参考文献

Committee on Payments and Market Infrastrcuture （CPMI）, The World Bank Group. （2015, September）. Consultative report.Payment aspects of financial in clusion .1-77.Retrieved from http：//www.bis.org/cpmi/publ/d133.pdf.

Committee on Payments Settlement Systems （CPSS）. （2012, May）. Innovations in retail payments.1-96.Retrieved from http：//www.bis.org/cpmi/publ/d102.htm.

European Payment Council. （2012， October 18th）. White Paper.Mobile payments.

European Payment Council. （2014， January）. White Paper.Mobile wallet payments.

Krueger， M. （2001）. The future of M-payments： Business options and policy issues.Electronic Payment Systems Observatory， Institute for Prospective Technological Studies， Joint Research Center， European Commission， Report EUR 19934 EN， August 2001， 1-24.To download from epso.jrc.es/Docs/Backgrnd-2.pdf.

Malaguti， M.C. （2009）. The payment services directive.Pitfalls between the Acquis communautaire and national implementation.ECRI Research Report， 9， 1-32.

The World Bank. （2012， October）. From remittance to M-payments.1-20. Retrieved from http： //siteresources. worldbank. org / EXTPAYMENTREM-MITTANCE/Resources/WB2012_Mobile_Payments.pdf.

Vandezande， N. （2013）. Mobile wallets and virtual alternative currencies under the EU legal framework on electronic payments.ICRI Working Papers， 16， 1-28.

# 第5章 法律领域的模糊集合：基于美国法律体制的比特币分析

Andrea Borroni[①]

意大利那不勒斯第二大学

**摘要：**学术杂志对于加密货币的探讨已经如火如荼，然而，在法律层面，对比还没有一个较为成熟或明确的框架。目前，美国的法学界正在探讨如何将比特币纳入现有的法律框架之中，而且，美国的司法部门也正在处理第一个与比特币有关的案件。美国法律体系对比特币这一新兴技术的反应表明美国将基于其自己的法律体系针对比特币制定相应的规则或制度。鉴于此，本章考察了美国法律部门对比特币的反应，同时基于现有美国法律理论提出了潜在适用的监管框架。

## 5.1 导论

比特币通常被定义为一种加密货币，即在线的、分散的、无国界限制的支付手段，用户可以通过该网络进行销售、购买和交易。这种数字资源

---

① A.Borroni (✉)
Tenured researcher, "Jean Monnet", Department of Political Sciences, Second University of Naples, Italy
G.Gimigliano (ed.), Bitcoin and Mobile Payments,
DOI 10.1057/978-1-137-57512-8_5

的主要优势在于没有第三方中介机构（如信贷和金融机构）或货币当局的参与，因此，其交易成本较低。[1]而且，尽管点对点网络的设计将所有交易记录都保持在比特币支付系统[2]内，但支付过程是匿名的，用户都是使用"比特币地址"[3]进行支付的。

因此，从比特币的具体结构及其在世界传播的速度来看，其已成为了一种全球性现象。比特币的到来正使得传统的国家监管行为、税收体制及许可证制度等变得不那么稳定，从而也衍生出一系列法律层面的问题。[4]

基于以上考虑，本章主要考察全球范围内各国对比特币这一现象作出的反应，并着重考察比特币在美国引起的相关争论。

## 5.2　加密货币和虚拟货币

目前，一些加密货币层出不穷。这些加密货币的发行者认为这些加密货币提供了更好的性能，即更快、更安全、更高效，但是，这些加密货币在结构上与比特币非常相似。

让我们来看几个例子：一是替代性的加密货币（也称为"竞争

---

① 如需系统了解比特币运行原理，参见：S.Nakamoto，namely，Satoshi Nakamoto，Bitcoin：A Peer-to-Peer Electronic Cash System（2009），http://www.bitcoin.org/bitcoin.pdf。

② Benjamin Wallace，The Rise and Fall of Bitcoin，Wired Magazine（23 November 2011），www.wired.com/magazine/2011/11/mf_bitcoin/。如需了解世界上比特币交易所的现状，参见：http://bitcoincharts.com/markets/。

③ Joshua J.Doguet，"The Nature of the Form：Legal and Regulatory Issues Surrounding the Bitcoin Digital Currency System"，Louisiana L.Rev.73，no.4（2013）：1119 ff.Jeffrey Alberts and Bert Fry，"Is Bitcoin a Security？"，B.U.J.Sci.& Tech.L.21，（2015）：1，2-3.

④ 例如：(1)由于比特币网络的匿名性导致的犯罪活动；(2)比特币给主权货币带来的威胁（因为其并未在主权货币或国际货币体系的监管框架之内）；(3)由于没有中央银行的调控而导致通货膨胀或通货紧缩的问题；(4)最终，没有一个实体或机构可以对其利率进行管理。

币"），①如莱特币（LiteCoin）、格斯特格尔德（GeistGeld）、固态币（SolidCoin）、BBQ币（BBQCoin）、PP币（PPCoin），以及一个在比特币系统基础上修改的新版比特币，即比特币2.0；二是不基于加密技术的虚拟货币，如自由储备（Liberty Reserve）、网络钱币（WebMoney）、完美钱币（PerfectMoney）和现金U（CashU）。这些货币都是匿名的，同时也需要它们的用户与第三方进行买卖。②

根据美国政府问责局的定义，虚拟货币是未经政府法律授权的数字交易单位，其可以完全在虚拟经济中使用，也可以代替政府发行的货币，从而购买商品和相关的服务。③

一个比较典型的例子是林登美元（Linden Dollar）。在一款名叫"第二生命"的角色扮演游戏中，林登美元被用来购买游戏中的商品和土地，游戏的设计者监督林登美元的使用，并允许其转换成真实的美元。随后，其也被允许转换成其他的法定货币。

当然，也有推出虚拟货币失败的例子，如Facebook曾推出过Facebook积分，其在推出后不到两年便宣告失败。④

其他潜在的替代性货币也包括物理性金银币、银行可兑换票据和电

---

① Sarah Jane Hughes and Stephen T. Middlebrook，"Regulating Cryptocurrencies In The United States：Current Issues And Future Directions"，Wm.Mitchell L.Rev.40，（2014）：813. See Juliya Ziskina，"The Other Side of the Coin：The Fec's Move to Approve Cryptocurrency's Use and Deny Its Viability"，Wash.J.L.Tech.& Arts 10，（2015）：10 and Michael W.Meredith and Kevin V.Tu，"Rethinking Virtual Currency Regulation in the Bitcoin Age"，Wash.L.Rev.90（2015）：271.

② 就自由储备而言,这个要求为系统的匿名性又增加了一层。

③ U. S. Government Accountability Office，GAO-13-516，Virtual Economies And Currencies：Additional IRS Guidance Could Reduce Tax Compliance Risks 3 (2013)：this source is mentioned in Lawrence Trautman，"Virtual Currencies Bitcoin & What Now After Liberty Reserve，Silk Road，and Mt.Gox？"，Rich.J.L.& Tech.20，（2014）：13.See also：Joni Larson，"Bitcoin：Same Song，Second Verse，a Little Bit Louder and Little Bit Worse"，MI Tax L.41，（2015）：34.

④ 不仅仅是Facebook,其他一些网站,如亚马逊等也曾试图推出虚拟货币。

子可转让黄金账户。其中，最有名的例子要属自由美元项目和电子黄金。①

上面的例子可能被认为是共同体货币中比较有争议的例子。②具体来说，自由美元是由 Bernard von Nothaus 及其非营利组织 NORFED 所创立的。在 2000 年左右，NORFED 推出了价值相当于一盎司白银的自由美元券，③其面值大约相当于 10 美元，后来其价值被抬高至 20 美元。此外，该项目也可以提供以美元计价的有价证券，这些证券对应一定价值的白银。④此后，该组织还推出了以铂金、黄金和铜片为基础的有价证券。自由美元项目的终极目标是提供一种能够自由流动的货币。尽管如此，美国财政部还是肯定了其合法性，认为自由美元既不是法定货币，也不是假币。然而，美国造币局于 2006 年发布声明称自由美元"奖章"与美国现有的货币系统存在竞争，违反了相关的规定。而且，声明指出这些货币只是看起来像货币，因为它们具有铭文和图片。2007 年，联邦调查局扣押了自由美元发行组织的资产，包括黄金和白银，拿走了电脑和档案，并冻结了该组织的银行账户。2009 年，Nothaus 被指控违反了有关伪造货币的第 486 号法案第 18 章和第 485 号法案第 18 章。同时，美国政府也采取措施，对自由美元的用户宣称这些钱将作为违禁物品被扣押。⑤

另外，电子黄金有限公司也开启了一项营利性业务，即 1996 年由

---

① Lawrence H.White,"The Troubling Suppression of Competition from Alternative Monies：The Cases of the Liberty Dollar and E-gold", George Mason University, Department of Economics,Working Paper No 06（2014）：p.5 ff.

② Nikolei M.Kaplanov, "Nerdy Money：Bitcoin, the Private Digital Currency, and the Case Against Its Regulation",Loy.Consumer L.Rev.25,（2012）：111,116.

③ White,"The Troubling Suppression of Competition from Alternative Monies",p.3 ff.

④ 出处同上,这些证券的面值包括1、5和10美元。

⑤ Paul Gilkes, "Liberty Dollars may be subject to seizure", Coin World（12 September 2011）,available at http：//www.coinworld.com/articles/liberty-dollars-may-be-subject-to-seizure.

Douglas Jackson提出的"可转让黄金计价账户"。①Jackson声称该产品是私人的，不同于传统的法定货币，不受通货膨胀的影响。电子黄金账户专为互联网交易而设计，每个账户都备有储存在伦敦的金条。电子黄金系统的功能非常简单：客户在网站上开户，利用信用卡或电汇购买黄金单位，这些黄金单位可以转移至其他的电子黄金账户，收款人可以将这些黄金单位兑换成法定货币。而且，顾客几乎可以进行匿名操作，其他人不能对相关数据进行检查。

电子黄金系统获得初步成功主要源于以下几点：（1）它的运行成本比传统的货币系统要低；（2）更加方便（尤其对于移民汇款来说）；②（3）它提供了不可逆转的交易；（4）它的账户有"不含政治风险的价值储藏"功能。③尽管如此，2005年12月，美国联邦调查局突击搜查了电子黄金公司位于佛罗里达的办事处，发现一些信用卡诈骗者正在使用电子黄金账户转移非法所得。司法部发现，公司没有遵守美国联邦法律对于资金转账服务的规定，也没有遵守银行保密法的有关规定。正如其创始人所预料的那样，电子黄金系统既不是货币发送者，也不是银行，它只是通过互联网转让了黄金的所有权，并没有转移资金。最终，Jackson被判处监禁，并被罚款100万美元，所有电子黄金账户被冻结，电子黄金系统被彻底关闭。

美国政府当局对于自由美元和电子黄金所采取的措施已经足以说明一些国家正在为虚拟货币带来的社会经济影响所担忧。本章将进一步总结各国对于比特币这一现象所采取的态度。

---

① White, "The Troubling Suppression of Competition from Alternative Monies", p.3 ff.
② 汇款在很大程度上受到了法律变化的影响，这些变化主要是由电子化的支付和金融服务所引起的。
③ 正如电子黄金公司的创始人White所说"令人不安的压制来自替代货币的竞争"。

## 5.3  国家监管的尝试及其反应

由于比特币的跨国性和分散性特征，相关国家对其监管的担忧既涉及国内层面也涉及跨国层面。但是，目前还没有国际组织采取具体的管理措施。[①]

无论如何，各国对于比特币的实际反应各不相同，采取的措施各异，一些国家甚至在观点上有所冲突。所以，目前对于比特币的看法尚不能形成一致的意见，毕竟比特币仍属于新兴事物，还没有法律和经济层面的足够文献对其进行研究。此外，围绕着比特币系统和一些国家存在着许多难以协调的不同利益。尽管如此，各国正采取行动，一些国家正试图将比特币纳入常规的监管范围内，一些国家则直接表示不支持比特币的发展。[②]

巴西在众多国家之中是一个例外。2013年10月，该国创建了关于规范电子货币的法律，允许巴西政府将比特币以及其他电子货币纳入传统货币的监管框架之内。根据该法规，比特币可被划分为货币。

与巴西相反，大多数国家都对比特币持更强硬的立场。

俄罗斯于2014年2月禁止了比特币。该国政府认为，诸如此类的电子货币将使得公民卷入非法活动，如洗钱或资助国际恐怖主义。[③]

同样，冰岛和越南也禁止它们的公民从事涉及比特币的外汇交易

---

① 欧洲银行于2013年加入了关于比特币的讨论，并发布了"消费者应注意数字货币的警告"。
② 根据bitlegal.io网的披露，欧洲的多数国家，以及美国、加拿大、澳大利亚、阿根廷、巴西和一些亚洲国家对比特币持"允许"的态度，但尚没有官方的指南或监管办法披露。相比之下，俄罗斯、中国、印度、约旦以及墨西哥均认为比特币尚存争议。
③ Maioli and Perugini, "Bitcoin tra Moneta Virtuale e Commodity Finanziaria", 7 ff.

业务。①

　　但是，有的国家最初对比特币持否定态度，后来其立场又有所变化。例如，泰国中央银行起初取缔了比特币交易，②但接着又有所松动，认为比特币是合法的，只是不能同国家货币相互转换。③

　　2009年，随着腾讯Q币的发展，中国文化部、商务部联合下发《关于加强网络游戏虚拟货币管理工作的通知》，明确虚拟货币不得用以支付、购买实物产品或兑换其他企业的任何产品和服务。2013年12月，中国人民银行和其他四家监管机构④联合印发了《中国人民银行 工业和信息化部 中国银行业监督管理委员会 中国证券监督管理委员会 中国保险监督管理委员会关于防范比特币风险的通知》，禁止各金融机构和支付机构将比特币作为交易货币使用。2017年9月4日，《中国人民银行 中央网信办 工业和信息化部 工商总局 银监会 证监会 保监会关于防范代币发行融资风险的公告》提出：禁止从事代币发行融资活动（ICO）；交易平台不得从事法定货币与代币、"虚拟货币"相互之间的兑换业务，不得买卖或作为中央对手方买卖代币或"虚拟货币"，不得为代币或"虚拟货币"提供定价、信息中介等服务。

　　除了实际采取相关措施的国家之外，一些国家对比特币仍持观望态度，如意大利。具体而言，这些政府认为涉及比特币的交易是不需要禁止的，也就没有监管的必要。

　　此外，有些国家试图从理论层面对比特币进行分类。

　　具体来说，一些国家如新加坡⑤、芬兰⑥、马来西亚和德国允许购买、

---

① Cf.http://bitlegal.io/ (last visited December 2014).
② Matt Clinch, Bitcoin Banned in Thailand, CNBC (30 July 2013, 6:20 AM).
③ De Filippi, "Bitcoin: A Regulatory Nightmare To A Libertarian Dream", 2 ff.
④ 中国银监会、中国证监会、中国保监会和中国工信部。
⑤ Cf.http://bitlegal.io/nation/SG.php.
⑥ Cf.http://bitlegal.io/nation/FI.php.

销售和交换比特币。因为根据其国内法律，比特币不被视为法定货币，而是被视为一种交换媒介或商品。<sup>①</sup>德国财政部将比特币视为"一种被作为私人货币的金融工具"，将其表述为"Rechnungseinheit"，即"账户单位"，将比特币从"电子货币"的类别中剔除。值得注意的是，德国对比特币的分类使得政府可以对比特币交易收取短期资本利得税，<sup>②</sup>即为一项销售税的设立创造条件。

根据澳大利亚的货币法，比特币可被认为是金融产品。法规中的金融产品包括非现金支付设施、投资设施和存款产品。"设施"一词已被广泛定义，其还包括一些无形资产，比特币可被认为是一种无形资产（尽管不是对现金的所有权，但其属于无形资产类别）。此外，上述法案认为"一个人如果没有使用物理支付或者外币支付，那么这种支付行为被视为非现金支付"。<sup>③</sup>由此，比特币被视为一种非现金支付设施，根据澳大利亚法律，<sup>④</sup>其也是一种无形资产。

尽管如此，2014年，澳大利亚通过了两个与比特币发展相关的法律。

首先，澳大利亚税务局对于加密货币的税务处理发布了相关指南。就比特币来说，其既不是货币，也不是金钱，其看起来更像是一种易货贸易。<sup>⑤</sup>

其次，澳大利亚证券与投资委员会发布了一份调查报告，此报告认为类似比特币这样的数字货币"不符合法律对金融产品的定义"。<sup>⑥</sup>但是，此

---

① De Filippi, "Bitcoin: A Regulatory Nightmare To A Libertarian Dream", 2 ff.

② Darshan S. Vaishampayan, Bitcoins are Private Money in Germany, Wall St. J., The Tell (blog).

③ Cf. Australian Currency Act 2001.

④ Rhys Bollen, "The Legal Status Of Online Currencies, Are Bitcoins The Future?", J. Banking & Fin. L. & Prac. (2013): 1-38.

⑤ Cf. https://www.ato.gov.au/General/Gen/Tax-treatment-of-crypto-currencies-in-Australia-specifically-bitcoin/.

⑥ http://bitlegal.net/nation/AU.php.

文件仅被视为澳大利亚的临时措施，澳大利亚政府还需以官方形式澄清此问题。

上面提到的一些国家对比特币作出反应的例子表明许多国家对比特币的态度和观点均未达成共识，政府部门以及学术界仍有大量工作需要落实。

在这一点上，我们可以将目光转向美国，即探讨美国对比特币可能会制定什么样的法律规定，为世界其他国家和地区在理论和实践方面提供一个具体的规划。

## 5.4 美国

鉴于加密货币所造成的影响，美国的立法者已经开始着手处理出现的问题。

在第一次法院辩论之后，尤其是自2013年以来，法律层面对比特币的管制日趋严格：简而言之，从事此类业务的企业需要进行严格的报告和记录，实施一定的反洗钱程序，并遵守相关的税收制度。[①]

更详细地说，美国政府在承诺监管数字货币的过程中所采取的最重要的一步就是财政部金融犯罪执法局（FinCEN）根据《银行保密法案》进行执法。

早在2013年，财政部金融犯罪执法局，即美国财政部下负责执行《银行保密法案》的机构发布了有关监管虚拟货币[②]的指南。[③]

---

① Matthew Kien-Meng Ly,"Coining Bitcoin's'Legal-Bits': Examining The Regulatory Framework For Bitcoin And Virtual Currencies",27 Harv.J.Law & Tec 27,no.2,(2014): 587 ff.
② Kien-Meng Ly,"Coining Bitcoin's Legal-Bits",587 ff.
③ The FinCEN guidance document "Application of FinCEN's Regulations to Persons Administering,Exchanging,or Using Virtual Currencies."

这个指南的目标是清楚地描述哪些交易活动会使一个实体成为货币服务业务商。为了执行《银行保密法案》，财政部金融犯罪执法局需要将货币服务业务纳入相应的监管框架中。从那时起，尽管没有在文本中具体提及比特币，联邦和州政府仍一直在监督比特币的活动。财政部金融犯罪执法局的指南并没有进一步清楚地阐述如何执行《银行保密法案》，相反，其中的一些用语更加混淆了现有的理解。[1]尽管如此，比特币可能会被分类为去中心化的虚拟货币，因为指南将虚拟货币定义为"没有中央存储库和单一管理员的货币"和"个人可以通过自己的计算制造出来的货币"。[2]

财政部金融犯罪执法局发布的指南实际对比特币及其用户产生了较大影响。

首先，销售比特币的用户均会被视为货币的发送者，即需要被纳入财政部金融犯罪执法局的监管范围之内。具体而言，一个"挖矿"并将其用于交换商品的人并不会被认为是货币的运输者。但是，如果一个人"挖矿"之后，将比特币用于交换真实的货币，则会被认为是货币的运输者。[3]因此，任何被标记为"货币运输者"的个人或实体必须向美国国库局备案。如果没有备案，那么他们将面临民事或刑事责任。

其次，任何促进比特币和美元转换的企业将被视为"交易所"，根据相关的指导文件，都需要被纳入监管范围。当然，也有人认为财政部金融犯罪执法局的目标实际是调和与比特币有关的各方利益。[4]

---

① Cf.Joshua Fairfield,"Bitproperty",in 88 S.Cal.L.Rev.(2015)：805 ff.
② Kien-Meng Ly,"Coining Bitcoin's Legal-Bits",587 ff.
③ 出处同上。
④ Kien-Meng Ly,"Coining Bitcoin's Legal-Bits",587 ff.

此外，值得注意的还有美国税务局的相关指南，[①]出于税收的目的，[②]其将比特币作为一项财产进行了相关的规范。

与美国联邦层面的行动相似，各州也都开始考虑如何处理比特币的问题。它们试图制定自己的法律，这些法律所遵循的原则与美国联邦层面的法律（如税收法律和FinCEN指南）一致。

例如，2014年7月，美国纽约的金融服务部提出了一个名为BitLicense的法案，其中，"虚拟货币"被定义为"任何涉及存储价值的电子交易单元或者嵌入了支付系统技术的电子交易单元"，同时其又被解释为具有以下特点的数字交易单元：（1）具有集中存储库和交易员；（2）是分散的，没有集中的存储和交易机制；（3）通过一定算法获得或创造。[③]

这个定义不包括在线游戏货币或者那些作为客户奖励计划的数字单位，但是，其似乎包括比特币。

### 5.4.1　美国法院的分类尝试

根据比特币发明人的定义，比特币是一个点对点的电子支付系统。[④]

很显然，比特币的发明者将其命名为"币"，是意图使其成为一种货币，但是，美国的法院尚没有接受这种分类。

事实上，法院的判决分为两种主要的类别，一种认为比特币是商品，另一种认为比特币是货币。[⑤]

将比特币作为货币已有案例可循。此案例是2013年美国证券交易委员会向美国东部地区法院提起的有关比特币信托计划的诉讼（case SEC v.

---

① 出处同上。
② 出处同上。
③ http://www.dfs.ny.gov/about/press2014/pr1407171-vc.pdf.
④ Satoshi Nakamoto，Bitcoin：A Peer-to-Peer.
⑤ Casey Doherty，"Bitcoin and Bankruptcy—Understanding the Newest Potential Commodity"，in 33-7 ABIJ 38，2014.

Shavers[1]）。这是美国证券交易委员会涉及比特币[2]的第一起诉讼，事关庞氏骗局如何应用于比特币领域。一位叫Shaver的金融从业人员利用比特币进行融资，且不断发行相关的信托产品，最终演变成庞氏骗局。[3]通过允诺7%的周回报率，Shaver以美元交易比特币，在2011年9月至2012年9月的一年中，他获得了将近70万个比特币。由于以上原因，美国证券交易委员会认为Shaver违反了法律，且认为根据相关法律，Shaver应该上交其违法所得。[4]法庭最终于2014年9月作出宣判，判定Shaver和BTC-ST信托公司违反了法律，判处其支付4 000万美元的违约金和15万美元的罚款。[5]

这个案例值得注意，因为地方法院在此案例中认定"比特币为货币"，[6]它支持将比特币定义为"可以在线交易的虚拟货币，可以与美元交换或者直接购买商品和服务"（如美国证券交易委员会在投诉书中所述），[7]且其适用美国银行法。[8]

尽管如此，此类案件主要涉及比特币与比特币的交易，而美国证券交易委员会更加关心的则是比特币与真实货币和商品之间的兑换。目前，此案件形成的判例还不能广泛应用于其他案件。但值得补充的是，美国证券交易委员会获得了比特币的管辖权。如果出现了管辖权方面的冲突，美国证券交易委员会则可以以此案例为依据获取管辖权。此外，根据《破产法》，如果比特币被定义为货币，那么依据《破产法》第362章和第546

---

① https://www.sec.gov/litigation/complaints/2013/comp-pr2013-132.pdf.

② Daniel Gwen and David E.Kronenberg, "Bitcoins in Bankruptcy: Trouble Ahead for Investors and Bankruptcy Professionals?", Pratt's Journal of Bankruptcy Law, February/March (2014):112-121.

③ Cf.https://www.sec.gov/litigation/complaints/2013/comp-pr2013-132.pdf.

④ 出处同上。

⑤ Cf.http://www.sec.gov/litigation/litreleases/2014/lr23090.htm.

⑥ Gwen and Kronenberg, "Bitcoins in Bankruptcy", 112 ff.

⑦ Cf.https://www.sec.gov/litigation/complaints/2013/comp-pr2013-132.pdf.

⑧ Gwen and Kronenberg, "Bitcoins in Bankruptcy", 112 ff.

章，比特币与真实货币的兑换将被定义为"掉期"。换句话说，比特币与真实货币的兑换类似于用某个实体将瑞士法郎兑换为美元。①

将比特币定义为商品的做法源于 CLI 公司②的相关案例，此公司是一家石油开采公司。在此案例中，法院认为比特币是一种"地下商品"，因为其与石油在"开采"上有相似之处。

此案件的双方是 CLI 公司和 Bit 投资公司，CLI 是债务人，Bit 投资是债权人。债务人在一家名为"Alydian"的公司下面开展业务，其股东是 Coinlab，且参与比特币的"挖矿"工作。③债权人则是比特币的融资实体，从事与比特币相关的业务。④

2013 年 8 月，Bit 投资与 Coinlab 以及 CLI 签订了比特币服务协议。根据修正条款的内容，Bit 投资支付 75 000 美元给债务人 Coinlab，同时，后者根据合同要求将尽最大的努力为 Bit 投资制造比特币，直到 Bit 投资收到 7 984.006735 个比特币。因此，债权人为 Coinlab 提供相关资金，以换取比特币生产服务。总而言之，Bit 投资将获得虚拟的比特币超额利润。⑤

然而，由于当时比特币的价值处于顶峰，后来债务人迫于超额利润的压力，未能及时交付比特币，违反了当初签订的协议。因此，2013 年 10 月 29 日，Bit 投资就该事件向美国纽约南部地区法院提起诉讼，寻求被告交付合同约定的比特币数量。此案件与某石油天然气公司破产案件颇为类似。2013 年 11 月，地区法院开启暂时限制程序，即迫使 Coinlab 开始"挖矿"和交付合同约定的比特币数量。此后，债务人于 2013 年 11 月提出拒绝执行

---

① Casey Doherty,"Bitcoin and Bankruptcy".
② In re CLI Holdings,Case No.13-19,746（W.D.Wash.2013）.
③ Gwen and Kronenberg,"Bitcoins in Bankruptcy",112 ff.
④ http://www.plainsite.org/dockets/unc1p5dn/washington-western-bankruptcy-court/cli-holdings-inc/.
⑤ Casey Doherty,"Bitcoin and Bankruptcy".

合同，因为根据有关法案，[1]可以拒绝执行修订后的合同。债务人实际想自行在市场上出售其比特币，不想履行相关合同。法院根据石油天然气的相关案例，认定Bit投资是正确的，即债务人不能拒绝履行相关合同。[2]

与此同时，债务人认为其不能履行相关义务，因为它认为其不能在"挖矿"业务中获得正的现金流量。因此，它要求法院下达命令，批准相应的出售比特币的招标程序，并开启资产出售听证会。[3]换句话说，债务人实际是想出售其"挖矿"设备。但是，鉴于目前的市场，Bit投资质疑这种匆忙出售的必要性，因为"这些'挖矿'机可以生产有价值的比特币"。由于产品具备相当的价值，法庭实际不会批准资产的出售。最终，通过维护Bit投资的利益，双方以保密的方式处理了纠纷，且案件也被法庭驳回。[4]

这个案例体现了法律在比特币问题上的模糊性。[5]事实上，Bit投资没有对"挖矿"机的留置权。在石油和天然气行业，最终的价值在于矿井，即使"挖矿"机也具有较大的价值。但就比特币而言，"挖矿"机却成了比特币公司最有价值的资产，且没有地点的限制，"挖矿"机真正需要的就是运行所需的电力。

此外，根据本章之前的论述，比特币和石油天然气行业的相似性来源于三个因素：（1）之前两家公司达成的协议与石油天然气行业的协议类似；（2）石油天然气行业使用的专业术语有一部分在比特币领域得以使用；（3）比特币领域的争议性案件与石油天然气行业的争议性案件有一些

---

[1] Cf.Motion to Reject Executory Contracts,cf.http://www.plainsite.org/dockets/unc1p5dn/washington-western-bankruptcy-court/cli-holdings-inc/.

[2] Casey Doherty, "Bitcoin and Bankruptcy".

[3] Cf.Motion For Order Approving Notice Of Sale, Bidding Procedures Order, And Setting Hearing On Sale Of Assets And Granting Other Relief, available at http://www.plainsite.org/dockets/unc1p5dn/washington-western-bankruptcy -court/ cli-holdings-inc/.

[4] Casey Doherty, "Bitcoin and Bankruptcy".

[5] 作者承认比特币持有者在如何认识比特币上还面临困惑，即比特币究竟是一种商品、证券，还是现金。出处同上。

相似之处。

　　无论如何，尽管比特币和石油天然气的相似之处在一定条件下才成立，美国的法律口译人员仍然会时常借助石油天然气行业的术语处理比特币方面的法律问题。

### 5.4.2　美国对比特币的潜在监管框架

　　在美国的法律理论中，将一些现实中的新情况纳入之前预先设置的理论中已成趋势，这个趋势不仅限于上文提到的那些情况。

　　根据美国法律提出的选项，对比特币和数字货币的监管可能属于以下现行法律框架之一：（1）《银行保密法案》（BSA）；（2）《有价证券交易细则》（SEA）；（3）《印花税支付法案》（SPA）；（4）《电子资金转移法案》（EFTA）；（5）《反诈骗腐败组织集团犯罪法案》（Racketeer Influenced and Corrupt Organizations Act，RICO）；以及（6）《统一商业法典》（UCC）。[1]

　　（1）《银行保密法案》[2]是为了防止金融机构洗钱而颁布的，该法案要求MSBs向政府登记，实施相应的反洗钱程序，[3]记录相关的活动。而且，MSBs必须报告超过10 000美元的现金交易以及任何可疑行为，包括洗钱、逃税[4]等。将《银行保密法案》应用于比特币的主要问题是比特币是否应该被标记为"货币"，即使该法案对于比特币还没有确切的定义。[5]无论如何，如果《银行保密法案》被应用于比特币系统，会对比特币系统施加诸

---

[1]　Kien-Meng Ly,"Coining Bitcoin's Legal-Bits",588 ff.A similar attempt to identify the applicable source of law/regulation under U.S.legal system is carried out by Nikolei M.Kaplanov：Kaplanov,Nerdy Money,11 ff.

[2]　该法案已编入1970年《联邦法规法典》第X章"货币和外国交易报告法"的第31节。

[3]　FinCEN's Mandate from Congress,Dep't Of The Treasury Fin.Crimes Enforcement Network,http://www.fincen.gov/statutes_regs/bsa.

[4]　Cf.31 USC § 5312 et seq.,http://www.law.cornell.edu/uscode/text/31/5312.

[5]　Cf.31 USC § 5312（3）et seq.,http://www.law.cornell.edu/uscode/text/31/5312.

多限制，虽然法案中的要求实际是为了提高MSBs的安全性和合法性。具体而言，以传统货币和数字货币进行交换属于该法案的规范范围，因此，进行此类交易的任何商业实体都需要向政府登记，实施相应的反洗钱措施，比特币也可能会失去匿名的优势。

（2）《有价证券交易细则》涉及1934年的证券法中的法规，该法案管理证券交易，涉及票据、股票和投资合同交易。为了使比特币受SEA管辖，比特币应被视为证券的一种形式，因为货币不在该法的范围之内。但是，比特币缺乏证券所具有的一些独特特征，即（a）比特币不用于承诺支付一笔钱；[①]（b）它与股票不同，因为它没有赋予持有者特定的权利；[②]（c）它不能被视为一种投资合同，因为根据先例，通过货币购买比特币并不等于投资。[③]

（3）关于比特币监管的最经常性的假设之一涉及1862年的《印花税支付法案》。即使在实践中，此法案也不支持比特币，因为此法案禁止任

---

① 一张票据可以是可转让票据或证券。参见494 U.S.at 67（讨论家族相似性测试，因为它适用于票据之间的区分）。比特币不是可转让票据，因为它没有无条件承诺或命令支付固定数额的金钱。为确定票据是否属于证券，法院采用家族相似性测试，参见：Reves,494 US at 67。Farmer Jr.认为即使应用同样的测试，法院也可能认定比特币是一种证券。虽然，在本章作者看来，这仅仅是在这个领域消除匿名的一种策略。

② "就股票而言，最高法院已将其主要特征确定为：(i)根据利润分配收取分红的权利；(ii)可转让性；(iii)抵押或抵押的能力；(iv)按所拥有的股份数量比例授予投票权；(v)价值升值的能力。"United Housing Foundation,Inc.v Forman,421 U.S.837,851(1975)。比特币虽然可以转让并且能够升值，但却没有权利获得股息、投票权以及与任何法律实体相关的其他权利。

③ 投资合同被定义为"合同，交易或计划，即一个人将其资金投资于一个共同企业（Common enterprise），并且只能通过发起人或第三方的努力获得利润"。参见：SEC v.WJ Howey Co.,328 US 293,298-99(1946)。为了确定合同是否属于投资合同，法院适用三管齐下的Howey测试，要求证明(i)投资资金，(ii)共同企业，以及(iii)预期利润源于他人的努力。比特币没有通过其中的两个测试。首先，比特币购买者不会期望这些利润来自发起人的行为，而认为利润是来自市场力量。除此之外，该协议不依赖于第三方，并且在比特币系统中行事的每一方都完全符合自身利益。这并不是说"可能没有涉及比特币的证券"，事实上，在交易所或其他地方所涉及的比特币交易显然是证券类的交易。参见：J.Scott Colesanti,"Trotting out the White Horse：How the S.E.C.can handle Bitcoin's Threat to American Investors",Syracuse L.Rev.65,(2015)：1 ff.；Nicole D.Swartz,"Bursting the Bitcoin Bubble：The Case to Regulate Digital Currency as a Security or Commodity",Tul.J.Tech.& Intell.Prop.17,(2014)：319,329-330。

何代币的发行和流通，其具体条款规定"即使小于1美元，只要是意图作为货币被接受或流通以代替美国的合法货币"也属于这种代币。①该法案追求的主要目标是"保护美元的价值和使用，反对非官方的竞争货币"。②为了更好地了解SPA的实际含义，有必要参考早期判例法（因为自1899年以来就没有关于此事的法院判决）。例如，在1877年的美国政府诉Van Auken（United States v.Van Auken）案中，最高法院认为，国会通过这项法案的主要目的是"防止与本国货币的竞争"。其规定"不适用于有限发行的任何东西"，也不适用于任何与国家货币相违背的东西。因此，SPA对于比特币的适用性实际取决于比特币是否可被视为"竞争货币"。事实上，比特币的使用并没有减损美元的价值。首先，这种加密货币只针对互联网交易设计——至少在理论层面，不能与官方法定货币竞争。③其次，这个法案的执行也会有问题，比特币并没有中央机构，不能由美国政府起诉。

（4）1978年的《电子资金转移法案》规定了"电子资金和汇款转账系统参与者权利、义务和责任的框架"。④考虑到比特币和电子产品的电子特性及其通过互联网转移，该法案似乎是一个可行的解决方案。然而，欧洲自由贸易联盟中所引用的"参与者"是指从事或促进电子资金转移的金融机构。而且，由于比特币不可能被认为是一个法律实体，那么通过比特币实体或中介机构转移电子资金，并且将欧洲自由贸易联盟体系应用于比特币似乎不是一个适当的解决方案。⑤

（5）解决比特币相关犯罪活动的潜在方案可能涉及《反诈骗腐败组织

---

① 18 U.S.C.§ 336.

② Kien-Meng Ly,"Coining Bitcoin's Legal-Bits",587 ff.

③ 根据一些法律学者的说法，比特币不属于《印花税支付法案》的管辖范围，因为它不具备区别于金钱的上述"物理"特征（cf.Joshua J.Doguet,supra note 2）。

④ 15 U.S.C.§ 1693(b)(2012).

⑤ Kien-Meng Ly,"Coining Bitcoin's 'Legal-Bits'",587 ff.

集团犯罪法案》。①该法案于1970年通过，以打击有组织的犯罪，特别是参与各种非法活动的个人。为此，RICO法案对于违反第1962条款任何规定的人进行刑事处罚。②该条款规定"任何人已经直接或间接地从欺诈活动中获得任何收入，或者收集非法债务的收入以进行投资和设立相关企业，都是违法的"。③RICO法案对"敲诈勒索活动"的定义包括"谋杀、绑架、赌博、纵火、抢劫、贿赂、敲诈勒索"，④以及假冒活动、电汇欺诈、洗钱工具等一系列不同的犯罪行为。因此，根据这个广泛的定义，可以认为通过比特币完成的犯罪活动（如洗钱或欺诈行为）可能属于RICO法案的管辖范围，实际犯罪的个人可能会被起诉。

（6）最后的潜在法律框架可由《统一商业法典》提供。本法典建立了一些旨在调控销售和其他商业合同的愿景。根据UCC的规定，将比特币视为商品还是货币都可以，因为在其规定之下，两者均得到了认可。⑤然而，这个解决方案只会提供一个通用的监管框架，因为UCC管理所有的销售合同，并以这种方式间接管理任何与比特币有关的买卖，即使那些规定没有明确提及与比特币相关的事宜。

### 5.4.3 比特币：货币还是商品？法律理论的视角

为了应用上面简要描述的法案，首先有必要了解比特币的真实含义。

根据传统的货币史，人们起初依赖的是易货贸易，随后，出现了一种在任何交易中都会出现的商品，这种商品由于其"卓越的可销售性、稀缺

---

① 18 U.S.Code,Ch.96.

② Cf.18 U.S.Code,§ 1963 – Criminal Penalties,available at http://www.law.cornell.edu/uscode/text/18/1963.

③ 18 U.S.Code,§ 1962 – Prohibited Activities,available at http://www.law.cornell.edu/uscode/text/18/1962.

④ 18 U.S.Code,§ 1961 – Definitions,http://www.law.cornell.edu/uscode/text/18/1961.

⑤ Kien-Meng Ly,"Coining Bitcoin's Legal-Bits",587 ff.

性、耐用性和便携性"而成为交换媒介。①几个世纪以来，货币一点一点演变成现在的形式，主要得益于目前的金融机构和国家当局对法定货币的应用。

在这种演变的基础上，货币被视为一种计量单位，即"具有价值的名义，但其自身不具有价值"，②这种货币代表了社会公约的最终结果。那些主张将比特币定义为货币（即比特币的大多数支持者）的人提出了上述货币演变和比特币创造之间的平行关系。特别是，他们认为比特币已经投放市场，比特币似乎已经成为用户可以使用的几种商品中的一种，并且由于它具有稀缺性和易于流通，似乎已经具备了价值，如果大多数市场参与者认可其价值，它就可以成为货币。③

然而，这个论点的主要缺陷在于，人们已经有了支付和交换的媒介，即传统货币，因此，比特币可以构成替代或竞争性货币。

尽管如此，对货币的"传统"理解也受到了另一种宪法理论的挑战。根据这种理论，货币是一个"具有实际价值的转让性项目"。④

事实上，由于历史和现实的原因，人们不会自发地将硬币作为货币，而是由主权当局对硬币进行铸造，将其作为一项管理社会的工具。

然而，不管怎么样，在这个时候，比特币很难被视为货币，因为它们构成了"一种困难的交换媒介、一个糟糕的记账单位和一个价值储藏库"。⑤

此外，比特币只有能够提供超过传统系统的优势和经济效益（无论是

---

① Beat Weber,"Can Bitcoin compete with money?",Journal of Peer Production 4 (2014): 1000 ff.,Available at http://peerproduction.net/issues/issue-4-value-and-currency/invited-comments/can-bitcoincompete-with-money/.

② Sonal Mittal, Is Bitcoin Money? Bitcoin and Alternate Theories of Money,Independent Writing Project,(Spring 2013).

③ Ed Howden,"The Crypto-currency Conundrum: Regulating an Uncertain Future",Emory Int'l L.Rev.29,(2015): 741-743.

④ 出处同上。

⑤ 出处同上。

客观存在还是被客户感知的），才可能成为竞争性的货币体系。换言之，从传统的货币体系向比特币系统的转换应该在成本和前景方面都是方便的，并且需要广泛的黏合，因为"使用网络的好处随着参与者数量的增加而增加"。①因此，比特币需要成功克服现有社会对货币的依赖，以脱颖而出作为一种可替代性的产品。

此外，比特币不足以定义为货币的另一个特征是其高波动性，这一特征使其在投机商眼中极具吸引力，投机商并未将其当作一个记账单位。

而且，由于比特币的数量是有限的，而其需求不断增加，持有它们的个人认为其未来会升值，更倾向于囤积而不是花掉它们。然而，囤积减少了比特币的流通数量，降低了其成为支付媒介的可能性。即使比特币的囤积有助于其发展为一种价值储藏体，它的高波动性则会降低这一特性，也会使其在很大程度上是投机性的。换言之，有人认为，比特币的体系结构本身阻止了其成为竞争性和替代性的货币形式。②

尽管可以将比特币归为其他类别（如票据、信用工具、债券等），但是几乎很难满足所有的划分要求。在这种情况下，比特币史容易被分类为商品。

事实上，考虑到价格的剧烈波动，③比特币通常被大多数持有者和卖家认为是一种商品。此外，比特币的供给可能会受到监管缺失与比特币预定数量的影响，也可能受到外部事件的影响，所有这些因素都使得比特币

---

① Weber，"Can Bitcoin compete with money?"，1000 ff.；Eric P.Pacy，"Tales from the Cryptocurrency：On Bitcoin，Square Pegs，and Round Holes"，New Eng.L.Rev.49，（2014）：121，138.

② Weber，"Can Bitcoin compete with money?"，1000 ff.

③ 根据比特币网站的数据，2015 年 1 月 19 日，比特币的平均市场价值为 21 190 美元；2015 年 1 月 20 日，比特币的平均市场价值为 20 693 美元；2015 年 1 月 21 日，比特币的平均市场价值达到 21 431 美元；2015 年 1 月 22 日，比特币的平均市场价值为 23 228 美元（cf.https：//bitcoinaverage.com/#USD）。

更加像商品。①

此外，比特币可以被认为是商品的事实也可以从金融的视角得以验证，因为这样的分类有助于企业创建比特币衍生品。②

衍生工具，正如最近的经济危机所证明的那样，是相当危险的金融工具，然而，如果运用于比特币，它可能会有一定的经济用途。事实上，比特币衍生品的发展有两个目的，那就是帮助任何接受或持有比特币的人降低由于价格波动而带来的风险，并"允许各方投资比特币而不持有比特币"。③

然而，真实的情况是，比特币不仅被视为一种统一货币，与此同时，其还被视为一种合成商品货币。④

规则约束下的法定货币与合成商品货币的区别在于："合成商品货币的增长受到真实资源的成本约束，而法定货币则受到交易成本的约束，违反规则将受到一定惩罚。"⑤

换言之，法定货币的存在前提是货币当局能够管理其数量，在有管理的货币体系中，价格水平或其他宏观经济变量都会作为一种管理工具被使用。然而，合成商品货币产生了一种"自动货币体系"，即"货币政策本身仅有单一商品或服务作为货币单位的基础"。⑥因此，在这样的制度下，不需要货币当局（无论是管理货币基础还是执行货币规则）。所以，合成

---

① 此外，比特币可能符合美国《商品交易法案》(CEA)规定的"商品"定义。2014年10月9日，Houman B.Shadab为规范比特币和区块链衍生品，撰写了书面声明给全球市场咨询委员会下属的商品期货交易委员会，用以介绍数字货币——比特币。参见：http://ssrn.com/abstract=2508707。
② 如今，几家公司已开始提供比特币衍生品，它们与ICBIT一同声称这是第一个比特币期货市场，2014年9月，OKCoin（位于中国的比特币交易所）开始提供比特币-美元期货，一家位于塞浦路斯的公司(Anyoption)则开始提供比特币二元期权。
③ 出处同上。
④ George Selgin, "Synthetic Commodity Money", (April 2013), available at: http://ssrn.com/abstract=2000118.
⑤ 出处同上。
⑥ 出处同上。

商品货币的根本特征在于，它可以避免将资金管理留给中央银行或其他自然的盲目力量。[1]

此外，由于合成商品货币只能作为货币使用，其购买力不会因非货币需求而改变。

一个合成性商品货币的例子是伊拉克瑞士第纳尔。

1990 年海湾战争前，伊拉克的官方货币是第纳尔纸币，它是用瑞士第纳尔的印版在英国印制的。在战争期间，不可能进口这样的钞票，战争结束后，侯赛因政府公开反对以前的货币，并发行了"萨达姆第纳尔"替代它。尽管如此，"萨达姆第纳尔"的发行量颇为庞大，不仅政府发行，伪造者也发行，导致其迅速贬值。与此同时，瑞士第纳尔因为持续使用呈现物理上的减损，但其继续在该国的库尔德地区流通，拥有相对稳定的购买力，以及相对于美元的稳定汇率。多年来，"萨达姆第纳尔"和瑞士第纳尔之间的汇率持续上升，直到 2003 年时达到 300：1。为了稳定伊拉克的官方货币，联军临时政府以 150：1 的汇率将"萨达姆第纳尔"与瑞士第纳尔挂钩。同时，他们将原始瑞士印版用于官方纸币的生产，修改面额使其与"萨达姆第纳尔"一致。

与瑞士第纳尔相似，比特币没有政府的支持，也没有某一种商品的支持。尽管如此，用户相信它就像相信传统的瑞士第纳尔一样。瑞士第纳尔的价值相对于其他物品来说，一直保持稳定，其时间超过十年。[2]

---

[1]　出处同上。According to Daniela Sonderegger, "A Regulatory and Economic Perplexity: Bitcoin Needs Just a Bit of Regulation", Wash.U.J.L.& Pol'y 47, no.175 (2015): 205 Bitcoin is Inherently Self-Regulating: 'Bitcoin is an open source protocol that can be molded and built upon by its users, thereby exhibiting self-regulating qualities'.

[2]　Reuben Grinberg, "Bitcoin: An Innovative Alternative Digital Currency", Hastings Sci.& Tech.L.J.4, (2012): 159.

## 5.5 结论

比特币的案例是研究法律如何处理社会和技术创新的一个很好的例子：一般来说，当法律面对陌生的环境，在没有相关法律可以依据时，相比改变法律自身的内在逻辑，其倾向于通过对自身旧的制度或条款进行"裁剪"，以适应新的社会环境。

由于比特币对社会产生了较大影响，美国法律界试图将比特币进行分类，以将其放入现有的法律框架体系之中。而且，即使美国的法律对于比特币的反应尚不系统，很多反应的内在逻辑甚至不协调、有一定矛盾，但是每种反应似乎都代表了对比特币问题的不同解决方案，这是美国法律界在试图处理比特币问题上所迈出的重要一步。

具体而言，立法的重点是对比特币的监管是否有必要。目前，在这方面最重要的建议是引入相关的许可证制度（例如，由纽约金融服务部提议的比特币证）。事实上，学者和法院倾向于法律选择合适的适应方式，而不是改变其原本的理念或逻辑。

值得一提的是，法律专家正试图确定运用哪种方案会使得比特币可以被更好地管理。但是，根据我们的分析，选择依靠现有的模式进行监管被证明不是完全有效的。现有模式的主要障碍在于对于比特币没有明确的定义，因此也就没有合适的条款或者具体的规定适用于比特币的监管。

另外，司法部门通过推行一系列法律判例，在比特币的管理上取得了一定的成果，这样的做法实际上绕过了对比特币进行定义，属于监管方面的创新。因为这实际上代表了法律领域较为典型的处理方式。简而言之，这样的处理方式源于一种同理心，可以追溯至早期有关采矿的法庭判决，其涉及不同但可比的法律环境。

因此，从哲学上讲，互联网似乎提供了一个虚拟的土壤，可以从中提取新的（未加工的）法律素材。

## 参考文献

Alberts，J.，& Fry，B.（2015）. Is Bitcoin a security? Boston University Journal of Science & Technology Law，21，1-21.

Bollen，R.（2013）. The legal status of online currencies：Are Bitcoins the future? Journal of Banking and Finance Law and Practice，24，1-38.

Brito，J.，Castillo，A.，& Shadab，H.B.（2014）. Bitcoin financial regulation：Securities，derivatives，prediction markets，and gambling. Columbia Science and Technology Law Review，16（2014），146-221.

Colesanti，J.S.（2014）. Trotting out the white horse：How the S.E.C. can handle Bitcoin's threat to American Investors. Syracuse Law Review，65，1-52.

De Filippi，P.（2014）. Bitcoin：A regulatory nightmare to a libertarian dream. Internet Policy Review，3（2），1-12.

Doherty，C.（2014）. Bitcoin and Bankruptcy—Understanding the newest potential commodity. ABI Journal，33，28-33.

Doguet，J.J.（2013）. The nature of the form：Legal and regulatory issues surrounding the Bitcoin digital currency system. Louisiana Law Review，73（4），1119-1153.

Fairfield，J.（2015）. Bitproperty. Southern California Law Review，88，807-874.

Farmer Jr.，P.H.（2014）. Speculative tech：The Bitcoin legal quagmire & the need for legal innovation. Journal of Business & Technology Law，9，85-106.

Gilkes，P.（2011）. Liberty dollars may be subject to seizure. Coin World

Publications.Chicago.

Grinberg, R. (2012). Bitcoin: An innovative alternative digital curren-cy. Hastings Science and Technology Law Journal, 4, 159-200.

Gwen, D., & Kroenenberg, D.E. (2014). Bitcoins in bankruptcy: Trouble ahead for investors and bankruptcy professionals? Pratt's Journal of Bankruptcy Law, 112-121.

Howden, E. (2015). The crypto-currency conundrum: Regulating an uncertain future.Emory International Law Review, 29, 742-798.

Hughes, S.J., & Middlebrook, S.T. (2014). Regulating cryptocurren-cies in The United States: Current issues and future directions.Wm.Mitchell Law Review, 40, 813-848.

Hughes, S.J., & Middlebrook, S.T. (2013). Virtual uncertainty: Developments in the law of electronic payments and financial services. Indiana University legal studies research paper series.

Jeans, E.D. (2015). Funny money or the fall of Fiat: Bitcoin and the forward-facing virtual currency regulation.Journal on Telecommunications and High Technology Law, 13, 100-127.

Kaplanov, N.M. (2012). Nerdy money: Bitcoin, the private digital currency, and the case against its regulation.Loyola Consumer Law Review, 25, 111-171.

Kien-Meng Ly, M. (2014). Coining Bitcoin's "Legal-Bits": Examin-ing the regulatory framework for Bitcoin and virtual currencies.Harvard Journal of Law & Technology, 27 (2), 587-605.

Larson, J. (2015). Bitcoin: Same song, second verse, a little bit louder and little bit worse. Michigan Tax Law, 41, 34-37.

Maioli, C., & Perugini, M.L. (2014). Bitcoin tra Moneta Virtuale e Commodity Finanziaria.University of Bologna-Research Center of History of

Law, Philosophy and Sociology of Law, and Computer Science and Law, pp.1-40.

Meredith, M.W., & Kevin, V.T. (2015). Rethinking virtual currency regulation in the Bitcoin age.Washington Law Review, 90, 272-347.

Mittal, S. (2013). Is Bitcoin money? Bitcoin and alternate theories of money.Independent Writing Project.

Nakamoto, S. (2009). Bitcoin: A peer-to-peer electronic cash system, https: //bit-coin.org/bitcoin.pdf.

Pacy, E. P. (2014). Tales from the cryptocurrency: On Bitcoin, square pegs, and round holes. New England Law Review, 49, 122-144.

Rahn, R.W. (2010). A constant unit of account. Cato Journal, 30 (3), 521-533.

Ramasastry, A. (2014). Bitcoin: If you can't ban it, should you regulate it? The merits of legalization.Justia.com.

Selgin, G. (2013). Synthetic commodity money.The Cato Institute University of Georgia.Athens.Available at:https: //bitcoin.org/bitcoin.pdf.

Shadab, H.B. (2014). Regulating Bitcoin and block chain derivatives. Written Statement to the Commodity Futures Trading Commission, Global Markets Advisory Committee, Digital Currency Introduction.

Sonderegger, D. (2015). A regulatory and economic perplexity: Bitcoin needs just a bit of regulation.Washington University Journal of Law & Policy, 47 (175), 175-216.

Swartz, N.D. (2014). Bursting the Bitcoin bubble: The case to regulate digital currency as a security or commodity.Tulane Journal Technology & Intellectual Property, 17, 320-335.

Trautman, L. (2014). Virtual currencies Bitcoin & what now after Liberty Reserve, Silk Road, and Mt.Gox? Richmond Journal of Law and Technology

20.Available at http：//jolt.richmond.edu/v20i4/article13.pdf.

Vaishampayan, D.S.（2013）. Bitcoins are private money in Germany. Wall Street Journal, The Tell（blog）.

Wallace, B.（2011）. The rise and fall of Bitcoin.Wired Magazine, San Francisco.

Weber, B.（2014）. Can Bitcoin compete with money? Journal of Peer Production.4.Available at http：//peerproduction.net/issues/issue-4-value-and-currency/invited-comments/can-bitcoincompete-with-money/.

White, L.H.（2014）. The troubling suppression of competition from alternative monies：The cases of the liberty dollar and E-gold.George Mason University, Department of Economics, Working paper no.6, pp.1-30.

Ziskina, J.（2015）. The other side of the coin：The Fec's move to approve cryp-tocurrency's use and deny its viability.Washington Journal of Law Technology and Arts, 10, 306-3.

# 第6章 移动支付：多少监管是合适的？
## ——从全球经验中学习

Elisabetta Cervone[1]

世界银行

**摘要：** 作者提供了一个有关世界监管移动支付的路线图。本章关注监管限制和监管的不确定性，这些限制和不确定性制约着移动支付，并且是移动支付在推广过程中的最大障碍。本章一方面关注肯尼亚的移动支付，另一方面关注美国的监管政策。迄今为止，全球都认为监管机构过早地用一种假定的或"正统"的方法来监管移动支付。然而，作者认为，从全球监管移动支付的视角来看，功能监管的理念比机构监管更好。

## 6.1 导论

移动支付在扩大支付服务的供给和拓宽支付的服务方面发挥着越来越

---

① E.Cervone (✉)
World Bank, Finance and Markets Global Practice, Payment Systems Development Group
University of Milan, Department of international, juridical and historical-political studies, Italy
© The Editor(s)(if applicable)and The Author(s)2016
G.Gimigliano (ed.), Bitcoin and Mobile Payments,
DOI 10.1057/978-1-137-57512-8_6

重要的作用。[1]传统的银行账户则会给客户带来较高的使用成本。其要求客户保持账户的最低余额，向客户收取服务费，要全面了解客户的需求，需要客户去网点办理业务等。相比之下，移动支付所花费的成本较低。移动运营商模型可以有效地将非正式现金交易纳入正规金融体系，扩大金融的服务渠道。

移动支付的增长有助于增强金融的包容性。[2]事实证明，创新总是在改善需求最迫切的领域发生。[3]在传统的基础设施较为缺乏的发展中国家，新技术的快速发展使支付服务能够被提供给缺少银行服务的人群。到目前为止，移动支付的迅速普及主要发生在发展中国家和欠发达地区，包括肯尼亚、巴西、菲律宾、南非等国家。由于缺乏银行分支机构，移动支付对于缺少银行服务的人群非常有吸引力。

发达经济体在移动支付方面远远落后于发展中国家。[4]在欠发达国家，人们更愿意去尝试新的支付模式。在发达国家，消费者对于现有的零售支付系统普遍满意，他们认为现有支付系统可靠、熟悉且值得信赖。

---

① 移动支付可以定义为由连接到移动通信网络的接入设备发起和发送的支付,参见:Committee on Payment and Settlement Systems（CPSS）Innovations in Retail Payments（Bank for International Settlements,2012）,19。关于移动支付的一般情况,参见:Thomas-Frank Dapp et al., The Future Of（Mobile）Payments: New（Online）Players Competing With Banks（Frankfurt am Main,Germany: Deutsche Bank Research,2012）; on m-payments in the European Union, European Commission, Green Paper: Towards An Integrated European Market For Card,Internet And M-Payments（Brussels: EC,2012）。
② 移动支付使数百万被排除在正规金融系统之外的人能够以相对便宜、安全和可靠的方式进行金融交易。 金融包容性已成为研究人员、政策制定者和其他金融部门利益相关者日益关注的主题。
③ 此外,众所周知,在小额信贷中,穷人的责任有限,因为他们几乎没有什么东西可以失去。因此,在贫穷国家,损失厌恶可能是缓慢的,人们可能更愿意尝试新的移动支付模式。例如在非洲,银行很少,物质基础设施差,农村人口往往依赖来自城市的汇款。
④ 在美国,直到最近,Apple-Pay的系统才被开发出来,iPhone用户只需将手机放在接收器上几秒钟即可在收银台付款。参见:http://time.com/money/3328891/ apple-pay-iphone-global-mobile-payments/。

除了不同的经济、社会和文化背景外，确保一个合适的经济、法律和监管环境对移动支付的发展至关重要。

监管部门在欠发达国家和欠发达经济体中都面临着巨大的挑战，尤其是对于移动支付的监管，因为移动支付技术还处在早期的发展阶段。一方面，对发展的需要将促进支付模式的创新；另一方面，出于保障国家支付系统的稳定性和保护消费者权益的考虑，许多监管者都会选择最为谨慎的方式进行监管。[①]

监管机构对移动支付的态度各不相同。在一些国家，创新先于立法：即移动支付不属于银行监管的范围，这些国家倾向于采用"试验和观察"的方法来允许该领域的试验。在其他国家，移动支付仍然适用于传统银行服务的监管框架，而不是被采用"试验和观察"的方法。

虽然肯尼亚采用的是"试验和观察"的方法，以此鼓励创新，但是，这实际使客户面临一定程度的金融风险。美国则采用第二种方法，将现有的银行监管框架应用于移动支付，这种方式阻碍了创新，使移动支付未能覆盖至被排除在正规金融系统之外的人群。

如果将肯尼亚的做法和美国的做法进行比较，得出的一个经验就是监管机构没必要过早地确立一个监管移动支付的合适方式。各国仍需研究各种监管方式在不同市场环境下的表现。但是，作为监管移动支付的全球路线图，功能监管是比机构监管更适合的方法，这种做法能够在管理风险的同时不抑制创新。

---

① 最近在这方面有大量工作被完成，包括由世界银行支付系统开发小组制作的"零售支付方案"，该小组提供的指导和工具包括：(i)"制定全面的全国零售支付战略"，其目的是为政府当局和市场参与者提供有关如何制定和实施全面的战略性零售支付改革的详细指导；(ii)"零售支付清点实用指南"，确定了对国家零售支付情况进行详细盘点的方法；(iii)"从汇款到移动支付：了解零售支付系统监管共同框架内的'替代支付方式'"，探讨了制定规范框架以支持有效的零售支付行业，包括所谓的创新的支付机制；(iv)"全球零售支付创新·速览：2010年零售支付工具和方法创新全球调查结果"，介绍了世界银行向各国中央银行收集创新零售支付产品信息的首次调查结果和程序。参见：http://web.worldbank.org/WBSITE/EXTERNAL/TOPICS/EXTFINANCIALSECTOR/0,contentMDK：23252983~pagePK：21005 8~piPK：210062~theSitePK：282885,00.html。

## 6.2　当前规范移动支付的方法：从肯尼亚到美国

### 6.2.1　肯尼亚与发展中国家：创新先于立法

在发展中国家中，移动支付的使用有所不同，其中一部分原因是各国经济、监管和银行基础设施存在差异。

肯尼亚、坦桑尼亚和加纳的银行基础设施有限，这使得移动支付吸引了消费者。相比之下，银行业的基础设施在印度这样的国家建得更好。肯尼亚政府（如我们所见）和菲律宾政府采取了对移动运营商较为友好的规定，允许移动运营商承担许多银行业务。然而，在南非、印度、孟加拉、坦桑尼亚和乌干达，政府要求银行参与任何银行交易。相比之下，肯尼亚的Safaricom公司占有较大市场份额，其有能力独占移动支付市场，并使其支付服务成为国家标准。①

但是，由于一些环境上的差异，成功的支付模式无法从一个国家复制到另一个国家，肯尼亚的移动支付提供商M-Pesa经常被视为一个很好的模仿对象。

当M-Pesa被引入肯尼亚时，它与正规银行部门和移动支付客户没有关联，因此，银行免除了其一些文件方面的要求。它由移动运营商沃达丰开发，并于2007年由肯尼亚分支机构Safaricom推出。它提供了一个可以通过手机访问的电子支付和储存的价值系统：一旦分配了一个单独的电子货币账户（以下简称电子货币）链接到移动电话号码，消费者可以通过交

---

① 在本章中，"支付服务"一词用于表示能够实现现金的存取、支付交易的执行、支付工具的发行和/或获取、汇款以及任何其他对转移货币有效的服务，它还包括发行电子货币和电子货币工具。"支付工具"一词是指使个人能够获得金钱、商品或服务，或以其他方式支付或转移资金的任何有形或无形的工具。这些支付工具包括但不限于支票由任何纸张或无纸设备（如自动柜员机、销售点、互联网、电话）发起的资金转移、支付卡（包括涉及电子货币存储的那些支付卡）。

换电子货币在账户中存取现金。[1]然后，他们可以将资金转移至其他M-Pesa用户的账户，甚至是M-Pesa非注册者的账户。[2]

基于同一个平台，人们可以以较低的成本进行跨国汇款，随着用户开始在平台上储备资金，M-Pesa的功能得以扩展，可以提供短期储蓄方面的服务。随着Safaricom的成功，许多公司很快进入了这个领域：截至2010年12月，至少有7个系统通过手机提供了某种类型的银行账户接入。这些功能在部分集中的移动系统上起作用。其中，客户首先需要在实体银行中建立银行账户，然后可以通过移动电话访问。

另外，由Safaricom和股权银行投资的合资企业M-KeSo提供了一个完全集成的移动储蓄系统，客户可以通过Safaricom代理直接注册。

对M-Pesa的讨论需要考虑其在市场和监管方面的相对唯一性。电信公司在支付服务中的关键作用使得其可以享受到较大的规模经济效益，这是很多行业都无法复制的。M-Pesa需要一个拥有较大市场份额和能力的参与者来满足整个"生态系统"的交易。一般来说，虽然并非总是如此，一个国家中最大的移动运营商处于较强势的地位，成为移动支付的主要参与者。该移动运营商有一个广泛认可的品牌，一个分销网络，这个网络包括在本土范围内的大量零售店，以及处理大量交易业务的经验。

此外，目前肯尼亚不具备监管方面的条件。在肯尼亚，移动支付在一

---

[1] 本章中使用的"电子货币"一词，是指可以向发行人兑换的货币价值，即(i)存储在诸如芯片、预付卡、移动电话或计算机系统等支付设备上作为非银行或非银行实体的非传统账户；(ii)在收到不低于发放货币价值的款项时发行；(iii)被发行人以外的人接受作为支付手段。

[2] M-Pesa的快速增长令所有人大吃一惊。在短短一年内，M-Pesa拥有100万个客户。截至2012年年初，M-Pesa拥有1 500万个注册用户，拥有超过35 000个现金和现金代理网络，每月交易额达6.65亿美元。Mark Okuttah, "M-Pesa Drives Safaricom as Profit Declines to Sh12.8bn." Business Daily, posted 10 May 2012. http://www.businessdailyafrica.com/Corporate+News/MPesa+drives+Safaricom+as+profit+declines+/-/539550/1403606/-/35hl1b/-/index.html.

个很大的未定义的监管空间中迅速发展。[1]肯尼亚没有直接适用于电子货币交易的法律、法规或政策。[2]然而，为了确保符合银行业的标准惯例，Safaricom于2006年向肯尼亚中央银行进行了咨询，自那以后，肯尼亚中央银行一直在对移动支付提供监督和指导。[3]通过合作与创新，肯尼亚中央银行和Safaricom成功应对了新兴技术的挑战，即引入了移动支付和消费者保护措施。[4]特别是Safaricom开发了属于自己的披露行为和解决争议的方法。[5]这可能是Safaricom和中央银行有效合作的结果：尽管没有消费者保护法，却出现了对消费者友好的政策。

### 6.2.2　美国的移动支付：一个法律和监管的迷宫

肯尼亚的M-Pesa在几乎没有或不存在监管的情况下发展。而在监管方面，目前美国的移动支付受到众多监管机构的影响。[6]

2010年《多德−弗兰克华尔街改革和消费者保护法案》（Dodd-Frank Act）创建了消费者金融保护局（CFPB），这对于促进移动支付的监管起到了至关重要的作用。根据该法案，CFPB有权在联邦消费者金融法下监管消费者的金融产品和服务。[7]更具体地说，CFPB实际是夯实了其监管

---

① Simone Di Castri et al., Consumer Protection Diagnostic Study（Kenya.Nairobi: Financial Sector Deepening Kenya,2011）,p.11.

② Rasheda Sultana,Mobile Banking: Overview Of Regulatory Framework In Emerging Markets（Bangladesh: Grameenphone Ltd.,2009）.

③ Di Castri,ibid.,11.

④ Sultana,ibid.

⑤ Di Castri,ibid.,13.

⑥ 有关美国当前移动支付"生态系统"的描述,参见:Darin Continie et al.,M-Payments In The United States: Mapping The Road Ahead（Boston,MA: Federal Reserve Bank of Boston,Federal Reserve Bank of Atlanta,2011）; Mobile Payments Industry Workgroup（MPIWG）,The US Regulatory Landscape For Mobile Payments（Federal Reserve Bank of Atlanta and Federal Reserve Bank of Boston,2012）,https://www.bostonfed.org/bankinfo/payment-strategies/ publications/2012/us-regulatory-landscape-for-mobile-payments.pdf.

⑦ 12 U.S.C.§ 5511（Dodd−Frank Act § 1021）.

"不公平、欺诈行为"的权力。[1]

　　除了新创建的CFPB之外，还有其他金融监管机构也实行对移动支付的监管、监督，包括：联邦储蓄保险公司（FDIC）、联邦储备系统（FRS）、国家信用联盟协会（NCUA）、货币监理署（OCC）、联邦通信委员会（FCC）、联邦贸易委员会（FTC）和财政部金融犯罪执法局（FinCEN）。[2]

　　一般认为，在美国，现行的有关支付方式和工具的法律法规可以适用于移动支付。

　　《电子资金转移法案》适用于电子资金转移，以保护消费者免受未经授权的交易造成的损失。目前尚不清楚实施EFTA的E条例是否适用于移动运营商。E条例将电子资金划拨为"通过电子终端、电话、计算机或磁盘发起的资金转移活动，目的是命令、指示或授权金融机构借记或贷记消费者的账户"。这个定义包括通过交易媒介进行的资金转移活动，如直接存款、直接取款、借记卡交易和自动柜员机交易。因此，根据电子资金转账的定义，当消费者通过电子交易转移账户资金时，E条例显然适用于移动支付。例如，当借记卡与电话绑定，消费者使用移动

---

[1]　12 U.S.Code § 5531.

[2]　联邦储蓄保险公司通过监督银行并确保其遵守消费者保护法，如"公平信用报告法"、"公平信用记账法"和"贷款真相法"，来管理部分支付款项。美联储虽然是国家的中央银行，但也负责监督和管理银行，确保支付系统的稳定和安全。国家信用联盟协会管理联邦信用合作社，确保国家银行和联邦储备协会以安全可靠的方式运营，公平对待客户并遵守适用的法律法规。联邦通信委员会通过无线电、电视、有线、卫星和有线电视管理州际和国际通信。由于联邦通信委员会的目标之一是通过通信来规范国土安全，因此其有兴趣监管移动支付的安全和隐私数据，尽管联邦通信委员会作为移动支付监管机构的角色需要明确，因为它没有有直接监管权。相比之下，FTC对移动支付"生态系统"中的几个参与者拥有直接监管权力，包括监管操作系统开发人员、应用程序开发人员、手机制造商、广告公司、电信提供商，甚至提供账单选项的运营商公司。FinCEN也是一家涉及移动支付的机构。作为美国财政部的一个部门，FinCEN的目的是通过促进金融犯罪的发现和对其进行威慑来提高金融系统的完整性。由于金融犯罪涉及洗钱，FinCEN发布了预付费访问最终规则，要求预付费访问提供商和卖家提交可疑活动报告，检索和保存交易和客户信息，并实施反洗钱计划。

电话进行借记卡支付时，银行类的金融机构必须遵守 E 条例。目前，E 条例的应用尚不明朗，但是，它适用于很多非银行类金融机构，其中包括许多新加入的移动支付参与者。移动运营商和传统的非金融机构如果向消费者发放借记卡以提供电子转账服务，且未与账户持有机构签订协议，将受到 E 条例的监管。为了使这种做法可行，美联储需要确定当移动转账发生时，移动数据反映的是电子转账活动，移动手机是一个转账接入点。

另一项适用于移动支付的法规是 Z 条例，由美联储颁布，主要用于规范信用卡交易。Z 条例用于明确未授权交易责任或计费错误责任。此外，Z 条例要求债权人，包括信用卡发行人，对某些项目（如财务费用、账单权利和利率）进行初步披露，并对某些项目（如年度报表和信用卡设备的可用性）进行后续披露。尽管 Z 条例对传统的信用卡业务提供了指南，但是其如何应用于移动支付业务仍不清楚。例如，美联储并没有说明，当移动运营商向购买铃声和游戏的用户发放信用证时，是否会受到 Z 条例的约束。

《金融服务现代化法案》（GLBA）也可应用于移动支付。GLBA 管理客户的隐私权。法案的第 5 条要求金融机构建立维护客户记录的标准，防止任何未经授权的访问。此外，法案第 5 条还规定金融机构应向客户告知此后一年内关于客户非公开信息的披露政策。虽然 GLBA 对银行的应用是明确的，但是其对移动运营商的规定并不十分明确。

《美国保密法案》修正了《银行保密法案》，[①]要求金融机构收集身份信息以打击洗钱行为。《爱国者法案》要求金融机构不仅要建立反洗钱程序，还需要在发现涉及洗钱的可疑交易时提交可疑活动报告。尽管反洗钱规定适用于银行，但监管层还没有将其用于移动支付。因此，不法分子可

---

① The United and Strengthening America by Providing Appropriate Tools Required to Intercept and Obstruct Terrorism（PATRIOT）Act.

以在转移非法资金时利用移动支付平台规避反洗钱条例。

《联邦贸易委员会法案》[①]禁止"不公平或欺骗性的行为或影响商业的行为"。该法案适用于几乎所有从事商业活动的人和实体，包括个人使用移动支付从事商业活动。

《多德-弗兰克华尔街改革和消费者保护法案》禁止"任何不公平、欺骗性或辱骂行为的做法"。因此，当使用移动支付的交易或购买行为涉及上述语言时，其可能会受到CFPB的限制。虽然没有一个明确的监管者负责所有的移动支付业务，CFPB是最有可能管理移动支付的机构，因为它有广泛的权力来禁止不公平的、欺骗性的或滥用的行为。

## 6.3　支持建立一个适用于移动支付的监管框架

我们研究了肯尼亚和美国这两个国家对于移动支付的监管方式，而这两国在﹒开始并没有正确地处理移动支付中存在的风险，它们意识到了监管与创新之间的基本关系以及尚没有一个成型的方式来处理移动支付方面的问题。

肯尼亚正在试验和学习。自M-Pesa实施以来，中央银行对移动支付的监管框架作出了改变。2010年，中央银行颁布了关于代理银行业务的指导方针，规定了代理商在肯尼亚开展业务的方式，确保银行业的监管、安全和稳健。2011年，中央银行颁布了《国家支付系统法案》，以监督支付系统，并更清楚地阐明哪些公司将被定义为支付服务提供商[②]（Payment Service Provder，以下简称"PSP"），以方便监管。通过《国家支付系统法案》，一个针对移动支付的更广泛的监管和消费者保护框架开始在

---

① 　15 USC 45, section 5.
② 　本章所称支付服务提供商是指提供支付服务的实体。

肯尼亚展开。

在美国，监管层在 2012 年曾表示没有必要立即出台额外的法规或更新现有法规以规范移动支付，因为移动支付技术尚处于起步阶段。①

了解什么样的监管框架适用于移动支付对于监管者来说是一个巨大的挑战。在许多国家，重要的监管仍持续存在，限制了运营商建立可持续移动支付的能力。虽然监管传统支付方式的规则可能普遍适用于新兴的移动支付方式，但这种法律和监管框架可能是复杂的和不足的，从而在确保支付系统的安全效率和消费者保护方面缺乏效力。监管者有必要了解一些有效的创新工具，从而利用一些有效的监管工具，而非仅仅利用现有的一些法律规范。监管直接影响创新过程，而创新和技术变革则对监管有重大影响。然而，如果监管机构简单地采取"等待、观望"的方式应对移动支付的创新而不进行任何监管干预，其结果将是传递给消费者巨大的风险。

一些利益相关者经常进行跨境经营（例如 Safaricom 是沃达丰的肯尼亚子公司）。随着地理边界失去相关性，在肯尼亚发起的移动支付很可能迁移到美国，反之亦然。例如，Kipochi，一个基于网络的"钱包"服务公司，已经将 M-Pesa 与比特币联系起来，使肯尼亚人能够在国境之外发送和接收比特币价值，这些地方是 M-Pesa 未覆盖的地区。这种服务组合使得资金能够在国内外流动。为了维护国内和跨境零售支付系统的完整性和安全性，行业利益相关者、政策制定者和监管机构应该合作行动。

同时协调所有国家的规章制度是不可能的，由于各国的经济、社会和文化背景不同，各国在经济效率和创新效率方面应继续追求更大的兼容性。监管差异不仅构成了市场准入的障碍，而且阻碍了技术进步和技

---

① 为了解决目前管理传统支付的法规是否能有效覆盖移动支付的问题，2010 年波士顿和亚特兰大联邦储备银行召集了一组经过挑选的移动支付关键参与者，即移动支付行业工作组（MPIW），讨论有关移动支付的法规中存在的问题，并提供监管指导。MPIW、FCC、FTC 以及联邦和州银行机构的其他成员于 2012 年会面。

术扩散，冲突性竞争、金融和知识产权法就是例子。因此，需要有一个可行的、可预见的法律和监管框架在各国间强制执行，以应对移动支付的发展。

尽管移动支付可以被理解，并必须在零售支付系统的总体框架内被理解和分析，但其与非银行机构提供的其他创新支付手段有一定的共性，可以适用相似的法律和监管措施，这些法律和措施可以推荐给政府，也许更有帮助①。

第一，非银行机构与移动支付以及国家支付系统之间的连接需要更加便利。

移动支付不同于传统支付服务，传统支付服务主要是基于账户的支付服务，以银行和非银行金融机构为主导。移动支付服务提供商在提供移动支付服务时，会引入具体的支付场景，但是支付者不需要直接通过银行账户来支付。然而，一些金融机构拒绝许可非银行机构作为服务商，在许多国家，如南非、印度、孟加拉、坦桑尼亚和乌干达等国家，银行继续在移动支付中发挥积极作用。②

提高非银行机构的支付服务的可及性，也意味着允许非银行机构发行电子货币。然而，随着电子货币产品以及存储在基础电子货币账户中的货币量的增长，监管机构越来越关注这些客户资金的滥用或损失风险，这些风险通常不包括在存款担保计划中。③诸如信托基金或资金分离等措施可

---

① 关于非银行机构在支付服务中的作用，参见：Committee on Payments and Market Infra-structures，Non-Banks In Retail Payments，Bank for International Settlements，2014。

② 成熟的银行可以开展风险和成本相对较低的移动支付。与移动运营商不同，银行可以逐步利用现金存取点，因为它们已经拥有成熟的产品系列、分支网络和营销渠道。银行可以从分支机构周围注册几个现金存取点开始，并随着时间的推移建立庞大的基础。最重要的是，银行已经完全处于审慎监管和监督之下。

③ 在纯粹的"银行主导模式"中，银行（或其他持牌存款机构）持有客户资金，在"非银行主导"模式中，客户无须拥有银行账户。个人支付交易完全在移动运营商内部进行。转移中的资金与一个或多个银行的汇总账户中的存款相匹配（当涉及以现金发行电子货币时）。但是，由于PSP不提供信贷、不提供存款功能，因此客户资金通常不包含在存款担保计划中。

以用来降低风险。①

欧盟所采用的监管方法应被视为一种模式。②修订后的支付服务指令（PSD2）扩大了之前支付服务指令（PSD）的范围，涵盖了新的服务和参与者，使他们能够获得支付账户。③虽然目前PSD不支持移动支付，但在PSD2下，通过移动运营商购买实体商品和服务属于指令范围。

第二，应采取职能而非制度性的监管方式。

这意味着一个适用于不同类型的PSP的非歧视性法律和监管框架，因为它们提供同等的服务。仅仅通过实体类型来监管移动支付可能会使监管变得不那么有效，从而扭曲市场。例如，监管通常只允许银行类提供商进入市场。对支付服务进行功能性而非制度性的监管，即对同等的服务以同样的方式进行监管，而不考虑提供服务的实体类型及交付渠道，这有助于不同类型的PSP之间公平竞争，并在公平的基础上促进竞争。根据不同的服务方式、所采用的法律方案、风险的合约分配以及交易的结算，移动支付可能需要不同的监管处理。欧盟采用了PSD、PSD2和E-FEN指令。④

移动支付应理解为三个完全可分离的活动：（1）实时交易平台，执行账户管理和交易授权的功能；（2）资金的中介作用，即将资源引入经济社会中具备生产率的领域；（3）有现金的流入和流出，它包括帮助顾

---

① 例如,如果预付款支付工具的发行人破产,印度和美国已采取措施保护客户资金。参见：Committee on Payments and Market Infrastructures（CPMI）and the World Bank Group（2015 Consultative Report On Payment Aspects Of Financial Inclusion（so-called "PAFI Report",36）。该报告审查影响金融包容性的需求和供给方面的因素、支付系统和服务的背景,并提出解决这些问题的措施。

② 见第4章。

③ 欧洲议会和理事会 2007 年 11 月 13 日发布关于内部市场支付服务的《2007/64/EC 指令》,修订《97/7/EC 指令》、《2002/65/ EC 指令》、《2005/60/EC 指令》和《2006/48 /EC 指令》,并废除《97/5/EC 指令》（与 EEA 相关的文本）。2015 年 10 月,欧洲议会通过了经修订的支付服务指令（PSD2）。在议会投票之后,该指令由欧盟部长理事会正式通过。

④ 2009 年 9 月 16 日欧洲议会和理事会发布关于对电子货币机构业务进行审查、追踪和审慎监督的《2009/110 / EC 指令》,修订《2005/60/EC 指令》和《2006/48/EC 指令》,废除《2000/46 / EC 指令》（与 EEA 相关的文本）。

客在两种形式的货币（现金和电子货币）以及商品之间进行交换。如果监管将这三项活动绑在一起，那么就很难建立移动支付网络。当它们要求支付平台仅由银行直接或间接操作时，监管者就将账户管理和中介业务捆绑在一起。允许非银行机构成为电子货币发行商是拆分这两种业务的一种好方法，可以允许非银行机构从事账户管理业务，银行只需保留风险较高的中介业务。

第三，对于移动支付应该实行一定程度的法律监管。

相对于它可能要解决的问题或涉及的转移数量和价值，这种方法没有太多限制和负担。移动支付确实会给金融系统带来一定的风险，但是，其也为普惠金融提供了重要的金融基础设施服务。如果监管和风险不成比例，即监管过度，会对非银行金融机构的支付服务造成障碍，抑制新技术的发展，而这些新技术确实能够降低整个社会的成本。基于风险的分析方法可以简化对于账户的 KYC 要求，这种做法已经在墨西哥实施，其中供应商在要求增加身份识别之前对每天的交易规模设置了限制。不太严格的 KYC 要求可能会使金融系统更接近无抵押和抵押不足状态。[1]

第四，需要加强透明度和适当的消费者保护措施。

与交易账户服务和个人支付工具相关的费用、条款和条件可能相当复杂，特别是对于新客户而言（因为移动支付用户通常是如此）。其他重要问题是数据安全性（在移动支付交易中传递的敏感信息可以被截获、被盗或以未经授权的方式使用）、保护移动支付交易和解决争端的隐私规则的不足（即在交易支付中出现欺诈或未经授权的费用）。

许多司法管辖区最近才采取了金融消费者保护框架。很少有与移动支

---

[1] 一些金融监管机构仍然设置穷人无法满足的开户要求,这体现了 FATF 解释标准的保守方法,没有考虑 FATF 建议的基于风险的方法、FATF 关于金融包容性的指导方针以及发达国家采用替代和简化的开放程序的经验。有关基于 FATF 风险的方法的更多信息,参见:FATF, Guidance For A Risk-Based Approach.The Banking Sector,FATF/OECD,2014。

付相关的法规。①这些规定通常涉及基本的消费者保护原则，如透明度和披露、公平对待，以及贷款、存款等银行产品的追偿机制。②然而，由于法规往往不适用于非银行的PSP，对消费者保护的不同取决于用于支付的资金来源。因为移动支付通常涉及不止一个支付来源，消费者是否受法定的保护取决于移动支付的潜在来源。

第五，合作监督的机制安排是必要的。

移动支付可以直接由运营商提供，而不通过银行提供。另一种极端的情况是银行将移动支付的清算和结算服务外包给电信运营商或者仅仅将运营商当作一个通信渠道，服务由银行全面提供。这可能涉及监管机构如电信监管机构、竞争或消费者保护机构之间的合作监督。虽然需要一个国家机构负责移动支付的监管，但是这个机构也需要协调其他众多的机构，协调监管移动支付的方方面面。为了加强行业利益相关者之间的对话和合作，美联储已经召集了移动支付行业工作组，欧洲中央银行则负责监管欧洲支付委员会。这些工作组共享数据和研究成果，并构建相关的开发原则。

第六，移动运营商必须有足够的机会进入国内支付基础设施。

移动运营商通常需要使用国家支付系统来处理资金转移。非银行的PSP，如移动运营商，通常只对支付系统进行间接访问，并依赖于直接参与者——通常是银行——为它们提供所需的服务（开立银行账户、进行全国的收付款代理结算等）。在一些国家，非银行的PSP甚至难以获得间接参与国家支付系统的机会，因为直接参与者拒绝为非银行PSP提供服务。除了充分获得国内支付基础设施外，这些基础设施还需要互相协

---

① 最近，协助穷人协商小组（CGAP）分析了欧洲/中亚地区（即阿尔巴尼亚、亚美尼亚、阿塞拜疆、波斯尼亚、格鲁吉亚、哈萨克斯坦、科索沃、吉尔吉斯共和国、马其顿、俄罗斯、塞尔维亚）对金融消费者的保护，发现大多数国家直到2008年才开始制定相关规则。参见：Consultative Group to Assist the Poor，Financial Consumer Protection Regulation In Europe/Central Asia（CGAP，2012）。
② Consultative Group to Assist the Poor，ibid.

作。如果移动支付服务商之间实现一定程度的互联，移动支付用户将充分受益于竞争带来的服务提升。移动支付"生态系统"建立在两个交互操作的技术上（如短消息服务），它们具有允许计算机系统之间交互的共享协议和专有技术（如"谷歌钱包"应用程序或移动设备的操作系统iOS 7）。虽然监管需要通过促进跨行业的战略伙伴关系和促进企业之间的竞争来实现交互操作性，但它不应该如此严格，因为这会扼杀创新，也不适用于跟上技术、欺诈和市场发展的步伐。相反，移动支付解决方案之间的交互操作性应通过技术要求和最佳实践更好地保证标准化。所讨论的标准应该是开放标准，而不是私有标准（私有标准一般不被标准制定机构批准）。[1]

第七，对第三方服务提供商的监管，如对代理和外包的监管，在大多数司法管辖区几乎是缺位的。为了有效地运作，并增强普惠金融的潜力，移动支付需要代理网络（如商户或邮局）作为对银行分行的一种补充。[2]

在许多国家，移动运营商委派代理商仍然是困难的。具体而言，PSP通过聘请第三方代理来服务客户的规定为商业模式的发展带来了障碍。经常有人会误解银行以外的支付风险，即认为这些风险可以通过管理来降低。第三方机构应与委托人共同承担全部责任，责任归属应在《国家支付系统法案》中明确规定。

在通过第三方提供支付服务时，另一个需要特别注意的监管方面是排他性条款。监管者应考虑禁止PSP（包括提供支付服务的移动运营商）及

---

[1]　鉴于移动支付的特殊性,标准化应解决移动支付应用程序的可移植性问题(即支付应用程序在消费者改变移动运营商时如何跟随消费者)。需要彻底执行各种组件(如协议、接口、应用、服务)的标准化,以便最大限度地降低潜在竞争对手取消抵押品赎回权的风险。

[2]　巴西通过代理银行/商务通信员在全国范围内提供了更多可用的支付接入点。中央银行在20世纪90年代末开始开发现有模式,该模式现已成为其议程的永久部分。今天,商务消费者占该国所有支付接入点的一半以上。拉丁美洲和加勒比地区,以及俄罗斯和印度等其他国家也纷纷效仿。

其代理之间的排他性协议或限制它们可能被强加的期限。PSP 及其代理之间的排他性协议禁止代理提供任何其他 PSP 的服务，从而减少了其他 PSP 扩展其网络的能力，并因此减少了在一个给定接入点的移动支付用户可用的产品范围，或使得访问某些 PSP 不太方便而且成本可能更昂贵。通过限制这一选择，排他性协议可能导致事实上的垄断。

## 6.4 结论

在目前的监管制度中，移动支付的全部潜力尚未实现。在许多国家，如果从现行法规中删除特定的障碍或消除监管的不确定性，移动支付可能会蓬勃发展。一个有效的法律和监管框架，能通过有效地解决所有相关风险、保护消费者、促进创新和竞争，为普惠金融奠定基础。

借鉴肯尼亚和美国的经验，移动支付的监管改革是必要的。管理移动支付的规则是"支离破碎的"和混乱的。此外，现有法规似乎不足以妥善管理风险和进行消费者保护。

如果能够以鼓励及不妨碍创新的方式发展法律和监管框架，则可以充分解决或至少缓解现行法规对移动支付的适用问题。

在这一章的标题中，"多少监管是合适的"这一问题的答案应该是平衡公共政策目标的结果，这可能并不总是指向同一个方向。一方面，鼓励进入和竞争增加了金融包容性；另一方面，其他公共政策目标，如金融完整性和消费者保护助长了潜在的繁重监管。要达到适当的平衡，政策制定者和监管者应该具备参与并保持积极的、实验性方法的能力，塑造监管环境，以便进行实验，最终通过市场的发展强化它们的控制和监督。

在任何情况下，促进一个健全、可预测、无歧视和与风险水平相称的法律和监管框架是至关重要的。同样重要的是，通过鼓励非银行机构进入市场，竞争得以增强。监管机构应该理解和鼓励非银行机构提供商。除了银行的重要作用之外，非银行机构也扮演着重要的角色（如支付平台的主体、零售支付工具的提供者、代理网络的管理者）。移动支付在非银行市场的发展程度在不同的经济体中明显不同，这取决于哪个市场更加适合。

应该鼓励各司法辖区制定统一的法规标准，并呼吁监管部门之间进行有效的合作。移动支付"生态系统"有证据表明所有利益相关者参与制定移动支付相关法律和监管框架的重要性。在肯尼亚，电信运营商一直在中央银行的非正式指导和监督下运作，政府和中央银行在促进移动支付的使用方面发挥了重要作用。在美国，相关监管机构通过 MPIW 参与并讨论法律和政策选择。

从长远来看，判断哪条道路最有可能成功还为时过早。移动支付方案在某个国家可能是成功的，但在其他国家却未必如此。整个行业仍在努力展示不同模式和伙伴关系安排的可行性。肯尼亚的 M-Pesa 是一个关于移动支付能力的经典案例。然而，它仍然是个案，人们不得不怀疑这是否真的是一个可复制的模型。

PSD 可以作为基准。该指令为建立一个欧盟范围内的单一支付市场提供了法律基础，旨在通过向不同于银行的新进入者开放支付市场来提高竞争，从而提高效率和降低成本。修订后的 PSD2 草案将进一步扩展 PSD 的范围，其涵盖了新的服务和服务提供商，使其能够进入消费者账户，从而使立法与移动支付的发展同步。

与同行管理者分享新出现的经验将有助于学习过程。本章所探讨的政策性路线图的重点在于功能性驱动的特定监管的变化。

## 参考文献

Committee on Payments and Market Infrastructures （CPMI） and

World Bank Group. (2015). Consultative report on payment aspects of financial inclusion.Bank for International Settlements and World Bank Group. Washington, DC.

Committee on Payments and Market Infrastructures (CPMI). (2014). Non-banks in retail payments.Bank for International Settlements.Basel.

Committee on Payment and Settlement Systems (CPSS). (2012). Innovations in retail payments.Bank for International Settlements.

Consultative Group to Assist the Poor (CGAP). (2012). Financial consumer protection regulation in Europe/Central Asia.Washington, DC.

Continie, D., et al. (2012). M-payments in the United States: Mapping the road ahead.Boston, MA: Federal Reserve Bank of Boston, Federal Reserve Bank of Atlanta.

Dapp, T.-F. (2012). The future of (mobile) payments: New (online) players competing with banks.Frankfurt am Main, Germany: Deutsche Bank Research.

Di Castri, S., et al. (2011). Consumer protection diagnostic study. Nairobi, Kenya: Financial Sector Deepening Kenya.

European Commission (2012). Green Paper: Towards an integrated European market for card, internet and m-payments.Brussels: EC.

Financial Action Task Force (FATF). (2014). Guidance for a risk-based approach.The banking sector.FATF/OECD.France.

Mobile Payments Industry Workgroup (MPIWG). (2012). The US regulatory landscape for mobile payments. Federal Reserve Bank of Atlanta and Federal Reserve Bank of Boston. Available at https://www.bostonfed.org/bankinfo/payment-strategies/publications/2012/us-regulatory-landscape-for-mobile-payments.pdf.

Okuttah, M. (2012). M-Pesa drives safaricom as profit declines to

Sh12.8bn，Business Daily. Available at http：//www.businessdailyafrica.com/
Corporate + News / MPesa + drives + Safaricom + as + profit + declines +/-/539550 /
1403606/-/35hl1b/-/index.html.

Sultana，R.（2009）. Mobile banking：Overview of regulatory framework
in emerging markets.Bangladesh： Grameenphone Ltd.

第三部分

挑战

# 第7章 支付创新的安全问题及其监管挑战

Safari Kasiyanto[①]

欧洲银行中心

**摘要：** Kasiyanto 讨论了作为新支付形式的移动支付和比特币的安全问题如何挑战现有的欧盟监管框架，以及所提出的监管框架是否足以应对这些挑战。Kasiyanto 对监管框架的讨论主要集中于欧盟支付服务指令和该指令拟议的变更。在某种程度上，它也触及拟议的网络和信息安全指令。首先，本章对两个系统的安全问题进行审查，以突出其脆弱性。其次，本章评估现有的监管框架是否足以应对两个系统的安全漏洞所带来的挑战。最后，本章进行了评估以确定框架的拟议变更是否足以应对这些挑战。

## 7.1 导论

创新支付是零售支付的新兴市场之一，潜在地为经济带来巨大利

---

① S.Kasiyanto(✉)
Ph.D.researcher, Tilburg Law and Economic Centre, Junior research fellow, European Banking Centre, Tilburg University, the Netherlands
© The Editor(s)(if applicable)and The Author(s)2016
G.Gimigliano(ed.), Bitcoin and Mobile Payments,
DOI 10.1057/978-1-137-57512-8_7

益。[1]然而，创新的支付手段被采用的过程是相当缓慢的。[2]一方面，消费者对安全问题的感知在其中起了重要作用；[3]另一方面，新的创新支付方式的可访问性或可用性也是至关重要的。[4]虽然消费者永远不会使用其认为是不安全的系统，但严苛的安全性可能会妨碍该方法的可访问性或可用性。[5]这一条件已经引发了监管挑战，即当局应该如何以及在何种程度上规范创新支付，以保持支付方法的安全性和可访问性之间的平衡。[6]例如，在欧盟，现有的监管框架[7]对这些问题的处理较少，因此欧盟引入了一个新的提案。[8]

本章试图揭示创新支付，如移动支付（移动支付）和比特币的安全问题所暴露的监管挑战。着眼于欧盟监管框架，本研究寻求以下问题的答案：

● 创新支付（如移动支付和比特币）的安全问题如何导致了需要加强现有的监管框架？

---

[1] 根据穆迪的分析,创新支付是电子支付的一部分,会帮助发展中国家的 GDP 增长 0.8%,帮助发达国家的 GDP 增长 0.3%。参见：Moody's Analytics：The Impact of Electronic Payments on Economic Growth (2013). https://usa. visa. com / dam /VCOM / download / corporate / media / moodys–economy–white–paper–feb–2013.pdf.

[2] See for instance Key Pousttchi and Dietmar G. Wiedemann, "What Influences Consumers' Intention to Use Mobile Payments", Mobile Communications Working Group, University of Augsburg (2007) http://www.marshall.usc.edu/assets/025/7534.pdf.

[3] Changsu Kim, Wang Tao, Namchul Shin, and Ki‑Soo Kim, "An empirical study of customers' perceptions of security and trust in e‑payment systems", Electronic Commerce Research and Applications 9, no.1 (2010)：84–95.

[4] See for instance Visa Europe Risk Management, "Secure Mobile Payment Systems, Recommendations for Building, Managing and Deploying", Visa Europe (2014). http://www.tuxedomoneysolutions.com/insights/research/2014/07/secure–mobile–payments/.

[5] See International Finance Corporation (IFC), "Mobile Money Study：Summary Report", 2011, Washington DC.

[6] Visa Europe Risk Management, "Secure Mobile Payment Systems", 5.

[7] In this context, Payment Services Directive (PSD)：OJ L 319/1, 5 December 2007.

[8] Proposal for the revision of the Payment Services Directive (proposal for the PSD2), 24 July 2013 COM (2013) 547 final.

●拟议的支付系统监管框架是否足以解决移动支付和比特币带来的安全问题？

值得注意的是，这里讨论的移动支付和比特币的安全风险所面临的监管挑战仅限于处理交易系统的保密性、完整性和可用性的挑战。保密性意味着交易信息不会受到未经授权的访问。完整性则确保交易信息在处理过程中是完整的并且不会被更改。可用性确保服务具有可访问和可用的系统功能。[1]换言之，保护消费者交易和数据的挑战在于打击"常规"犯罪，如欺诈、盗窃或黑客攻击等。因此，支付系统带来的流动性和信用风险等安全风险之外的挑战，以及洗钱和恐怖主义融资等更为现代的犯罪所带来的新挑战都不在本研究的范围之内。[2]然而，虽然本研究关注的是客观安全性，但在实践中，有关对欺诈和安全违规造成的损失的责任分配总是通过法律和行政程序而不是技术手段[3]来完成的，本章将不仅分析有关安全要求的法律规定，还会分析消费者在现有框架下寻求补偿和消费者保护充分性的法律安排。

移动支付是一个创新支付的完美案例，在较发达的经济体中逐渐被采用，[4]比特币已被证明是科学的，但支持其运行的计算机系统则容易受到攻击。[5]此外，移动支付和比特币系统是即时支付在欧洲市场引发创新浪潮的两个最重要的因素。根据2015年欧洲支付理事会的投票，其重要性

---

① Catherine Linck, Key Pousttchi, and Dietmar Georg Wiedemann, "Security Issues in Mobile Payment from the Customer Viewpoint" (2006). https://mpra.ub.uni-muenchen.de/2923/1/.

② 为此，世界银行提供了极好的阐述。参见：Pierre-Laurent Chatain, "Integrity in Mobile Phone Financial Services, Measures for Mitigating Risks from Money Laundering and Terrorist Financing", The World Bank Working Paper No.146. Washington DC (2008)。

③ See for instance Amir Herzberg, "Payments and Banking with Mobile Personal Devices", Communications of the ACM 46, no.5(2003): 53-58.

④ Niina Mallat, "Exploring Consumer Adoption of Mobile Payments a Qualitative Study", Journal of Strategic Information Systems 16(2007): 413-432.

⑤ Safari Kasiyanto, "Moving Forward, Bringing Bitcoin into the Mainstream" (Forthcoming).

分别占 28% 和 9%。[1]本研究关于监管框架的讨论主要集中在欧盟支付服务指令（PSD）和对指令的修订（PSD2）上。此外，本研究还将对拟议的网络和信息安全指令进行详细阐述。

这一章的结构如下："对创新支付的安全问题的几点认识"探讨了一些关于移动支付和比特币系统安全问题的新观点，特别关注了移动支付的安全风险和比特币支付系统的脆弱性。紧接着，本研究分析了这些安全问题如何引发监管方面的挑战：移动支付需要更适当的监管，至于比特币，从消费者保护的角度来看，是否仅仅发出警告就足够了。这一分析的重点在于现有的监管框架，即PSD[2]，并在"支持创新如何挑战现有的监管框架"一节中展现。对拟议的监管框架进行的分析见"拟议的监管框架是否足够？详细阐述PSD2的提案和前景"这一节。本章以"结论"部分结束。

## 7.2 对创新支付的安全问题的几点认识

### 7.2.1 移动支付和新安全风险

本章涵盖的移动支付包括三种类型：非接触式、基于应用程序式和移动网络运营商渠道支付。[3]第一类也被称为近端支付，而后两类属于远程支付。[4]在近端支付系统中，付款人和收款人使用诸如红外、蓝牙或近场通信

---

① European Payment Council. Summer Reading: Results of Latest EPC Poll Reveal that Instant Payments are Most Likely Trigger the Next Wave of Innovation (blog).7 August 2015.

② OJ L 319/1, 5 December 2007.

③ European Central Bank. "Recommendations for the Security of Mobile Payments, Draft Document for Public Consultations" (2013).https://www.ecb.europa.eu/paym/cons/pdf/131120/recommendationsforthesecurityofmobile paymentsdraftpc201311en.pdf? 7f9004f1cbbec9324 47c1db2c84fc4e9.

④ 与互联网支付属于同一类。

等技术在同一位置进行交易；而在远程支付系统中，付款人和收款人通过网络或电信网络，如全球移动通信系统（GSM）或互联网来进行交易。[①]

在每种类型的移动支付中，移动设备都是一把双刃剑，[②]即这样的设备被用作通信工具以及支付平台来启动与真实货币的交易存在一定的安全隐患。[③]这些新的安全风险包括移动设备[④]的安全风险和所使用的支付平台的安全风险。下面详细讨论这两个风险。

**移动设备的安全风险**

移动设备暴露出相对较高的安全风险，因为它本质上是电信便携式设备，而不是支付平台。移动设备蕴含的风险多种多样，既有容易丢失或被盗的风险，又有因有限的输入能力和恶意软件带来的风险。[⑤]具体地说，其有如下风险：

第一个风险是移动设备被设计成便携式工具，所以更容易丢失或被盗。Consumer.org的数据显示，在2013年，仅美国就有大约310万个手机被盗，其数量大约是2012年手机被盗数量的一倍。[⑥]在310万个被盗手机中，大约140万个手机没有被找到。与此类似，另一份专注于移动设备的网络安全公司LooSouthInc.的报告显示，在2014年，每10个拥有智能手机

---

① See European Payments Council. "Overview Mobile Payments Initiatives." EPC091-14. Version 2.0.2014.

② 一方面，移动电话具有通信功能，另一方面，它用作启动交易的支付设备。参见：instance Information Systems Audit and Control Association (ISACA). "Mobile Payments：Risk，Security and Assurance Issues." An ISACA Emerging Technology White Paper.November 2011.http：// www. isaca. org / groups / professional – english / pci-compliance/ groupdocuments / mobilepaymentswp.pdf.

③ As highlighted by ECB，Recommendations for Mobile Payments.

④ See for instance Vanessa Pegueros. "Security of Mobile Banking and Payments." SANS Institute InfoSec Reading Room (2012). https：//www. sans. org / reading-room / whitepapers / ecommerce/security-mobile-banking-payments-34062.

⑤ Ibid，12-14.

⑥ Consumerreports.org. "3.1 Million Smart Phones Were Stolen In 2013，Nearly Double the Year Before." http：//pressroom. consumerreports. org / pressroom / 2014 / 04 / my-entry-1. html.17 April 2014.

的人中就有一个是盗窃的受害者。[1]这些受害者中约68%的人没有成功地找回他们的手机。由于手机含有如此多的个人数据，根据同一份报告，50%的受害者愿意支付相对高的价钱（多达500美元）来找回他们的珍贵数据，如照片、应用、视频和个人信息，包括用于支付的信息。

第二个风险涉及移动设备的输入能力，该输入能力主要由移动设备的物理因素触发。这些限制包括设备大小、界面输入能力、屏幕布局等。因此，从用户的角度来看，在输入方面，移动设备比更大的设备（如个人计算机）更麻烦，并且速度较慢。[2]研究人员一直试图通过扩大移动输入来克服这些风险，但由于移动设备作为便携式设备的本质，其进展甚微。

第三个风险涉及移动设备的用户，一方面他们无法控制移动设备的安全配置，另一方面也很难保护移动设备免受恶意用户的影响。前者是指移动设备的应用程序不一定安全，[3]后者是指使用其移动设备的人不一定安全。

最后一个风险是快速增长的移动设备的恶意软件数量。根据阿尔卡特朗讯的报告，[4]全球大约有1 600万个手机在2014年受到恶意软件的攻击。[5]一个著名的安全开发者McAfee报告说，直到目前已经有超过1 200个恶意软件。[6]恶意软件攻击智能手机的特定操作系统（OS）的频率也增长迅速——在2015年的几个月里增长了76%。

---

[1]  https：//www.lookout.com/.Last accessed on 29 November 2015.
[2]  Edward C. Clarkson, Shwetak N. Patel, Jeffrey S. Pierce, and Gregory D. Abowd, "Exploring Continuous Pressure Input for Mobile Phones"（2006）ftp：//coffeetalk.cc.gatech.edu/pub/gvu/tr/2006/06-20.pdf.
[3]  Murugiah Souppaya and Karen Scarfone, "Guidelines for Managing the Security of Mobile Devices in the Enterprise", NIST Special Publication 800,（2013）：124.
[4]  https：//www.alcatel-lucent.com/about.Last accessed on 29 November 2015.
[5]  See Leon Spencer, "16 Million Mobile Devices Hit by Malware in 2014：Alcatel-Lucent", Available at http：//www.zdnet.com/article/16-million-mobile-devices-hit-by-malware-in-2014-alcatel-lucent/.
[6]  http：//home.mcafee.com/advicecenter/? id=ad_ms_wimm&ctst=1.Last accessed on 29 November 2015.

**支付平台的安全风险**

移动支付中的支付平台风险包括弱加密、欺诈交易、对用户身份模块（SIM）卡应用的攻击、对移动应用服务的威胁，以及移动支付本地应用的安全性。[1]事实上，从需求方面来看，大多数消费者缺乏对移动支付安全问题的认识，从而使这些安全风险的复杂性进一步加剧。从供给方面看，越来越多的服务由第三方提供，从本质上讲，其在支付系统的安全性问题上缺乏或没有专业知识。[2]如果不能很好地降低这些风险，不仅会导致欺诈交易，从而引致损失，还会影响隐私保护，导致通信服务滥用。[3]确保移动支付的安全需要掌握支付平台和移动设备技术的综合知识。[4]

### 7.2.2　比特币和其支付系统的脆弱性

正如 Fred Wilson 所写的："目前比特币的真正问题是它不那么安全，而且不安全的原因是，人们的电脑很容易被入侵，如果他们的电脑中有'钱包'，那么黑客很容易进入'钱包'并窃取比特币（……）"[5]

Wilson 是比特币的倡导者，从一开始其便投入大量资金。他指出比特币的安全问题在于用户的"钱包"等支持系统的脆弱性。此外，他认为，作为一种虚拟货币，如果它想被广泛采用，必须具备安全性。[6]以 Wilson 对比特币安全问题的观点为出发点，本节简要探讨比特币的安全问题。

---

①　Suhas Desai,"Mobile Payment Services：Security Risks，Trends and Countermeasures"，RSA Conference 2014.Asia Pacific & Japan（2014）.http：//www.rsaconference.com/events/ap14/agenda/sessions/1447/mobile-payment-services-security-risks-trends-and.

②　ECB，Recommendations for Mobile Payments，November 2013.https：//www.ecb.europa.eu/paym/cons/pdf/131120/recommendationsforthesecurityofmobilepaymentsdraftpc201311en.pdf?7f9004f1cbbec932447c1db2c84fc4e9.

③　Desai，Mobile Payment Services，p.8.

④　出处同上。

⑤　Rob Wile，"One of Bitcoin's Strongest Backers Reveals the Two Big Reasons Why It's Still Not Mainstream." 20 July 2014. http：//www.businessinsider.com / fred-wilson-on-bitcoin-2014-7? IR=T.

⑥　出处同上。

比特币系统的安全问题不仅仅包含这一项，它还包含系统的漏洞、病毒的攻击等。然而，关于窃取比特币最成功的攻击来自点对点系统之外，例如用户在保护电子钱包的安全性方面采取较少的预防措施，或是出现对交易系统的攻击。点对点支付系统本身已被证明有其合理性，[1]出于这个原因，我们有理由说比特币系统的脆弱性在于参与者所使用的"支持"系统，[2]如用户和交换机的系统，而不是点对点支付系统本身。但是，本文还是会简要讨论这两者的安全问题。

**点对点支付系统的安全问题**

点对点支付系统的最新安全问题包括双重支出攻击、51%的算力攻击和轻微的脆弱性。第一个安全问题是，通过强制伪造的链条使双重支出攻击成为可能。[3]这种风险实际上已经开始被辨认。如果用户与大量的"矿工"连接，当第一个交易被处理、被遗忘甚至被拒绝时，更改的交易可能在早期被证明并放置进区块链。在一定程度上，双重支出使用的方法与交易延展性[4]相似，只是主体不同。然而，这种欺诈在理论上更为适用，在现实中是困难的，原因有：首先，用户需要善于使用比特币和区块链进行交易；其次，他（她）需要接触大量"矿工"的网络；最后，从网络的角度来看，他（她）没有经济动机这么做。最后一点的意思是，为了证明交易，一个"矿工"需要一台超级计算机，对他来说，完成一项授权交易并获得比特币奖励比参与一项虚假交易对其更有利。[5]

① Kasiyanto, Moving Forward.

② Jeff Desjardins, "How Secure are Bitcoins?", Visual Capitalist. www.visualcapitalist.com/secure-bitcoins/13 August 2014.

③ Meni Rosenfeld, "Analysis of hash-rate-based double-spending", Latest version: 13 December 2012. https://bitcoil.co.il/Doublespend.pdf.

④ For a good discussion on this, see for instance Emin Gun Sirer. "What Did Not Happen at Mt. Gox." 1 March 2014. http://hackingdistributed.com/2014/03/01/what-did-not-happen-at-mtgox/.

⑤ https://www.khanacademy.org/economics-finance-domain/core-finance/money-and-banking / bitcoin / v / bitcoin - security-of-transaction-block-chains, last accessed on 28 October 2015.

考虑到比特币系统依赖于点对点认证，其受到51%算力攻击是有可能的。所谓51%算力攻击即拥有51%或更多算力的人能利用其算力优势操纵系统，迫使交易被批准。这就是为什么当GHash.IO几乎达到51%的算力时，整个比特币市场恐慌了。[1]然而，51%算力攻击所具备的经济诱因仍然令人怀疑。

最后一个安全问题涉及一些小漏洞，体现在比特币团队使用的播放库中。[2]播放库的某个版本易受缓冲区溢出的影响，这些漏洞可能被欺诈者利用，即通过运行恶意服务器来破坏应用程序。[3]然而，这种情况也可以较为容易地防范，如保持相关软件的更新。

**支持系统的安全问题**

比特币"生态系统"由"矿工"、交易所、用户和商人组成。由于比特币是一种用于在线交易的密码货币，"生态系统"中的每个参与者都需要一个支持系统。[4]"矿工"需要一套计算机，使他们能够认证区块链；交换机需要一个系统，使用户能够用实际货币交换比特币；用户需要一个应用程序来创建"钱包"和还原比特币；而商户需要一个系统，使他们能够接受比特币作为支付手段。如果我们在比特币的交易中使用区块链，那么我们就会有一个"系统链"，在一个大的"生态系统"中，每个系统都相互连接，以支持使用比特币的交易。链的规则是，它的强大取决于它最薄弱的环节，[5]而一些支持系统是脆弱的，如用户和交易所的支持系统。

---

① Jonas Borchgrevink,"Warning：GHash.IO is Nearing 51％ Leave the Pool",Crypto Coins News.9 January,2014.https：//www.cryptocoinsnews.com/warning-ghash-io-nearing-51-leave-pool/.

② Vulnerability in UPnP library used by Bitcoin Core,12 October 2015.https：//bitcoin.org/en/alert/2015-10-12-upnp-vulnerability.

③ TALOS Vulnerability Report."MiniUPNP Internet Gateway Device Protocol XML Parser Buffer Overflow." TALOS-2015-0035.15 September 2015. http：//talosintel. com / reports / TALOS-2015-0035/.

④ "支持系统"一词不需要按字面解释。它是使分析更容易的通用术语。

⑤ "In every chain of reasoning,the evidence of the last conclusion can be no greater than that of the weakest link of the chain,whatever may be the strength of the rest." Reid, Thomas.Essays on the Intellectual Powers of Man（1786）as in http：//www.phrases.org.uk/meanings/the-weakest-link.html.

安全问题包括对用户的攻击，这种攻击导致每16个或17个比特币中就有一个被窃取。自2009年以来，已有价值超过500亿美元的比特币被盗。①似乎比特币系统中的任何一方都意识到了这种脆弱性。例如，比特币系统也经常进行在线警告和指导以确保用户"钱包"的安全，有一些措施建议被提出，包括备份用户的"钱包"（备份整个"钱包"、定期备份、加密在线备份，并使用许多安全的位置备份）和使用强密码。永远不要忘记不断更新软件，以及使用多重签名进行防盗。②下面是用户在使用比特币（HTTPS：//BitCONI.ORG）之前看到的警告示例，类似的警告可以很容易地在提供比特币服务的网站上找到："……过去，许多交易所和网上钱包都有安全漏洞，这些服务通常仍然不能提供足够的保险和安全性来存储银行的资金……除此之外，建议使用双因素认证。"③

另一大安全问题涉及交换系统。到目前为止，有12次交换系统被攻击的记录，其中包括对Mt.Gox的严重攻击。据报道，因安全漏洞，约850 000个比特币（其中750 000个比特币属于顾客）被盗，其价值接近500亿美元，Mt.Gox公司因此直接宣布破产。2016年晚些时候，前Mt.Gox创始人兼首席执行官被报道在日本被捕，虚拟货币也受到质疑，一度被认为即将消失。④互联网上到处都在讨论Mt.Gox系统到底出了什么问题。有人认为"交易可塑性"造成了如此悲惨的损失，而另一些人则认为比特币的关键人物失去了进入冷藏库的私钥。还有一些人甚至认为是黑客成功拦

---

① Desjardins, How Secure are Bitcoins? on 13 August 2014, http://www.visualcapitalist.com/secure-bitcoins/.

② https://bitcoin.org.

③ Securing your wallet, Be careful with online services.https://bitcoin.org/en/secure-your-wallet.Last accessed on 28 October 2015.

④ http://www.theguardian.com/technology/2015/aug/01/ex-boss-of-mtgox-bitcoin-exchange-arrested-in-japan-over -lost -480m.Last accessed on 30 November 2015.

截交换系统，抢走数十万比特币。①除了所有这些场景，数百或数千客户失去比特币这一事实充分证明了交换系统是脆弱的。

## 7.3 支持创新如何挑战现有的监管框架

在欧盟内部，支付系统的安全是支付市场运作良好的必要条件。因此，为了支持欧盟市场一体化，②对诸如移动支付等创新方式的安全要求是强制性的。③然而，正如前面所讨论的，移动支付和比特币系统暴露出相对不同的安全风险：移动支付的新型安全风险和比特币支持系统的脆弱性。本节讨论了这些不同的安全风险如何挑战现有的欧盟监管框架。

### 7.3.1 移动支付：对更合适的监管的需求

移动支付的安全问题引起的监管挑战包括若干因素，不仅涉及技术因素，还涉及法律因素。技术因素包括安全级别的充分性：一方面，监管需要提供高级别的保护；另一方面，监管需要鼓励支付方法的可用性。法律因素是指消费者保护的基本框架，包括使消费者能够得到赔偿和承担有限责任。

**提供足够的安全环境以鼓励系统的可用性是最基本的要求**

在支付系统中，充分保护消费者免受安全问题带来的风险至关重

---

① For an insight, see Sirer, What Did Not Happen. See also https://winklevosscapital.com/what-may-have-happened – at-mt-gox/, http://www.hackingdaily.com/2014/02/mtgox-speculations. html, and https://www. reddit. com / r / Bitcoin/ comments / 1z8fmc / mtgox_private_key_related_coin_loss_a_explanation/.Last accessed on 30 November 2015.
② Proposal for PSD2,paragraph 6 of the preamble,14.
③ 比特币被视为支付系统工具。关于比特币是否符合支付工具的特点和要求的讨论,参见: Safari Kasiyanto, "Regulating Peer – to – peer Network Currency: Lessons from Napster and Payment Systems",Journal of Law,Technology and Public Policy 1(2)(2015):40-73.

要。①然而，高层次安全需要大量投资，一方面，支付系统的可用性对于确保系统的可持续性是至关重要的；另一方面，移动支付提供商采取的安全措施必须与所涉及的安全问题相称。②因此，对安全措施的监管需要保持安全级别和系统可用性之间的平衡。

实施安全措施的监管技术也必须及时调整。安全方法须动态演进，以应对不断发展的威胁。今天认为安全的措施，未必在明天也是安全的，这使得监管不变得过时非常重要。此外，还应该鼓励技术中立的监管。为了应对这些挑战，可能的解决方案是规定一个一般的原则，其必须清楚且强大，足以保护消费者。这样，一般原则确保了对消费者的充分保护，同时促进了系统的可用性。一般原则规定也会保证立法的及时、客观和中立。为了填补执行中所需的一般原则和详细的安全性需要之间的差距，这种规定必须附有包含安全技术细节的标准。这个标准最好是由市场参与者起草和同意的，而不是由监管机构强加的，因为商业利益在定义标准方面也起着至关重要的作用。例如，两个移动支付系统的互操作性不仅涉及开放和共享彼此的技术安全性和规范，还涉及共享业务平台的意愿。本节将针对这一基本要求对现有的监管框架进行分析。

**现行监管框架下的安全要求**

在欧盟现有的监管框架下，根据PSD第57条规定，支付服务提供商有义务确保支付工具的安全性。因此，支付服务提供商有义务保护用户数据免受未经授权的访问是通过法律明确规定的。这一规定的后果是，如果出现问题，支付服务提供商需要退还未经授权访问的交易额给消费者。此外，PSD第60条第（2）款还规定，如果提供商和消费者之间订立的合同使消费者能够得到经济补偿，那么消费者便可以行使其权利。

虽然上述一般原则涵盖了支付系统安全性的一般规则，但由于若干原

---

① Proposal for PSD2, paragraph 6 of the preamble, 14.

② Proposal for PSD2, paragraph 7 of the preamble, 15.

因，在移动支付系统中应用这些规则存在一些困难。第一，移动支付提供商与银行及其他基于应用程序的初创公司不同，它们中的一些也是未被法规覆盖的新服务商。对于快速增长的新的移动支付提供商，欧洲支付理事会提供了一个仅在5个月内使用的建议，从2014年6月到2014年10月，欧盟至少发布了19个新的单一欧元支付区（SEPA）倡议，既有用于英国自动售货机交易的TouchGo计划，又有意大利电信的销售点（MPOS）交易。[①]此外，在这些参与者中，所谓的第三方支付服务提供商基本上提供的是将移动应用链接到账户服务平台的服务。对于消费者而言，使用未被法规覆盖的服务仍具有较高风险。

第二，移动支付提供商本质上缺乏或没有专业知识处理支付系统的安全问题，基于应用程序的支付服务初创公司更是这样。对于移动网络运营商来说，处理支付系统的安全问题需要专门的知识，因为其不同于电信系统。支付系统处理的业务包括将实际货币转换为"电子货币"（反之亦然），[②]以及在许多（在线）地点购买商品或服务或执行其他在线交易（如人与人之间的交易）。电信业务则处理范围较窄的活动，如远程通信。考虑以上这些情况，并观察到移动支付带来了新的风险，我们必须加强现有的监管框架，以保护消费者，最终确保系统的可持续性。PSD向支付提供者施加的其他义务是在出现异议时提供支付交易的证据，在必要的时候，要处理个人数据以预防和检测支付欺诈（PSD第79条）。[③]前者的义务是很明确的，必须应用于移动支付提供商。该指令目前也在审查之中，以准备进行重大修改。

PSD所要求的相关义务过于宽泛和多样，而移动支付提供商由不同的参与者组成，其需要在安全要求和共同标准方面规定得更加详细和明确。

---

① EPC, Overview Mobile Payments Initiatives, 21, 25.
② Converting back the "electronic" money into the real currency.
③ Chapter 4 of the PSD on Data Protection.

但是，这种标准目前不存在，因此，不同的支付服务提供商现在采用的是不同的安全标准。

**消费者保护规定**

足够的消费者保护包括至少两个方面的保护：提供赔偿安排以及使消费者承担有限责任。下面是在现有框架下对这些方面的讨论。

首先，PSD第60条第（1）款和第60条第（2）款是有关消费者寻求赔偿的条款。如前所述，这些规则一般要求支付服务提供商立即为任何未经授权的交易提供退款，并允许消费者寻求额外赔偿。这一规定基本上是充分的，因为它强烈要求服务提供商赔偿消费者任何未经授权的交易。然而，将这种框架应用于移动支付将带来挑战。第一，对于某些移动支付的消费者来说，证明未经授权的交易将是困难的。例如，如果消费者失去了他或她通过NFC或MNO渠道进行移动支付服务的移动设备，那么小偷将更容易执行任何"授权交易"。第二，一些支付服务提供商，尤其是第三方支付服务提供商并未在现有的监管框架之内，因此，使用PSD第60条去进行监管将是困难的。

其次，消费者的有限责任框架主要是由PSD第56条规定的。该框架包括：在通知服务提供商工具丢失或被盗后，消费者承担零责任；如果消费者未能保证工具的安全性，则有限责任最多达到150欧元；如果消费者参与欺诈或具有重大过失行为，则承担全责。当将责任框架应用于移动支付的消费者时，会产生挑战。

第一个挑战涉及基于损失或被盗工具的责任框架的基本思想。一旦通知服务提供商工具丢失或被盗，消费者将被免除任何责任（等于零责任）。相比之下，消费者如果不这样做，将承担最大的责任。挑战在于，移动支付是通过移动设备进行的，而移动设备不是诸如信用卡或借记卡之类的支付工具。移动设备的主要功能仍然是一种通信工具。消费者将任何设备的丢失或被盗通知给移动支付提供商是不切实际的。例如，在基于移动网络运营商进行移动支付的情况下，理论上，消费者需要多次尝试才能向移动支付提供商发出通知。工具的丢失和通知之间的时间越长，小偷通过未经授权的交易获得财务收益的机会就越大，对于基于移动网络运营商和近场技术的移动支付尤其是这样。

第二个挑战是消费者承担的最大损失金额是150欧元。移动支付主要用于小额支付，如购买一杯咖啡或进行个人之间的转账（基本上没有任何基础交易）。Ayden提供的移动支付指数显示，[1]2014年使用移动设备在线付款的平均交易额仅为28.27欧元。相比2012年的金额，其增加了37%，但是仍然偏低。因此150欧元的额度实际较高。

### 7.3.2 从消费者保护角度看比特币：为什么发出一个警告是不够的

像移动支付一样，比特币的可用性也受到安全问题的威胁。[2]可能引发监管挑战的特殊安全问题主要包括两部分：首先，作为一种与现有支付系统完全不同的新的支付方式，比特币系统尚未被监管覆盖；其次，尽管比特币系统声称其是最安全的系统，但在交易所中比特币丢失或被盗以及违规行为时有发生。

**未被监管覆盖的新支付方式**

如前几章所讨论的，处理比特币系统的可能方法是调节、禁止或保持现状。到目前为止，没有一个司法管辖区明确禁止比特币，但也有一些司法管辖区给出警告，向消费者强调使用比特币仍存在一些风险，因为该系统还未被现行法规所覆盖。因此，消费者需要采取一切必要的预防措施来降低风险。

欧盟现有的监管框架也不涉及点对点支付系统。最相关的监管框架是

---

① See Ayden,"Over 27 % of global online transactions are now on mobile devices",30 April 2015. Available at https://www. adyen. com / home / about-adyen / press-releases / mobile - payments-index- april-2015.Last accessed on 17 November 2015.

② Wile,One of Bitcoin's Strongest Backers Reveals.

PSD和关于电子货币的指令，①但是比特币超出了两个框架的范围。②

现在的问题是，是否有必要把比特币系统纳入监管框架。如果是或否，那应该依据什么理由？考虑到比特币市场仍然相对较小，或许还没有必要对比特币进行监管。然而，比特币的支持系统是脆弱的，比特币的丢失/被盗现象不断出现，有必要加强消费者保护，尤其是防止这种比特币丢失/被盗的现象再次发生。由于比特币的交易系统是不可逆转和不可撤销的，所以预防措施是唯一可行的选择。

下一个问题是，如果把比特币系统纳入监管框架还不是一个可选项，那么应如何加强消费者保护？除了监管之外，还有哪些措施可以加强消费者保护？这些问题在更广泛的范围内对监管提出了挑战。由于监管还未成为一种选择，监管框架只能在更广泛的意义上适用。从广义上讲，它具有软法的意义，包括来自权威机构的指导方针或市场参与者之间的行为守则或法律。

在评估现有情况之后，我们更容易理解为什么包括中国、欧盟、美国等国家及地区在内的三十多个司法管辖区发出警告，提醒消费者使用比特币的风险，因为它还没有被现有的监管框架覆盖。在最理想的情况下，仅仅警告不足以保护消费者。然而，考虑到点对点交易的性质以及其所带来的困难，且总交易量仍然相对较小，现在更容易理解为什么比特币没有被监管，而只是被警告。

**名义上安全，但丢失、盗窃和违规现象持续发生**

虽然比特币支付系统已被证明是科学健全的，但比特币丢失/被盗的现象仍不断发生。过去5年已有500亿美元的比特币被盗。这意味着今天流通的每16个或17个比特币中就有一个属于盗窃所得。谁该受责备？是存在监管规则的真空地带，还是比特币社区尚未足够成熟，抑或是用户太过粗心大意？此外，12家交易所也遭到了黑客的攻击，损失了价值数亿美元的比

---

① Directive 2009/110/EC, OJ L 267/7.10 October 2009.
② 参见：European Central Bank，"Virtual Currency Schemes"，2012。在本报告中，欧洲央行雄辩地阐述了虚拟货币的崛起，并将比特币作为研究案例之一。它的结论是，点对点加密系统不受电子货币指令和PSD的约束。

特币。因此，许多政府对使用比特币的潜在风险发出了警告。这些警告对比特币盗窃案有什么意义吗？

在讨论这些警告之前，我们先讨论对交换系统可能的攻击，可以知道遵守法规的消费者其实一直是受害者，他们损失了较多的比特币。第一个可能的攻击是交易延展性。攻击者在节点更改交易并将更改的交易"广播"到网络中进行验证。例如，①假设原来的交易信息是"爱丽丝是一个伟大的学生"，攻击者将其含义更改为"爱丽丝是一个好学生"，再发布修改后的交易。虽然两者不同，但原来的和改变的交易是真实存在的。不幸的是，在比特币交易系统中，最关键的不是什么是真实的或不真实的。一旦改变后的交易广为流传，"矿工"将批准它，并将其放入下一个链中。原来的交易将被遗忘和拒绝。如果这种交易被反复进行，不法分子可以在交易所大量提取真实货币，一次又一次地大量交易，这将极大地损害使用交易所的正派客户。Ken Shirriff 提供的一张图表显示，在 2014 年 2 月 10 日和 11 日，多达 25% 的交易（近 1 000 个交易）被观察到使用了交易延展性。②第二个可能的问题是交易所采用了低水平的管理，且冷藏库的设计和可及性很差。前者使得黑客更容易攻击，而后者则使得冷藏库由于一些荒谬的原因，如私钥错放不能被访问。事实上，交易所大多是创业公司，它们很少会在安全性上投入大量的资金和资源。最后一种可能的攻击是由内部人员进行的，是由于薄弱的控制和管理造成的。然而，不管原因是什么，它让正派的消费者不受保护，成为受害者。

不幸的是，警告不是法律文书，也不是立法产品或法规。它的目的是

---

① This illustration is generated from that of Cameron Winklevoss. "What May Have Happened at Mt. Gox." https://winklevosscapital.com/what-may-have-happened-at-mt-gox/.Last accessed on 30 November 2015.

② See Ken Shirriff. "The Bitcoin malleability attack graphed hour by hour." http://www.righto.com/2014/02/the-bitcoin-malleability-attack-hour-by.html. Last accessed on 30 November 2015.

为消费者提供信息，使他们对产品和嵌入的风险更加谨慎，并进一步鼓励消费者采取一切必要的措施来降低风险。它更像是事前的工具而不是事后的工具。前者具有预防意义，后者可用于补救。这样的警告对比特币盗窃没有任何意义，因为它既没有意图也没有目标。由于没有单一的法律工具可以为比特币系统提供监管框架，在这种情况下，消费者将被视为未被保护的。进一步地，由于没有考虑这些消费者，监管框架也受到了挑战。

## 7.4 拟议的监管框架是否足够？详细阐述 PSD2 的提案和前景

一般而言，PSD2 的提案保留了与支付系统安全有关的现有监管框架，并进行了若干修订以弥补一些缺陷。

### 7.4.1 修订支付服务指令和安全性建议提案下的移动支付

除了 PSD2 的提案之外，欧盟监管机构还提出了对移动支付的安全性建议。[1]由欧洲央行于 2013 年 11 月 20 日推出的建议草案实际上是由欧洲安全支付论坛制定的。[2]此论坛的目标是确定适用于移动支付系统的最低要求。[3]本节的讨论还包括对这一建议的审查。

**PSD2 提案下的安全监管**

PSD2 延续了 PSD 的一般原则，并稍加改动。根据第 5 章第 85 至 87 条，安全措施的规定至少包括四个不同的方面：安全要求、事件通知、安

---

[1] ECB,Recommendations for Mobile Payments.

[2] 2011年,欧洲经济区内与支付系统有关的政府机构之间开展了合作,旨在分享、理解和促进有关电子零售支付系统安全问题的平台。 如有必要,本论坛可以就该主题发布任何建议。参见: ECB."Mandate of the European Forum on the Security of Retail Payments." October 2014。

[3] SPC Newsletter."EPC Comments on the Draft Recommendation for the Security of Mobile Payments Developed by the European Forum on Security of Retail Payments." 29 April 2014.

全评估报告和认证（见表7-1）。

表7-1 　　　　　　　　　　　PSD2提案下的安全监管

| 序号 | 主题 | 建议规则 | 条款 |
|---|---|---|---|
| 1 | 安全要求 | 参考拟议的NIS指令，包括条款下的风险管理义务 | 85（1） |
| 2 | 事件通知 | NIS指令的第14条和第15条规定了支付服务提供商对安全事件的通知义务；<br>当该事件造成重大影响时，支付服务提供商有义务通知用户；<br>主管当局有通知成员国当局和欧洲银行管理局（EBA）的义务，EBA有通知其他成员国主管当局的义务 | 85（2）—（4） |
| 3 | 安全评估报告 | 支付机构有义务报告和更新主管当局对操作和安全风险的评估以及如何降低和控制它们；<br>EBA与欧洲央行合作，制定和审查安全措施的指导方针；<br>EBA还制定了有关报告安全事件的指南 | 86（1）—（4） |
| 4 | 认证 | 支付提供者必须应用强大的身份认证机制；<br>EBA规则可能会根据涉及的风险作出例外规定；<br>EBA应在指令采用后两年内发布指南 | 87（1）—（3） |

　　第一个条款涉及安全性要求。根据拟议的第85条第（1）款，支付提供者有义务采取与所涉风险相适应的安全措施。而第85条第（1）款的规定，参照的是拟议的网络和信息安全（NIS）指令，特别参照了关于风险管理的规定（第14条）。

　　第二个条款涉及支付提供者必须向指定当局、指定当局必须向本国和EBA的主管当局、EBA必须向其他成员国的主管当局发出通知。当出现重大安全事件时，支付服务的提供者有义务通知用户。

　　第三个条款规定了支付提供者向其指定的权威机构报告有关其系统的操作和安全风险的评估，以及如何降低并控制它们的义务。这些报告必须定期更新。为了提供这方面的指导方针，指令要求EBA与欧洲央行密切合作，制定指导方针并定期审查。如有必要，此类指导可包括认证过程。此外，EBA还必须根据第85条第（2）款第（4）节的规定制定向当局报告安全事故的指南。

最后一个条款涉及消费者交易的认证。支付服务提供者必须对消费者交易应用强大的身份认证机制。然而，EBA可能会根据支付系统所涉及的风险作出例外规定。因此，EBA应该在PSD2采用后两年内提出认证和豁免的指导方针。

**拟议的建议中的安全要求**

拟议的建议包括5个指导原则和14个实施建议。5个指导原则是指移动支付提供商应该：

（1）识别、评估并降低嵌入其服务的风险；

（2）实施强大的身份认证机制；

（3）保护客户传输中的和静止的数据；

（4）对授权进行安全管理，并监控交易以防止欺诈；

（5）向客户提供有关安全问题的信息并进行客户教育。

这5个指导原则在14个建议中被详细分解，一共包括3个方面：通用控制和安全要求、适用于移动支付的特定控制，以及安全措施。详细地说，14个建议是非常严格的，因为其目标是达到高标准的移动支付的安全性。这些建议包括以下内容：

建议1：治理；

建议2：风险评估；

建议3：安全事件的监测和报告的建议；

建议4：风险控制和缓解；

建议5：可追溯性；

建议6：初始客户识别和信息；

建议7：强大的身份认证机制；

建议8：提供认证工具和软件；

建议9：身份验证尝试和超时；

建议10：事务监视；

建议11：保护敏感数据和个人数据；

建议12：客户教育和交流；

建议13：通知和设置限制；

建议14：客户获取关于付款状态和执行的信息。

**PSD2中的消费者保护条款**

如前所述，涉及安全问题的消费者保护条款包括两个要素：赔偿安排和责任框架。在PSD2的提案中，未经授权的赔偿安排根据第65条进行裁决。其基本维持了PSD的规定：支付提供商立即向消费者退还任何未经授权的交易额，并且根据支付方和客户之间合同的适用法律，附加可能的经济补偿。此外，未授权交易的责任框架在第66条下也被裁定，该条款还维持了PSD的规定，一个细微的变化是对于用户可以支付的未经授权交易的最大金额从150欧元降至50欧元。

**对拟议框架的分析**

关于安全的充分性，PSD2提案的总体安排以及安全支付论坛建议的一般最低安全要求的详细准则看来是有希望的，因为有一项立法规定了一般原则，并附有一项关于技术标准的建议，一方面保证系统的安全性，另一方面鼓励系统的可用性。

然而，如果我们仔细研究一下，PSD2所提出的安排有一些含糊之处。一方面，PSD2提案中所维护的一般原则过于宽泛，不足以保证安全的充分性。在PSD下有明确的措辞迫使服务提供者保持高水平的安全性，而在PSD2的提案中则将其删除了。相反，它参考了另一项指令的建议，即NIS指令，该指令目前也在讨论中。这导致了执行上的不确定性，因为两个指令现在正在讨论中。立法者无法保证将首先采用哪一条指令。另一方面，如果一个人看了由安全支付论坛所提出的建议细节，会认为在这些建议中提出的安全要求过于严格。尽管在确保高水平的安全性方面，这种刚性要求是更好的选择，但它们可能会阻碍移动支付的发展。这一挑战是由欧洲支付理事会带来的。①目前，在欧盟，移动支付处于发展的早期阶段。如果人们希望看到移动支付的蓬勃发展，就需要建立一个更宽松的框架，以保持系统的安全性和可用性之间的平衡。根据发展中国家的经验，例如在肯尼亚，M-PESA就是在更宽松的监管框架下蓬勃发展的。②

如现有框架所解释的，提供足够的消费者保护需要包括两个要素。在拟议的框架下，两个提案都规定消费者承担责任的最大金额从150欧元降至50欧元。考虑到移动支付一般用于小额支付（2014年的平均交易额为28.27欧元），责任金额的减少实际是一个进步，需要得到支持。

### 7.4.2 拟议的网络和信息安全指令，以适用比特币支持系统：规范比特币交易的提案

#### PSD2提案下的比特币

拟议的框架和PSD2提案在比特币活动方面保持沉默。根据PSD2第1条的范围和定义，该指令将对以下实体保持有限的应用：（1）信贷机构，包括银行；（2）电子货币机构；（3）邮政机构；③（4）支付机构。④作为点对点网络货币系统和分散系统，比特币系统与现有的支付系统完全不同。虽然有可能把比特币当作一种支付工具，但由于比特币的供应是由系统决定的，所以不可能识别谁是比特币系统中的"服务提供商"，并且"矿工"通过发现新的区块以验证新的交易。因此，PSD2的提案仍然不能应用于比特币系统。

#### 拟议的NIS指令下的比特币

然而，NIS指令⑤可能适用于比特币系统。根据这一指令，"NIS"术

---

① 出处同上。

② See IFC, Mobile Money Report.

③ Under directive 2009/110/EC on e-money.

④ 除这四个实体外，实际上还有其他两个实体，即中央银行（欧洲中央银行和国家中央银行）和宣称不作为成员国的公共机构。但是，这些实体与本章的相关性较低。

⑤ Proposal for a directive on the subject matter: COM (2013) 48 final, 2013/0027 (COD) (7 February 2013).

语具有更广泛的含义，因为它可能包括以下规定：

（……）任何一个或多个互连或相关设备，其中一个或多个根据程序执行计算机数据的自动处理，以及存储、处理、检索或传输的计算机数据……以用于其操作、使用、保护和维护。

由于比特币基本上是通过计算机网络存储、处理和传输计算机数据的，因此，NIS 指令可以适用。这一指令作为一个法律框架，可以确保高水平的安全措施应用到网络和信息系统。①第 14 条是 NIS 指令下有关安全问题的最重要规定，即裁定服务提供商（指令使用"市场运营者"一词）在欧盟内提供服务应履行以下义务：第一，采取适当的措施、技术和组织，以降低其系统的安全风险。这样的措施必须能够保证暴露的风险处在一个安全水平。②第二，向当局通知任何对系统有重大影响的安全漏洞。③必要时，主管当局也可要求服务提供商对任何违反其制度的事件进行通知，只要通知事件或违规行为符合公众利益。加强 NIS 指令的其他规定，包括建立国家主管机关、国家主管部门和计算机应急小组（CART）的合作机制，鼓励使用通用标准和其他通用技术规范。

然而，当人们试图将 NIS 指令应用于比特币系统时，会面临挑战。像 PSD 和 PSD2 的提案一样，主要挑战来自比特币系统的本质，它是一个没有任何中央机构的分散系统。监管机构根据 NIS 指令第 14 条将安全要求强加给谁？谁是服务提供商？首先，需要界定 NIS 指令下服务提供商的定义和范围。根据第 3 条第（8）款的规定，这种定义包括两类参与者：任何信息服务提供商，以及重要基础设施的运营商，如能源运营商、银行或证券交易所等。前者包括电子商务平台、支付网关、社交网络和应用商店，后者包括电商、铁路和航空运营商。然而，很难将这种定义和范围应用到

---

① Under article 1(1)of the proposed NIS directive.
② Article 14(1)of the proposed NIS directive.
③ Article 14(2)of the proposed NIS directive.

比特币系统。由于比特币是一个点对点和分散的系统，比特币"生态系统"中没有一个玩家充当系统的提供者，无论是交易所、"矿工"还是用户都不是系统提供者。此外，比特币系统并不是经济的关键基础设施。因此，谁来承担实施NIS指令第14条所规定的义务？

在较小的范围内，有的参与方，如比特币系统中的交易提供商可能会在NIS指令的第14条下负责实施安全义务。由于交易提供商通过提供平台使用户能够将真正的钱兑换成比特币，反之亦然，它们可以根据NIS指令第3条第（8）款来满足服务提供商的定义，电子商务平台的提供商尤其是这样。[①]通过将交易所置于服务提供商的定义和范围内，便有可能在第14条下对其强加安全义务，以采取适当措施降低其系统的安全风险，并向安全当局通知任何安全违规行为。由于交易所的安全漏洞一再发生，最近已经涉及了12个交易所，其中包括Mt.Gox，这个交易所被认为是迄今为止最大的交易所，将交易所纳入NIS指令的监管框架将加强比特币和支持系统的安全性，也能更好地处理违规行为。如果能够防止安全漏洞，比特币系统中的消费者保护机制将被更好地维持。

## 7.5 结论

新的支付方式，如移动支付和比特币系统均暴露出不同的安全问题：移动支付具有新的安全风险，而比特币的支持系统则较为脆弱。在移动支付中，新的安全风险包括嵌入移动设备的安全风险和使用的支付平台的安全风险，而比特币支持系统的脆弱性尤其存在于用户和交换系统中。这种安全问题已经对欧盟的监管提出了挑战，其中就包括现有的和拟议的与支

---

① See Annex II of the proposed NIS directive. E - commerce platforms are explicitly mentioned as one of service provider designated under the proposed regulation.

付系统相关的监管框架。

移动支付安全问题正在挑战现有的监管框架，现有监管框架不能一方面保证系统的安全性，另一方面鼓励系统的可用性。这反映在两个方面：足够的安全要求和足够的消费者保护。出于两个原因，适当的安全要求难以应用于移动支付。首先，移动支付提供商，从银行到移动网络运营商，再到基于应用程序的初创公司都是不同的，而且它们中的大多数在处理支付系统的安全性方面具有较少的知识。其次，所谓的第三方支付服务商还没有被监管覆盖。使用未被法规覆盖的服务将给消费者带来高风险。在充分的消费者保护方面，在现有框架下寻求消费者赔偿和有限责任并不完全适用于移动支付的消费者。例如，有限责任涉及遗失或被盗设备的问题，而移动设备本身不是支付工具。任何设备的丢失或被盗通常与移动支付提供商无关。此外，考虑到移动支付的平均交易额在2014年为28.27欧元，对于消费者来说，承担150欧元的最大责任金额似乎太高。

比特币所引发的安全问题主要包括3个方面：首先，比特币系统尚未被监管覆盖；其次，虽然其声称是最安全的，丢失/被盗比特币和违规行为却不断发生；最后，比特币系统仍有一些技术缺陷。欧盟现有的监管框架并没有提及比特币系统。一些政府发布了关于使用比特币的风险的警告，消费者必须有所察觉。然而，这样的警告对比特币盗窃案毫无意义，因为它不是一种法律工具或立法产品。它更像是一种事前预防手段，而不是事后处理的工具。

拟议的监管框架似乎有望用于移动支付，因为有一项立法实施了一般原则，同时通过安全支付论坛对技术标准提出了建议。但是，在拟议的框架中忽略了维护强有力安全措施的明确措辞，造成了不确定性。此外，对技术标准的建议还需要减少刚性，以使移动支付蓬勃发展。关于消费者的有限责任，建议将消费者损失的最大金额减至50欧元。然而，余下的问题，如对容易遗失或被盗的工具的关注，以及消费者对未经授权的交易寻求赔偿等，仍然需要加以解决。

对于比特币，拟议的支付系统框架仍然保持沉默。然而，NIS 指令可能适用于比特币系统。根据这项指令，服务提供商应采取适当措施，降低系统的安全风险，并向当局通报任何对系统有重大影响的安全漏洞。然而，由于比特币是一个点对点和分散的系统，所以不可能确定系统的服务提供商。因此，NIS 指令将无法在比特币系统中执行。一种可能的解决方案是让一些比特币"生态系统"中的参与者负责 NIS 指令下安全义务的实施。例如，可选取满足条件的一些交易提供商负责安全义务的实施。通过这种方式，比特币支持系统的安全性将得到加强，并将在处理安全漏洞方面产生更好的安排。

## 参考文献

Bolt，W.（2012）. Retail payment systems：Competition, innovation, and implications. De Nederlandsche Bank Working Paper No. 362 / December 2012.

Borchgrevink，J.（2014）. Warning：GHash. IO is nearing 51% Leave the pool. Crypto Coins News. Reterived January 9，2014 from https：//www. cryptocoin-snews.com/warning-ghash-io-nearing-51-leave-pool/.

Camenisch，J.L.，Piveteau，J.-M.，& Stadler，M.A.（1994）. Security in electronic payment systems. Institute for Theoretical Computer Science，ETH Zurich. Available at http：//www. ubilab. org / publications / print_versions / pdf / piv94b.pdf.

Chatain，P. - L.（2008）. Integrity in mobile phone financial services, measures for mitigating Risks from money laundering and terrorist financing. The World Bank Working Paper No.146. Washington DC.

Clarkson，E. C.，Patel，S. N.，Pierce，J. S.，& Abowd，G. D.（2006）.

Exploring continuous pressure input for mobile phones. Georgia Institute of Technology, available at https：//smartech.gatech.edu/bitstream/handle/1853/13138/06-20.pdf, last accessed on 28 April 2016.

Desai, S. (2014). Mobile payment services: Security risks, trends and counter-measures.RSA Conference 2014, Asia Pacific & Japan.

Desjardins, J. (2014). How secure are bitcoins? Visual Capitalist. Reterived August 13, 2014, from. www.visualcapitalist.com/secure-bitcoins/.

European Central Bank. (2014). Mandate of the European Forum on the Security of Retail Payments. October 2014. Available at https：//www.ecb.europa.eu/pub/pdf/other/mandateeuropeanforumsecurityretailpayments201410.en.pdf.

European Central Bank. (2013). Recommendations for the security of mobile payments, draft document for public consultations. Reterived 2013, from https：//www.ecb.europa.eu/paym/cons/pdf/131120/recommendationsforthesecuri-tyofmobilepaymentsdraftpc201311en.pdf? 7f9004f1cbbec932447c1db2c84fc4e9.

European Central Bank. (2012). Virtual currency schemes.Available at https：//www.ecb.europa.eu/pub/pdf/other/virtualcurrencyschemes201210en.pdf.

European Payments Council Newsletter. (2014). EPC comments on the draft recommendation for the security of mobile payments developed by the European Forum on Security of Retail Payments.April 29, 2014.Available at https：//www.ecb.europa.eu/pub/pdf/other/mandateeuropeanforumsecurityretail-payments201410.en.pdf.

European Payments Council. (2014). Overview mobile payments initiatives.EPC091-14.Version 2.0.2014.

European Commission, Directorate-General for Research and Innovation. (2013). Final report from the expert group on retail sector innovation. Reterived October 30, 2013, from http：//ec.europa.eu/research/innovationunion/pdf/Report_from_EG_on_Retail_Sector_Innovation_A4_FINAL_2.pdf.

European Payment Council. (2015). Summer reading: Results of latest EPC poll reveal that instant payments are most likely trigger the next wave of innovation (blog). August 07, 2015.

Herzberg, A. (2003). Payments and banking with mobile personal devices.Communications of the ACM, 46 (5), 53-58 Chicago.

Information Systems Audit and Control Association (ISACA). (2011). Mobile payments: Risk, security and assurance issues. An ISACA Emerging Technology White Paper. Reterived November 2011, from http: //www. isaca. org/groups/professional-english/pci-compliance/groupdocuments/mobilepaymentswp. pdf.

International Finance Corporation (IFC). (2011). Mobile money study: Summary report. Available at http: //www. ifc. org / wps / wcm / connect / fad057004a052eb88b23ffdd29332b51 / MobileMoneyReport-Summary. pdf? MOD=AJPERES.

Kasiyanto S. (2016). Bitcoin's Potential for Going Manistream. Journal of Payments Strategy & Systems, Vol.10 (1), 28-39.March 2016.

Kasiyanto, S. (2015). Regulating peer - to - peer network currency: Lessons from Napster and payment systems. Journal of Law, Technology and Public Policy, 1 (2), 40-73.

Kim, C., Tao, W., Shin, N., & Kim, K.-S. (2010). An empirical study of customers' perceptions of security and trust in e - payment systems. Electronic Commerce Research and Applications, 9 (1), 84-95.

Linck, K., Pousttchi, K., & Wiedemann, D. G. (2006). Security issues in mobile payment from the customer viewpoint.MPRA Paper No. 2923. Available at http: //mpra.ub.uni-muenchen.de/2923/.

Mallat, N. (2007). Exploring consumer adoption of mobile payments

A qualitative study. Journal of Strategic Information Systems，16，413-432.

Moody's. （2013）. Moody's analytics: The impact of electronic payments on economic growth. Available at https: //usa.visa.com/dam/VCOM/download/corporate/media/moodys-economy-white-paper-feb-2013.pdf .

Nakamoto，S. （2008）. Bitcoin: A peer-to-peer electronic cash system. Consulted 1.2012.

Ondrus，J.，& Pigneur，Y. （2009）. Near field communication: An assessment for future payment systems. Information Systems and E-Business Management，7（3），347-361.

Payment System Directive. What it means for consumers. Available at http: //ec.europa.eu/internal_market/payments/docs/framework/psd_consumers/psd_en.pdf.

Payment System Directive. （2007） Commission encourages swift and coherent implementation at national level，press release IP/07/1914. Reterived December 12，2007，from http: //europa.eu/rapid/press-release_IP-07-1914_en.htm? locale=en.

Pegueros，V. （2012）. Security of mobile banking and payments. SANS Institute InfoSec Reading Room. Available at https: //www.sans.org/reading-room/whitepapers/ecommerce /security-mobile-banking-payments-34062 .

Pousttchi，K.，& Wiedemann，D. G. （2007）. What influences consumers' intention to use mobile payments. Mobile Communications Working Group，University of Augsburg. Reterived from http: //www.marshall.usc.edu/assets/025/7534.pdf.

Rode，L. （2006）. Database security breach notification statutes: Does placing the responsibility on the true victim increase data security. Houston Law Review，43，1597.

Rosenfeld，M. （2012）. Analysis of hash-rate-based double-spending.

Latest version: December 13, 2012. Available at https: //bitcoil. co. il / Doublespend.pdf.

Schmiedel, H., Kostova, G. L., & Ruttenberg, W. (2012). The social and private costs of retail payment instruments: A European perspective. ECB Occasional Paper 137.

Schoenmakers, B. (1997). Basic security of the e-cash payment system. Computer security and industrial cryptography: State of the art and evolution, LNCS series. In B. Preneel and V. Rijmen (eds.) State of the Art in Applied Cryptography, Course on Computer Security and Industrial Cryptography, Leuven, Belgium, June 3-6, 1997, vol. 1528 of Lecture Notes in Computer Science, pp.338-352.Springer-Verlag.

Sirer, E. G. (2014). What did not happen at Mt.Gox.March 01, 2014. Available online at http: //hackingdistributed.com/2014/03/01/what-did-not-happen-at-mtgox/ .

Souppaya, M., & Scarfone, K. (2013). Guidelines for managing the security of mobile devices in the enterprise. NIST Special Publication, 800.

Sullivan, R. J. (2014). Controlling security risk and fraud in payment systems.Federal Reserve Bank of Kansas City, Economic Review, 99 (3), 47-78.

TALOS Vulnerability Report. (2015). MiniUPNP internet gateway device protocol XML parser buffer overflow. Reterived September 15, 2015, from TALOS-2015-0035.http: //talosintel.com/reports/TALOS-2015-0035/.

Turban, E., & Brahm, J. (2000). Smart card-based electronic card payment systems in the transportation industry. Journal of Organizational Computing and Electronic Commerce, 10 (4), 281-293.

Visa Europe Risk Management. (2014). Secure mobile payment systems, recommendations for building, managing and deploying.Visa Europe.

Winklevoss, C. What may have happened at Mt. Gox. Reterived from https: //winklevosscapital.com/what-may-have-happened-at-mt-gox/.

Wile, R. (2014). One of Bitcoin's strongest backers reveals the two big reasons why it's still not mainstream.Reterived July 20, 2014, from http: // www.busines-sinsider.com/fred-wilson-on-bitcoin-2014-7?IR=T.

# 第8章　欧盟的数据保护和未来的支付服务

Gloria González Fuster[1]

布鲁塞尔自由大学

**摘要：** 欧盟通过使用修订的支付服务指令（PSD2）来应对新支付服务及其引发的一些法律挑战。个人数据保护是这些挑战中最关键的一个，它本身也正处于转型的关键时期。《通用数据保护条例》确实取代了现行的《数据保护指令》，与欧盟逐步加强对个人数据的保护相一致。本章探讨了当前和即将到来的监管挑战。在介绍了欧盟个人数据保护法律框架之后，本章回顾了 PSD2 的数据保护条款，并对其进行了批判性的讨论，然后讨论了移动支付的广泛背景以及"替代货币"方面的研究。

## 8.1　导论

欧洲个人数据保护正处于转型的关键时期。在欧盟，适用的个人数据保护的关键法律工具可追溯到1995年的《95/46/EC 指令》，我们一般称其

① G.González Fuster(✉)
Law,Science,Technology and Society(LSTS),Vrije Universiteit Brussel(VUB),Belgium
© The Editor(s)(if applicable)and The Author(s)2016
G.Gimigliano(ed.),Bitcoin and Mobile Payments,
DOI 10.1057/978-1-137-57512-8_8

为《数据保护指令》，①它将被《通用数据保护条例》所取代。《通用数据保护条例》是一个高水平的，根据《后里斯本欧盟基本权利标准》制定的指令。在个人数据的数量和质量比以往都更为重要的社会中，新技术还在不断涌现，那么即将发布的《通用数据保护条例》将会面临着如何提供有效的和确定的法律保护的挑战。

支付处在这些发展的最前沿。因此，毫不奇怪，个人数据保护作为立法过程中的一个关键问题浮出水面，从而导致PSD2被采用。面对移动支付带来的挑战，PSD2旨在解决如何保证支付卡的竞争力的问题。

本章探讨了在面对不断变化的支付服务时，个人数据保护所面临的监管挑战。本章首先介绍了欧盟个人数据保护法律框架的主要特征；其次，描述了个人数据保护问题如何影响PSD2的起草，审查由此产生的条款，并调查哪些问题没有得到解决，然后将这些信息放在支付服务演进的更大背景下，并特别关注了移动支付和比特币系统带来的"替代货币"问题；最后，重点介绍了现阶段欧盟立法的重要意义。

## 8.2 欧盟的数据保护全貌

《数据保护指令》于1995年被通过，旨在保证各国法律的协调，以允许欧盟所有成员国之间的个人数据自由流动，从而有助于欧洲单一市场的运作。同时，该指令也要求尊重个人的基本权利和自由，特别是尊重他们的隐私权。然而，国家法律和实践所达成的指令的协调程度是有限的。

在2012年，欧盟委员会提出了一项关于《通用数据保护条例》的建

---

① Directive 95/46/EC of the European Parliament and of the Council of 24 October 1995 on the protection of individuals with regard to the processing of personal data and on the free movement of such data, Official Journal L281, 23 November 1995, 31–50.

议，以取代《95/46/EC指令》①，旨在提高该地区的协调水平。1995年的条例是一项主要追求创建单一市场的共同体文件，顺带地关注对个人权利和自由的尊重。而拟议的《通用数据保护条例》是以2009年的《里斯本条约》重新定义的欧盟的基本权利义务为基础的。

《里斯本条约》确实改变了欧盟对个人数据保护的态度。第一，它赋予了《欧盟基本权利宪章》法律约束力，该宪章明确规定了欧盟保护个人数据的基本权利；第二，该条约也将欧洲议会和理事会纳入了制定条约的框架之中，以对数据的自由流动进行规定（《欧洲联盟运作条约》第16条）。欧盟委员会2012年提出的条例旨在赋予欧盟立法者对这一基本权利进行立法的义务。

《欧盟基本权利宪章》承认欧盟保护个人数据的基本权利是授予"每个人"的，②在"为了特定目的"（根据所谓"目的限制原则"）和"当事人同意或法律规定的其他合法基础上"（合法的基础是指其他同意的情况或理由），③它要求个人数据"必须被公平处理"（也就是说，遵守适用的规则来确定负责人的确切义务）。此外，《欧盟基本权利宪章》规定，处理的数据涉及个人对这些数据具有"访问权"，并在适当时"享有修改的权利"。最后，它规定遵守这些规则"应受到独立当局的控制"。④总而言之，《欧盟基本权利宪章》第8条规定了一种权利，该权利基于处理的个人数据而对相关人员施加一系列义务，并赋予与数据相关的个人（"数据主体"）以主观权利，而独立当局则负责维护以上权利和义务的遵守。

---

① European Commission, Proposal for a Regulation of the European Parliament and of the Council on the Protection of Individuals with Regard to the Processing of Personal Data and on the Free Movement of Such Data (General Data Protection Regulation), COM (2012) 11 final, 25 January 2012, Brussels.
② Article 8(1) of the EU Charter of Fundamental Rights.
③ Article 8(2) of the EU Charter of Fundamental Rights.
④ Article 8(1) of the EU Charter of Fundamental Rights.

在讨论拟议的《通用数据保护条例》的同时，欧盟法院对保护个人数据的基本权利的依赖也在逐步增加。从这一意义上说，2014年和2015年间，法院颁布了一系列重要的判决，以此作为《欧盟基本权利宪章》的起点，同时也记录了这一新权利的意义。

三条规则充分说明了欧盟个人数据保护法在基本权利维度的突出地位。2014年4月，在"爱尔兰数字版权案"判决中，卢森堡法院废除了《2006/24/EC指令》，[①]强制保留了因提供公开的电子通信服务和公共通信网络服务产生或处理的数据。[②]在2014年5月有关谷歌的裁决中，[③]法院面临着对所谓"被遗忘的权利"进行初步裁定，主张搜索引擎运营商必须接受从基于一个人的名字链接到网页的搜索结果列表中删除某些类型的数据，这些网页由第三方发布，包含相关人员的信息。这也适用于这样一种情况，即该名称或信息没有事先或同时从那些网页上被删除，甚至它在那些网页上的发布是合法的。2015年10月，在对Schrems的判决中，[④]法院宣布欧盟委员会在2000年通过的"安全港"决定无效，"安全港"决定旨在便利私人公司从欧盟向美国转移个人资料。这个决定在法律上实际存在较大的不确定性。

即将出台的《通用数据保护条例》将构成未来欧盟个人数据保护法的基石，针对其采用的立法程序也与其他机构关于个人数据的讨论相一致。确切地说，这就是一种支付服务指令附带的数据保护条款。

---

① Directive 2006/24/EC of the European Parliament and of the Council of 15 March 2006 on the retention of data generated or processed in connection with the provision of publicly available electronic communications services or of public communications networks and amending Directive 2002/58/EC, OJ 2006 L 105, p.54.

② Judgment of the Court(Grand Chamber)of 8 April 2014, Joined Cases C-293/12 and C-594/12, Digital Rights Ireland.

③ Judgment of the Court(Grand Chamber)of 13 May 2014, C-131/12, Google Spain and Google.

④ Judgment of the Court(Grand Chamber)of 6 October 2015, Case C-362/14, Schrems.

### 8.3 PSD2引发的数据保护

支付服务指令的修订①是2013年由欧盟委员会通过立法提案正式启动的，②这个法案同时涉及对于一般数据保护条例的讨论。考虑到非银行服务提供商所扮演的日益重要的角色，对支付服务指令的审查能够促进电子支付领域的竞争、效率和创新。拟议的规则旨在使网上支付更安全，其中包括为所有支付服务提供商制定数据保护规则。

欧洲数据保护局（EDPS）是一个独立的监管机构，负责向欧盟机构提供与隐私有关的政策和法规，欧盟委员会在编制立法提案时已向其非正式地征求了意见。欧盟委员会在出版物出版后，正式向EDPS提交了该文本以供咨询，并发表了一份意见，③其中EDPS强调了一系列变化的必要性，既考虑到当前欧盟的数据保护框架，又预见了该地区未来的发展。

欧盟议会在立法过程中特别支持EDPS的意见，在与安理会谈判并于2015年5月达成了一项机构间协定后，在同年10月，欧洲议会通过了修

---

① Directive 2007/64/EC of the European Parliament and of the Council of 13 November 2007 on payment services in the internal market amending Directives 97/7/EC, 2002/65/EC, 2005/60/EC and 2006/48/EC and repealing Directive 97/5/EC, OJ L319, 5 December 2007, 1-36.

② European Commission, Proposal for a Directive of the European Parliament and of the Council on payment services in the market and amending Directives 2002/65/EC, 2013/36/EU and 2009/110/EC and repealing Directive 2007/64/EC, COM (2013) 547 final, 24 July 2013, Brussels.

③ European Data Protection Supervisor (EDPS), Opinion of the European Data Protection Supervisor on a Proposal for a Directive of the European Parliament and of the Council on Payment Services in the Internal Market Amending Directives 2002/65/EC, 2006/48/EC and 2009/110/EC and Repealing Directive 2007/64/EC, and for a Regulation of the European Parliament and of the Council on Interchange Fees for Card-Based Payment Transactions, 5 December 2013, Brussels.

订文本，其中包括与个人数据保护有关的重要修订。[1]

## 8.4 PSD2中的数据保护

欧盟委员会有关PSD2的原始草案预见了一个专门致力于"数据保护"的章节（第4章），此章实际上是由一篇题为"数据保护"的文章组成的，该文章指出"为本指令的目的而进行的个人数据的处理应按照《95/46/EC指令》进行"。国家规则置换了《95/46/EC指令》，而《45/2001号条例》反映了《数据保护指令》的规定，但在欧盟机构中处理。[2]因此，拟议的第84条简单地说明了上述条例的普遍适用性。

欧洲议会和理事会的谈判最终将欧盟委员会提出的"数据保护"条款转化为一篇新的文章（现为第94条），由两段组成。第一段，即94条第（1）款规定"成员国应在必要时允许支付系统和支付服务提供商处理个人数据，以保障支付欺诈的预防、调查和检测"。在进行这样的处理以及个人数据的任何其他处理之前，必须遵守《94/46/EC指令》和《45/2001号条例》，这一想法实际上也在序言中被提及。[3]

PSD2第94条的主要新颖之处在于，它将预防、调查和检测支付欺诈作为处理个人数据的基础，成员国必须予以尊重。这一规定的起源可以追

---

① European Parliament, Legislative Resolution of 8 October 2015 on the proposal for a Directive of the European Parliament and of the Council on payment services in the internal market and amending Directives 2002/65/EC, 2013/36/EU and 2009/110/EC and repealing Directive 2007/64/EC (COM (2013) 0547. C7-0230/2013-2013/0264 (COD) (Ordinary legislative procedure：first reading), P8_TA(2015)0346.

② Regulation (EC) No 45/2001 of the European Parliament and of the Council of 18 December 2000 on the protection of individuals with regard to the processing of personal data by the Community institutions and bodies and on the free movement of such data, OJ L8, 12 January 2001.

③ Recital 89 of the second Payments Service Directive.

溯到欧盟委员会已经公布的草案的序言，然而，更狭义地说，应允许支付服务提供商处理涉及支付欺诈的个人数据。而PSD不支持任何个人数据的处理，为防止、调查和检测支付欺诈，只能处理与实际参与或与欺诈有关的人的个人数据。这一要求的转变以支付欺诈的预防、调查或检测为名义打开了处理与支付欺诈完全无关的个人数据的大门。例如，通过数据挖掘或专业技术来处理数据，其目的是自动区分欺诈和非欺诈性支付。

在任何情况下，作为处理个人数据的合法基础，特别授权成员国强制处理个人数据以保障预防、调查和检测支付欺诈必须被视为对成员国自由的一种补充，成员国的自由来自于《95/46/EC指令》。如果必要的话，可以以预防、调查、检测或起诉为名义采取限制部分数据保护义务和权利的措施。[①]

PSD2第94条第（2）款规定，"支付服务提供者只有在支付服务用户明确同意下，才可获得、处理和保留提供支付服务所需的个人数据"。如果孤立地阅读该条款，则可以解释为通常由支付服务提供商在获得用户同意的情况下对个人数据进行处理，该人可以是与数据相关的人，即欧盟数据保护条款中所指的"数据主体"。第94条第（2）款触发了一系列与更广泛的欧盟个人数据保护法律框架的一致性问题，以及与第94条第（1）款有关的问题。在这个意义上，如前所述，数据主体的同意只是欧盟法律中个人数据处理的可能基础之一。如上所述，《欧盟基本权利宪章》第8条在最高级别上规定了"个人数据可以在有关人员同意的基础上"处理的原则，也可以基于"法律规定的其他合法基础"。按照《数据保护指令》，数据控制器也可以处理个人数据，特别是在履行合同所必需的时候（或者为了在签订合同之前采取步骤），[②]或者为了第三方的利益或其他数据被披露者的利益。[③]在许多情况下，这些基础似乎完全有助于证明支付交易

---

① Art.13(1)(d) of Directive 95/46/EC.

② Art.7(b) of Directive 95/46/EC.

③ 涉及保护数据主体的基本权利和自由的情况除外（Art.7(f) of Directive 95/46/EC）。

的完成。

因此，问题在于，PSD2第94条第（2）款是否可以将这些《数据保护指令》条款的适用性作为支付服务的合法基础。无论是否有任何其他合法基础，支付服务提供商只应在用户明确同意的基础上处理数据（据推测，它也是"数据主体"，如果与个人有关的资料被处理，可能会引发其他法律问题）。

对PSD2的第94条第（2）款和《数据保护指令》的阅读使我们认识到，每当支付服务提供商以用户同意为基础进行数据处理时，此类同意应根据PSD2第94条第（2）款的要求进行明确，但也可根据《95/46/EC指令》的第2条和第7条的要求自由地提出、指定、通知和明确。[①]

这也导致了一些问题，即如何在实践中，如在新兴支付服务模式——如移动支付——的背景下遵守这些要求。事实上，目前还不清楚如何告知数据主体数据处理的过程以及支付服务提供商在提供产品和服务的过程中如何满足他们的要求。从这个角度看，将数据主体的一些保护权利委托给支付服务提供商也许不是一个很好的政策策略。

## 8.5　对数据丢失的防范措施

欧盟法律中个人数据保护的一般框架可以概括为《欧盟基本权利宪章》第8条与《数据保护指令》（即将修订为《通用数据保护条例》）。这个一般框架定义了在支付范围内所有数据控制的操作，包括可能不在PSD2范围内的数据控制操作。因此，欧盟的数据保护制度最终可以应对任何不被行业规范所直接解决的隐私和数据保护的挑战。

EDPS在2013年强调了拟议的PSD2不足以实现欧盟个人数据保护条

---

① 有关欧盟个人数据保护法的一致和角色问题的讨论，参见：Eleni Kosta，Consent in European Data Protection Law（The Hague：Martinus Nijhoff，2013）。

款的普遍适用性。取而代之的是，新的法律文书可通过额外的具体和实质性保障来补充这些一般条款。[①]

在支付服务方面，特别是新出现的支付服务方面，不但需要重申，还需要加强保障个人数据的措施。在这方面，不仅在欧盟，[②]而且在全球范围内也达成了共识。例如，在美国，谷歌公司和谷歌支付公司因其通过谷歌钱包系统收集个人信息正面临着集体诉讼。

与相关运营商的倍增等因素相关的众多特殊挑战也可能要求加强保障措施，这使得对不同主体的责任划分、它们与数据主体的关系以及对适用规则的遵守情况的监测等都变得复杂起来。

2012年欧盟委员会绿皮书《迈向信用卡、互联网与移动支付一体化的欧洲市场》将零售支付的安全性描述为支付用户和商家的重要先决条件，强调数据保护是一个关键问题。[③]

在实践中，对PSD和《数据保护指令》同时（但并非完全同时）进行的审查，似乎对为支付服务提供额外的保障措施产生了负面影响。可以理解的是，欧盟立法者同意为该行业制定任何特别规定，但未就未来的《通用数据保护条例》达成一致。

事实上，EDPS对具体实质性条款的呼吁基本上转化为同意修订支付服务指令的说明，其内容相当详尽，但仍然只是说明性的。89号说明，在提醒《95/46/EC指令》在处理个人数据上通常适用时，指出"具体的目的应该被明确，相关的法律依据应遵照《95/46/EC指令》的有关安全要求，以及必要性、比例性、目的限制和比例数据保留期原则"。这一说明的有效性，实际

---

① Opinion of the EDPS(2013):3.

② In this sense,see,for instance:BEUC,The European Consumer Organisation,Towards an Integrated European Market for Card,Internet and Mobile Payments:European Commission Consultation on the Green Paper(2012):2.

③ European Commission,Green Paper Towards an Integrated European Market for Card, Internet and Mobile Payments,COM 941 final,1 November 2012,Brussels,(2011):19.

上并没有被该指令中的特别规定所支持。必须强调的是，在任何情况下，该指令都坚持目的限制的概念，正如说明所述，每当个人数据被处理时，处理的"精确目的"必须被明确，然后暗示要尊重目的限制原则。此外，89号说明还主张，"设计的数据保护和默认的数据保护应该嵌入所有的数据处理系统中"，并在开发和使用支付服务指令的框架内。这一主张，也没有被该指令本身的任何规定所回应，实际上它们是两个概念，其含义也尚未在欧盟的法律中得到证实。这两个概念预计将出现于《通用数据保护条例》中，但只有当该条例被确定时，才有可能评估其法律意义以及该引用可能产生的影响。

## 8.6 最小化数据交换：一种真实的隐私措施

事实上，个人数据保护权的积极发展是在立法程序中进行的，而不是在PSD2的"数据保护"章节之下。在这里，欧洲议会所支持的法律文本预见到，在支付服务提供商发出基于信用卡的支付工具的请求时，其必须确认付款者的账户金额是否可用。

事实上，PSD2第65条第（3）款规定，这样的确认应仅包括简单的"是"或"否"的答案，而不是"账户余额"，也不是"账户余额表"。此外，答案的内容（即"是"或"否"）不得存储，也不得用于执行基于卡的支付交易以外的目的。该条款规定必须"符合《95/46/EC指令》"，这可以看作是参考《数据保护指令》的原则，即对个人数据的处理绝不会"过度"，要与它们处理的目的相符。①

通过将这一数据最小化原则整合到支付服务功能的设计中，新的支付服务指令可以被视为事实上的结合。至少在某种程度上，数据保护的概念

---

① Art.6(c) of Directive 95/46/EC.

被默认并被设计成一种规则，以分析和解决数据保护问题。欧盟委员会实际上已经在2012年的绿皮书中表达了对支付交易认证机制的设想，即"从一开始就设计了确保符合数据保护要求的必要措施"。[1]

## 8.7　等待中的移动支付

然而，更值得商榷的是，PSD2对于应对日益增加的数据保护挑战是否具有实质性的意义，移动支付所引起的数据保护方面的挑战就是其中的一种。移动支付可以直接影响支付服务提供过程中处理数据的数量和质量，从而引发不同业务类型的运营商的讨论。[2]事实上，移动支付通常具有复杂的"生态系统"，市场参与者也多种多样。[3]

从欧盟法律的角度来看，这种移动支付不仅在基于行业的支付服务规则的范围内，实际上也在另外两个数据保护机制的交叉范围内。这两个数据保护机制是《数据保护指令》和《2002/58/EC指令》（也叫作电子隐私指令）。[4]后者是针对某些种类的数据，如交通类数据或位置类数据，而

---

①　European Commission, Ibid., 19.

②　Chris Jay Hoofnagle, Jennifer M.Urban, and Su Li, "Mobile Payments: Consumer Benefits & New Privacy Concerns", BCLT Research Paper(2012): 2.

③　Richard Kemp, "Mobile Payments: Current and Emerging Regulatory and Contracting Issues", in Computer Law & Security Review 29(2013): 176.

④　Directive 2002 / 58 / EC of the European Parliament and of the Council of 12 July 2002 concerning the processing of personal data and the protection of privacy in the electronic communications sector(Directive on privacy and electronic communications), OJ L 201, 31 July 2002, p.37–47, amended by Directive 2009/136/EC of the European Parliament and of the Council of 25 November 2009 amending Directive 2002 / 22 / EC on universal service and users' rights relating to electronic communications networks and services, Directive 2002/58/EC concerning the processing of personal data and the protection of privacy in the electronic communications sector and Regulation(EC)No 2006/2004 on cooperation between national authorities responsible for the enforcement of consumer protection laws, OJ L337, 18 December 2009, p.11–36.

特别提出的。在理解个人数据的隐私权利之后，我们需要对这些数据进行特别处理。

欧盟电信立法机构的数据保护框架将在欧盟的立法者进行审查后尽快达成共识。这样的审查将考虑一些多年来悬而未决的议题，即互联网服务提供商是否也应遵守一些原来仅针对电信运营商制定的规则。事实上，一些互联网支付提供商现在正活跃在支付领域，它们的出现被认为给客户和支付服务提供商之间的关系带来了深刻变革。[①]即将开始的后《通用数据保护条例》的立法辩论将讨论对于移动支付进行数据保护立法是否可行。

## 8.8 移动支付和欧盟数据保护

为了在欧盟制定与移动支付有关的数据保护规则，需要考虑一般的欧盟个人数据保护规则（包括初级和次级规则）、基于支付的行业规则和基于行业的隐私和数据规则，以及这些规则之间的协同作用。在实践中，这些不同类型的规则之间的关系实际上取决于成员国的状态，以及在国家层面上可能出现的不同方法。尽管欧盟的个人数据保护规则和将来可能被采用的《通用数据保护条例》将有利于协调成员国间的不一致，事实上，这一领域的协调程度尚未完成，而且仍不完整，成员国可能会转而使用电子隐私指令和支付服务指令，这些指令仍然允许国家之间存在分歧。[②]

意大利是一个在国家层面存在移动支付数据保护框架的国家。意大利数据保护局在线发布了一个远程的移动支付服务解决方案，在《通用数据

---

① Hoofnagle, Urban and Li, Ibid., 9.

② 对欧盟数据保护义务长期缺乏全面协调的担心，参见：European Banking Federation (EBF), EBF Position on the European Commission's Green Paper Towards an Integrated European Market for Card, Internet and Mobile Payments, 10 April 2012。

保护条例》、电子隐私指令（电信部门的行业规范）和支付服务指令（支付服务部门的行业规范）的规定的基础上，详述实质性指导。通过对移动支付服务中典型的参与者的种类以及这些服务产生的数据的种类和数量进行评估，这个解决方案描述了信息、数据存储和数据安全方面的义务。在用户的许可方面，解决方案规定对交易本身的数据处理不需要涉及用户的许可，但是如果数据要用于营销，则需要获得用户的许可。

在欧盟层面，来自数据保护机构的有用指导可以在《2013年工作组关于智能设备上的应用程序的意见》（Article 29 Working Party 2013 Opinion on apps on smart devices）一文中找到。[①]这些指导或意见考虑了从移动设备[②]上下载的不同数据类型以及要提供给用户的信息的最大粒度。[③]关于用户的许可，此指导指出，获取许可是必要的，因为即使某项数据处理不需要用户许可，其他的一些数据处理也可能需要获得用户许可。[④]

无论如何，数据保护似乎是移动支付客户未来的首要关注点。这一想法已经被一些银行证实，这些银行将它们在该领域的专长视为竞争优势。[⑤]在美国——一个缺乏对隐私和数据保护进行全面监管的国家，一些服务实际上已经从一些用户那里受到了与隐私相关的抵制。[⑥]新兴的移动支付服务和欧盟关于数据保护方面规定之间的摩擦似乎是不可避免的，一

---

① Article 29 Working Party(2013),Opinion 02 /2013 on apps on smart devices,WP 202,27 February 2013,Brussels.

② Ibid.,p.8.

③ Ibid.,p.27.

④ Ibid.,p.16.

⑤ Thomas F.Dapp,Antje Stobbe,and Patricia Wruuck,The Future of(mobile)Payments: New (online) Players Competing with Banks, Deutsche Bank Research, 20 December 2012:26.

⑥ Concretely, the Google Wallet application has prompted a lawsuit related to Google's payment service sharing of personal information with app developers.

些服务商甚至将数据交易作为其商业模式的一个维度。[①]

## 8.9  欧盟的数据保护与替代货币

　　着眼于支付服务，比特币（一种替代货币）的使用也对数据保护提出了挑战。替代货币的数据隐私问题与传统银行[②]的数据隐私问题有所不同，但并不意味着二者不相关。在传统的模型中，交易涉及的个人数据需要由第三方机构进行处理，这些机构需要遵守个人数据保护规则。

　　然而，在类似比特币这样的系统中，交易原则上应该是匿名的，也就是说，任何人都无法链接。需要说明的是，有关这种匿名交易的信息必须公开发布，因为它是开放的，这构成了系统信任的基础。这触发了这种匿名性的局限性问题：一旦信息公开，就可能有第三方将一个或多个交易追溯到具体的个人。例如，可以通过其他可以公开获得的数据获得包括互联网协议（IP）地址在内的相关信息。[③]系统所保证的匿名性的局限性实际上是公认的，即使用户可以找到其他可以提升其交易匿名性的方法，系统也不能保证其匿名性。

　　一旦有关交易的数据可能与具体个人相关联，个人数据的保护规则就必须被适用。根据欧盟的数据保护机制，个人数据保护规则适用于"个人数据"。"个人数据"不仅被理解为指定个体的有关信息，还被理解为"身份可识别"的自然人，指任何"可以被直接或间接地确定身份的人，特别

---

[①]　Charles Gibney et al., "International Review: Mobile Payments and Consumer Protection", Financial Consumer Agency of Canada, January(2015): iv.

[②]　See, in this sense: Satoshi Nakamoto, Bitcoin: A Peer-to-Peer Electronic Cash System (2008), available online: http://nakamotoinstitute.org/bitcoin/#selection-7.4-13.16.

[③]　For a description of the various possible ways to identify Bitcoin users, see: Fergal Reid and Martin Harrigan "An Analysis of Anonymity in the Bitcoin System" in Yaniv Altshuler et al. (Eds.)Security and Privacy in Social Networks, (Dordrecht: Springer, 2013), pp.197-223.

是通过一个确定的数字或一个或多个因素，如其生理、心理、经济、文化或社会因素被确定身份的人。[1]

从这个角度来看，根据欧盟的个人数据保护法律，很明显，处理比特币交易的数据，并有可能将这些数据与具体个人联系起来的任何人（第三方），都会被视为"数据控制器"，因此在处理个人数据时都应遵守这些原则。

另一组问题涉及系统本身的数据是否也可以被视为"个人数据"，因为在某些情况下，至少在公开可用之后，这些数据可能与可识别的个体群体有关。如果是这样的话——当然也不能绝对排除先验——将导致一个问题，确定谁是通过点对点系统处理和公开数据的"数据控制器"。可能的方法是考虑每一个用户都负有同样的责任，[2]但也要考虑到可能涉及的互联网服务提供商（ISP）的责任。[3]这场辩论仍然没有定论。

## 8.10　结束语

本研究的结论表明，更新后的支付服务指令即 PSD2 处理与支付服务相关的数据保护问题的方式是不均衡的。虽然一些积极的进步已经被认同，但事实是许多重要的问题仍然没有答案。

尽管这种情况可能是源于长期和持久的关于《通用数据保护条例》的谈判引起的不确定性，但是，由于欧盟法院继续宣称保护个人数据的重要

---

①　Art.2(a)of Directive 95/46/EC.

②　Suggesting this option：Artus Krohn-Grimberghe and Christoph Sorge，"Practical Aspects of the Bitcoin System"，The Computing Research Repository(CoRR)，August 2013.

③　On this issue，see：Mario Viola de Azevedo Cunha，Luisa Marin，and Giovanni Sartori，"Peer-to-peer privacy violations and ISP liability：data protection in the user-generated web"，International Data Privacy Law 2，No.2(2012)：50-67.

性，因此，现有的争论实际没有必要。法院的强势地位可以作为一个说服因素，邀请欧盟立法者为支付服务行业的个人权利提供完整和积极的保护。如果《通用数据保护条例》的文本没有完全实现这一目标，那么大众肯定会转向电子隐私指令的后续审查。

总而言之，欧盟的数据保护规则最终需要形成基于共同体的规则，这样，法律才能落到实处，否则，国家之间的差异性将引起规则适用性层面的问题。

## 参考文献

Article 29 Working Party.（2013）. Opinion 02/2013 on apps on smart devices.WP 202，27 February.Brussels.

BEUC，The European Consumer Organisation.（2012）. Towards an integrated European market for card，internet and mobile payments：European Commission Consultation on the Green Paper.

European Banking Federation（EBF）.（2012）. EBF position on the European Commission's Green Paper towards an integrated European market for card，internet and mobile payments.10 April 2012.

European Commission.（2012a）Green Paper towards an integrated European market for card，internet and mobile payments.COM（2011）941 final，Brussels：1.11.2012.

European Commission.（2012b）. Proposal for a regulation of the European Parliament and of the Council on the protection of individuals with regard to the processing of personal data and on the free movement of such data（General Data Protection Regulation），COM（2012）11 final，Brussels：25.1.2012.

European Commission.（2013）.Proposal for a Directive of the European

Parliament and of the Council on payment services in the market and amending Directives 2002 / 65 / EC, 2013 / 36/ EU and 2009 / 110/ EC and repealing Directive 2007/64/EC.COM (2013) 547 final.Brussels: 24.7.2013.

European Data Protection Supervisor (EDPS). (2013). Opinion of the European Data Protection Supervisor on a proposal for a Directive of the European Parliament and of the Council on payment services in the internal market amending Directives 2002/65/EC, 2006/48/EC and 2009/110/EC and repealing Directive 2007 / 64 / EC, and for a Regulation of the European Parliament and of the Council on interchange fees for card - based payment transactions.Brussels: 5.12.2013.

European Parliament. (2015). Legislative Resolution of 8 October 2015 on the proposal for a Directive of the European Parliament and of the Council on payment services in the internal market and amending Directives 2002/65/EC, 2013/36/ EU and 2009/110/EC and repealing Directive 2007/64/EC (COM (2013) 0547-C7-0230/2013-2013/0264 (COD) ) (Ordinary legislative procedure: first reading), P8_TA (2015) 0346.

Dapp, T. F., Stobbe, A., & Wruuck, P. (2012). The future of (mobile) payments: New (online) players competing with banks.Deutsche Bank Research, 20 December 2012.

De Azevedo Cunha, M. V. (2013). Market integration through data protection: An analysis of the insurance and financial industries in the EU. Dordrecht: Springer.

De Azevedo Cunha, M.V., Marin, L., & Sartori, G. (2012). Peer-to-peer privacy violations and ISP liability: Data protection in the user-generated web.International Data Privacy Law, 2 (2), 50-67.

Gibney, C., et al. (2015). International review: Mobile payments and consumer protection.Financial Consumer Agency of Canada, January 2015.

González Fuster, G. (2014). The emergence of personal data protection as a fundamental right of the EU.Dordrecht: Springer.

Hoofnagle, C.J., Urban, J.M., & Li, S. (2012). Mobile payments: Consumer benefits & new privacy concerns.BCLT Research Paper.

Kemp, R. (2013). Mobile payments: Current and emerging regulatory and contracting issues.Computer Law & Security Review, 29, 175-179.

Kosta, E. (2013). Consent in European data protection law.The Hague: Martinus Nijhoff.

Krohn-Grimberghe, A., & Sorge, C. (2013). Practical aspects of the Bitcoin system.The Computing Research Repository (CoRR), August 2013.

Nakamoto, S. (2008). Bitcoin: A peer-to-peer electronic cash system. Available online: http: //nakamotoinstitute.org/bitcoin/#selection-7.4-13.16.

Reid, F., & Harrigan, M. (2013). An Analysis of anonymity in the Bitcoin system.In Y.Altshuler, et al. (Eds.), Security and privacy in social networks (pp.197-223). Dordrecht: Springer.

# 第9章 新旧欧洲反洗钱框架下虚拟货币和移动支付的分类

Carolin Kaiser[①]

罗格宁根大学

**摘要:**在全球支付行业的新进展中,虚拟货币和移动支付都在快速增长。这些发展变化给监管部门带来了挑战,当监管者在旧的法律框架下适应新的技术进步时,新的挑战就产生了。在某些情况下,为了应对新的技术进步,还需要对法律框架进行修订。本章主要讨论欧洲反洗钱框架的旧形式(《2005/60/EC指令》)和该框架的最新修订(《(EU)2015/849指令》),剖析指令的不足以及针对这些不足的可能的处理方案。

## 9.1 引言

虚拟货币正在快速发展。第一个成功的虚拟货币——比特币直到2008年才引入市场,但现在市场上已经有几百种虚拟货币,并形成了一个新兴的市场。虚拟货币作为最新兴的技术,展现了巨大潜力,同时也面

① C. Kaiser(✉)

PhD researcher,Rijksuniversiteit Groningen,the Netherlands

© The Editor(s)(if applicable) and The Author(s) 2016

G. Gimigliano(ed.),Bitcoin and Mobile Payments,

DOI 10.1057/978-1-137-57512-8_9

临艰巨的挑战。本章将讨论的挑战是基于欧洲反洗钱立法体系的虚拟货币分类。

由于虚拟货币是全新的现象，从未被立法者所预见，迄今为止法律甚至尚未对其存在作出反应，很难想象一个去中心化的支付体系却没有一个正式的制度去应对。但是，为了防止这种技术被滥用于洗钱，将虚拟货币置于反洗钱立法的保护之下就显得至关重要。既然欧洲立法机构已经通过了反洗钱的第四项指令，那么在当前应用框架内弥补对虚拟货币的疏漏就是一个理想的时机，可以使欧盟反洗钱框架真正做到与时俱进。

移动支付即便不是革命性的，也是一种新的支付手段。移动支付通过移动设备如智能手机或平板电脑完成支付。当现存的法律框架应用于新技术时，这些新技术的支持者和早期的使用者通常会面临各种各样的问题。法律往往落后于技术水平几步之遥，从某种程度上来说，类似情况也出现在移动支付和虚拟货币上。当企业或个人希望采用这其中任何一种技术时，法律状态的不确定性给他们带来了困扰。

本章的目的是阐明有关反洗钱的法律条款，这些条款适用于虚拟货币和移动支付。为此，本章首先比较欧盟法律对虚拟货币和移动支付的覆盖范围，它们分别见于反洗钱第三指令（《2005/60/EC指令》）和新的反洗钱第四指令（《（EU）2015/849指令》），并分析在反洗钱框架中拟采用这些工具的企业的态度；其次将对虚拟货币和移动支付以及为何要对这些工具进行监管等问题进行简要讨论，然后讨论第三反洗钱指令和第四反洗钱指令对每种工具的处理方式；最后提出将虚拟货币和移动支付纳入法律框架的结论。

## 9.2 监管的必要性

### 9.2.1 虚拟货币

虚拟货币和移动支付工具都是新的支付工具，公众对这些新的支付工具正在逐步适应。

虚拟货币是新兴现象。虽然虚拟货币概念并非新鲜事物，但这种概念在很长一段时间内都没有转换成能足够安全地应用于金融交易的软件解决方案。2008年，某（或某组）人以中本聪为笔名，引入了一种新的以点对点系统、公共账本和密码学为基础的技术概念，这种去中心化的虚拟货币被称为比特币。[①]2009年，比特币这个概念经过同行评议，如今已成为第一个被广泛接受且安全运作的虚拟货币。自从比特币作为虚拟货币的原型创立以来，数百个类似的系统已被开发出来，[②]不过比特币系统仍然是最大且最成功的网络。

在比特币和其他基于相同协议的虚拟货币系统中，开展清算交易的用户和所有交易都记录在公开可存取的分布式账本中，这种记录方式结合加密技术，保证了交易安全，使得比特币系统能在没有银行的情况下提供安全的金融交易环境。[③]这个系统本质上由运行协议的用户组成，其中一些用户更像"矿工"，他们保持账本持续更新，得到系统新产生的虚拟货币

---

① Nakamoto, Satoshi, "Bitcoin: A Peer-to-Peer Electronic Cash System", 2008, https://bitcoin.org/bitcoin.pdf.
② 如莱特币、佩尔币、弗雷币以及道奇币，仅列举几个，统称为"代币"，因为它们是当前占主导地位的比特币的替代者。
③ Grinberg, Reuben, "Bitcoin: An Innovative Alternative Digital Currency", Hastings Science & Technology Law Journal 4, (2001): 159-208, 160 f.

作为奖励。用户之间没有正式连接，因为这些用户分散在全球各地，仅通过互联网连接。此外，由于总体上没有正式的法律实体代表比特币系统，很难以一国政府监督该系统。

因此，不与任何国家关联以及可以保护用户隐私就成为虚拟货币的标志。与法定货币不同，虚拟货币不是由国家或政府发行的，也不受任何国家的中央银行监管和控制，相反它由一群依靠计算机能力管理总账和系统的人发行。虚拟货币系统中缺少像银行那样受到政府监管的机构，这些被监管的机构须承担规定的反洗钱职责，所以虚拟货币能够保护用户隐私也与缺少政府参与有关。

公众逐步意识到大量虚拟货币的存在，但对于它们如何运作、如何保持价值，许多人依然知之甚少。不过，犯罪分子已经成为首批"吃螃蟹"的人之一。他们设立了几个网站，为诸如毒品、枪支等非法材料买卖双方提供交易场所。[1]比特币系统作为被最广泛采用的虚拟货币系统，已经在一些网站里被作为交易工具。与银行账户和信用卡交易的严格监管相比，当前政府对虚拟货币监管缺位，因而比特币成为完成在线金融交易的最优可选工具。[2]同时，大量合法的企业，既包括大量线上企业，也包括线下实体店，希望接受虚拟货币作为商品和服务交易的支付手段，但它们却不知道需要履行哪些义务。

此外，欧洲刑警组织的报告指出，比特币正在迅速被各类犯罪交易采用。根据欧洲刑警组织的材料，2015年超过40%的犯罪分子之间的交易是通过比特币系统完成的，其次是其他支付系统，如PayPal。[3]当犯罪分

① Luther, William J., "Regulating Bitcoin: On What Grounds?", (2015): 19 Available at SSRN: http://ssrn.com/abstract =2631307.
② Financial Action Task Force (FATF), "Guidance for a risk-based approach-Virtual Currencies", (2015): 33. http://www.fatf-gafi.org/media/fatf/documents/reports/Guidance-RBA-Virtual-Currencies. Pdf.
③ Europol, "The Internet Organized Crime Threat Assessment(IOCTA)" (2015): 46.

子要求网络犯罪受害者支付款项时，比特币也是首选，约占所有敲诈勒索案件的1/3。[1]有趣的是，据报在洗钱犯罪活动中，只有少数案例采用了比特币。[2]

鉴于虚拟货币在非法交易活动中具有潜在滥用风险，以及对合法商业行为具有潜在价值，为尽可能减少风险，使虚拟货币符合欧盟反洗钱的法律要求十分必要。

总结起来，基于以下3个原因，需要对虚拟货币加强监管：首先是使虚拟货币符合经济或货币政策目标，尽管它们与任何国家政府都没有关联；其次是保护消费者免于卷入一项他们还不甚明了的技术；最后是防止将技术滥用于非法交易，如洗钱。[3]本章主要专注于后一个原因。

### 9.2.2　移动支付

正如所见，虚拟货币是一个全新的金融交易系统，有全新的底层代码。移动支付也是一种新的支付方式，然而虚拟货币突破了绝大多数规则，而移动支付拥有现代化技术基础，给传统银行服务带来新面貌。

简而言之，移动支付是使用移动设备完成付款，[4]用于付款的移动设备中包含了执行交易的软件程序，这个软件程序通常被称为移动钱包。这里的"钱包"是一种计算机文件，它含有必需的信息，以数字方式执行金融交易，包括可用支付设备上的信息、账户信息、使用者个人信息，以及其他可选的与支付相关的信息和文件，如使用者地址、电子签名以及集成应用等。[5]

---

[1]　出处同上，第47页。

[2]　出处同上。

[3]　Luther, Regulating Bitcoin, 3.

[4]　European Payments Council (EPC), "Overview Mobile Payments Initiatives", 2014. EPC091-14, Version 2.0, p. 10, s.v. Mobile payment service.

[5]　欧洲支付理事会，出处同上，第16页。

钱包服务提供商的数量很多，它们以应用程序的形式为"钱包"提供软件解决方案。有的钱包文件可以直接存储于用户的移动设备上，有的则存储于服务商的服务器上，消费者可以远程访问。[①]

移动支付系统主要有两种类型。一类是移动支付服务，它使非银行、非证券账户的持有人可通过手机完成支付。[②]另一类是移动钱包服务，用户可在其移动工具上存储实际货币资产。[③]在反洗钱方面，这两个系统最有意思，前者为用户提供了关联金融账户的链接，后者在钱包文件中直接存有存款。因为适用的法律不同，两个系统之间的差异非常重要，移动支付是这两类"钱包"的总称。

移动支付有不同的交易方式。首先，移动远程支付通过无线网络或移动互联网，在移动设备上完成支付，各方能不受地理位置的约束完成交易。[④]在移动支付中，移动近距离支付也越来越发挥决定性作用，这种支付采用了近端技术，如近场通信或快速响应（QR），要求交易双方处于同一地点。[⑤]

移动支付使用范围正在快速增长。Jana Valant编辑的数据表明，2015年约60%的欧洲人拥有智能手机，尽管不同国家的差异十分明显。[⑥]欧盟委员会报告指出，2014年每100个欧盟居民中，有67人拥有移动宽带。[⑦]这就解释了为何移动商务行业增长速度如此迅猛，年均增速达42%，[⑧]移

---

① 出处同上。

② Financial Action Task Force（FATF），"Money Laundering Using New Payment Methods"，(2010)：18.http://www.fatf-gafi.org/media/fatf/documents/reports/ML%20using%20New%20Payment%20Methods.pdf.

③ 出处同上。

④ EPC，Overview Mobile Payments Initiatives,11.

⑤ 出处同上。

⑥ Ecommerce News, quoted in Valant, Jana, "Consumer Protection Aspects of Mobile Payments",European Parliamentary Research Service,European Parliament Briefing（2015）：2.

⑦ The European Commission,quoted in Valant, Ibid.,2.

⑧ Ecommerce News，出处同上。

动商务行业目前在整个电子商务行业占比14%。[①]

　　智能手机和平板电脑广泛应用，为移动支付开发的应用程序不断增加，使移动支付技术对金融交易的吸引力逐渐增长。移动支付用户可以在无须携带现金或者借记卡/贷记卡的情况下完成交易支付。[②]许多用户发现，智能手机整合了大量功能，使用起来十分方便，从而无须携带其他设备。同时，将支付功能整合到现有的智能手机中，用户使用成本更低。[③]此外，移动支付工具能更方便地触及亚洲和非洲发展中国家中那些从未获得或缺少银行服务的人群。这些国家的正规银行基础设施无法覆盖大部分人群，但移动网络正在以前所未有的速度扩大。

　　不过，移动支付也有缺点，其中最重要也最紧迫的是安全问题。移动支付行业快速发展，大量移动支付软件被开发出来满足服务需求的增长。移动钱包支付通常在行业发展的早期阶段出现，但移动钱包支付的安全性有待提升。由于在交易过程中，交易本身信息、地理位置数据、买卖的商品或服务信息等数据被共享，谁会接触这些信息用户并不清楚，因此消费者隐私的保护也面临挑战。[④]

　　尽管移动支付系统快速发展，且主要应用于一些金融监管相对不力的国家，但它并未与某个特定的高洗钱风险相关。移动支付中洗钱风险的高低，本质上取决于移动支付服务提供商在多大程度上遵守反洗钱的法律规定，见后文所述。

　　值得注意的是，迄今为止移动支付的定义围绕法币演化而来，并不包含虚拟货币。下文将讨论虚拟货币被忽略的细节。然而，移动设备也经常通过二维码或远程使用虚拟货币。通过整合上述两项技术，有些移动钱包可以使用虚拟货币。

---

① The European Commission,出处同上。
② Valant,出处同上，第4页。
③ 出处同上。
④ Valant,出处同上，第5页。

## 9.3　第三反洗钱指令（《2005/60/EC指令》）

第四反洗钱指令的陈述1在表述反洗钱立法的目的时提到："少量的非法资金就会损害金融体系的完整性、稳定性和声誉，并威胁欧盟的内部市场及国际发展。"这个表述继续强调了反洗钱问题最好应在联盟层面予以解决。

换言之，反洗钱立法的目的是剥夺那些从事洗钱犯罪行为的人的不法收益，以降低犯罪收入对潜在犯罪分子的吸引力。[①]洗钱的上游犯罪性质差异很大，涉及销售非法材料、非法赌博、卖淫、贪污腐败和逃税行为。不同的成员国对哪些上游犯罪行为可能触发反洗钱机制的裁决各不相同。[②]欧洲议会在解释《2005/60/EC指令》陈述3时使用了下面的表达方式，该表达方式在第四反洗钱指令的陈述2时再次出现："如果欧盟层面不采取某些协调措施，洗钱者和恐怖融资者可能会利用资本流动自由和综合金融领域所需的金融服务供给自由，方便其犯罪活动。"

截至2015年5月，欧盟反洗钱工作适用的法律已编入第三反洗钱指令。该指令是国际反洗钱标准在欧盟层面的实施，它在很大程度上发展了金融行动特别工作组领导下防止洗钱的40项建议以及关于打击恐怖主义融资的第9条特别建议。[③]第三反洗钱指令通篇未提及虚拟货币，这并不

---

① 　Cuéllar, Mariano-Florentino, "The Tenuous Relationship Between the Fight Against Money Laundering and the Disruption of Criminal Finance", Journal of Criminal Law and Criminology 93, (2003): 311-465, 2003; Stanford Public Law Working Paper No. 64, 323 ff.

② 　See the list of "serious crimes in directive 2005/60/EC", article 3(5)(a-f), and in directive (EU)2015/849, article 3(4)(a-f).

③ 　Financial Action Task Force (FATF), "International standards on combating money laundering and the financing of terrorism & proliferation (The FATF Recommendations)", http://www. fatf-gafi. org / media / fatf / documents/ recommendations /pdfs / FATF_Recommendations.pdf, (2012): 118.

奇怪，因为该指令在 2005 年就已经通过，而比特币作为第一个被世界广泛接受的虚拟货币，则于 2009 年推出。但是虚拟货币仍可在一定程度上被该指令覆盖。

### 9.3.1　定义范围

该指令以呼吁全体成员国禁止洗钱和资助恐怖主义为出发点，对洗钱给出了一个非常宽泛的定义。根据该指令的第 1 条第（2）款，洗钱包括多种形式的蓄意行为：

（a）明知财产源于犯罪活动或参与了犯罪活动，为了隐瞒或掩饰财产的非法来源或协助犯罪嫌疑人逃避法律制裁而转换或转让财产；（b）明知财产来源于犯罪活动或参与了犯罪活动，仍然隐瞒或掩盖财产的真实性质、来源、位置、安排、移动以及财产所有权；（c）在接收时已知该财产源于犯罪活动或参与了犯罪活动，仍然占有或使用该财产；（d）参与、串联承诺、尝试承诺，或帮助、唆使上述行为，或为其提供便利或咨询服务。

第 1 条第（3）款将洗钱定义进一步拓展到"即使财产洗白活动在另一个成员国或第三国境内实施"。

第 1 条第（4）款对资助恐怖主义给出了定义，表述如下：资助恐怖主义指意图以某种方式，直接或间接为 2002 年 6 月 13 日《理事会打击恐怖主义框架决议 2002/475/JHA》内第 1 条至第 4 条范围内的犯罪行为提供资金或筹集资金。因此，洗钱和资助恐怖主义的定义非常广泛，涵盖了不同行为及不同方式。值得注意的是，洗钱中的钱不是指"货币"，而是指"财物"。同样，资助恐怖主义的定义使用了"资金"一词。在指令的第 3 条第（3）款中，包含了对"财物"的定义。根据该定义，"财物"指各种实体或非实体、动产或不动产、有形或无形资产，以及包括电子或数字形式在内的各种用于证明所有权或权益的法律证书和文件。尽管该指令未对"资金"进行定义，但金融行动特别工作组的建议中包括了对该词的定义，该定义与指令中对"财物"的定义几乎完全相同。[1]因此，这两个词在本质上一致。毋庸置疑，指令中使用"财物"而非"货币"，且"财物"一词的定义中包含无形资产，表明指令原则上覆盖了虚拟货币。特别是第3条第（3）款的定义中明确包含了非物质和无形资产，因此虚拟货币应归入"各类资产"一词项下。

### 9.3.2 参与者范围

反洗钱指令所涉及的参与者是多方面的。就本质而言，反洗钱指令涉及将转移价值作为其业务实质的一部分，或者在商业行为中处理大量现金或贵重物品的所有行为人。

具体而言，主要涉及者有信贷机构和金融机构，包括银行、货币兑换机构、汇款机构等各类机构。[2]此外，一些法人或自然人在其业务链上处理大量货币或贵重财物时，也必须遵守本指令规定的各项措施。上述自然人和法人包括审计师、会计师、税务顾问，也包括公证员、房地产经纪人和赌场。

此外，当交易中现金支付达到1.5万欧元时，所有商品卖方的自然人和法人，都必须遵守反洗钱指令中规定的客户尽职调查（CCD）的各项措施。上述金额阈值同时适用于单笔交易中转移的资金和一系列看起来相互关联的交易，其交易总额达到或超过1.5万欧元的情况。[3]之所以包含现金交易，不仅是因为现金的来源难于追踪，还因为奢侈品便于转移，且能以极小的损失再次销售，因而成为资金转移的工具。

由于虚拟货币明显属于"财物"定义范畴，当本指令所适用的自然人和法人用虚拟货币交易时，必须像交易其他财物一样，遵守第三反洗钱指

---

[1]　出处同上。

[2]　Article 2(2) refers to points 2-12 and 14 of Annex I of Directive 2000/12/EC. See also FATF(2015) p.6.

[3]　Article 2(1)(e).

令中规定的各项义务。有两类业务机构尤其是围绕虚拟货币演化而来的。

第一类机构是网上兑换中心。网上兑换中心是用户进入和退出虚拟货币业务的主要出入口。[①]大多数用户虽然有一些获取虚拟货币的渠道，仍会通过访问网上兑换中心，将欧元或其他法币兑换成虚拟货币。因此，网上兑换中心的工作方式与外汇兑换中心基本相同，细微之差在于它们在网上进行服务，因为虚拟货币没有物理表征。为了将其纳入反洗钱指令，需要将货币兑换中心纳入第3条第（2）款的金融机构的定义里，即"从事《2000/12/EC指令》附录Ⅰ中第2条至第12条以及第14条内的一种或多种经营行为，包括货币兑换活动和汇款服务等的非信贷类机构"。如上所述，本段已清楚表明，以虚拟货币交易的网上货币兑换中心类似于线下货币兑换中心，因此网上货币兑换中心应满足指令第2条第（1）款、第（2）款规定，按照指令第36条第（1）款要求，经其所在成员国的许可或注册。在该指令适用的范围内设立的网上货币兑换中心必须遵守欧洲反洗钱法，并服从规定的义务。[②]

第二类主要使用虚拟货币的商业机构是网上赌博平台，各平台的交易中虚拟货币交易占很大部分。该指令适用于"赌场"（第2条第（1）（f）款），但"赌场"一词只包括实体形态的赌场，使其他赌博领域容易被犯罪分子利用。[③]因此，线上赌博在很大程度上就超出了第三反洗钱指令的适用范围。

目前，以上两类机构参与各类虚拟货币业务最为普遍，但随着虚拟货币使用范围日渐广泛，其他企业也不排除有使用虚拟货币的可能性。

---

① European Banking Authority (EBA), "EBA Opinion on virtual currencies", 2014 https://www. eba.europa.eu/ documents/10180/657547/EBA-Op-2014-08+Opinion+on+Virtual+Currencies. pdf,p.40.

② Cf. FATF,The FATF Recommendations,12 ff.; Europol,The Internet Organized Crime,47.

③ European Commission, "Proposal for a directive of the European Parliament and of the Council on the prevention of the use of the financial system for the purpose of money laundering and terrorist financing" COM(2013) 45 final(2013):10.

移动支付服务商被归类为金融机构，因为其服务用于不同账户之间的转账。就诸如M-Pesa提供的移动钱包服务而言，服务商发行预付信用，通过移动设备完成交易。此时，服务商就成为《2000/12/EC指令》（当时有效）附录1第5条所指的支付工具发行人，因而属于反洗钱《2005/60/EC指令》第3条第（2）（a）款所指的金融机构。

### 9.3.3 客户尽职调查和报告

正如反洗钱指令第7条所示，在业务关系各阶段均应采取相应的客户尽职调查措施。首先，在开始一项新的业务关系前，或对客户身份识别数据的真实性或适当性存疑时，就应开展客户尽职调查。[①]其次，如前文所述，无论客户希望办理单笔交易还是一连串可能相互关联的交易，当交易规模达到1.5万欧元（含）以上时，就应开展客户尽职调查。最后，无论何时，当怀疑客户存在洗钱或资助恐怖主义行为时，应不受任何豁免、阈值等限制，对客户开展尽职调查。[②]

客户尽职调查措施如下：首先使用官方来源的文件识别客户，验证客户身份。当存在受益人时，应识别其身份并进一步核实。其次，在建立业务关系时，相关机构或人员必须识别其业务关系的目的和意图。[③]一旦业务关系确立，必须对所有正在开展的交易行为进行持续监控，以确保所收集的客户信息及预期的业务关系准确可靠。[④]

客户尽职调查责任的勤勉程度取决于交易内容和相关各方，级别包括简化的调查到强化的尽职调查。[⑤]

---

① Article 7(d).

② Article 7(c).

③ Article 8(1)(c).

④ Article 8(1)(d).

⑤ Mitsilegas, Valsamis and Gilmore, Bill, "The EU legislative framework against money laundering and terrorist finance: a critical analysis in the light of evolving global standards", International &Comparative Law Quarterly 56, no. 1(2007):119-140,127.

然而，反洗钱指令第2章、第3章中规定的各项措施，在实际应用中受到几种因素的影响。虚拟货币按照去中心化设计，缺少中心机构清算交易和收集信息。这个分布式账本由大量连接相对松散的用户共同努力维护，但根据反洗钱指令的规定，它不属于"金融机构"范畴。涉及反洗钱工作的任何机构都无法与银行相比，反洗钱法律规定了其承担识别和监控交易的大部分工作。与之相反，虚拟货币的交易信息采集自公共账本，该账本记录了系统上完成的所有交易。这种去中心化且缺少中心机构的设计增强了系统的隐私性。[①]分布式账本记录所有交易，但交易各方只能通过用于加密交易的公钥来识别，公钥背后的信息不容易获取。

针对虚拟货币系统用户实施反洗钱监管的一个严重问题是，虚拟货币仅存于在线网络。无论其创立于世界何处，从事虚拟经济的企业都可向全球用户提供服务，随之而来的风险是一些涉及洗钱操作的服务商会将机构设立于缺少或没有监管的司法管辖区。但这属于互联网管理范畴，超出了本章处理范围。欧洲反洗钱法律仅适用于成员国领土范围内设立的机构。

因此，与虚拟货币使用场景——如汇兑服务、网上赌博以及以虚拟货币交易的其他业务——相关的主要参与者需要履行客户尽职调查义务。

为了打击洗钱活动，移动支付服务商同样要识别客户和监控客户账户。服务商如何识别客户取决于其提供服务的类别。如果移动支付服务关联到客户银行账户，就可以在客户访问前仔细核实客户身份。以预付信用形式提供移动支付服务面临的情况则有差异。若客户信用仅来自于服务商，服务商也能采取适当的措施确定买方的身份。若客户可从其他渠道购买信用，如M-Pesa（一种移动钱包服务，译者注），其信用以刮刮卡的形式从零售商店购买，服务商在识别客户时通常会存在障碍，但后者在欧洲并不常见。

---

① 请参阅为更符合FATF的建议方案,基于风险的方法指南——虚拟货币,第14页。

到目前为止，还没有哪项判例法能使欧洲法院有机会就如何基于欧盟反洗钱框架对虚拟货币或移动支付进行分类提出自己的观点。

## 9.4 第四反洗钱指令（《（EU）2015/849指令》）

第三反洗钱指令在很大程度上是基于2003年金融行动特别工作组建议制定的。2012年，金融行动特别工作组建议更新了版本。[1]2013年2月5日，欧盟委员会建议推出第四反洗钱指令，以使其框架符合金融行动特别工作组建议的最新版本。该建议被正式采纳，第四反洗钱指令于2015年5月生效。

### 9.4.1 范围扩展

与之前的指令相比，第四反洗钱指令的个体范围没有明显扩大。第四反洗钱指令在一些情形中澄清并扩展了个体范围，例如以"赌博服务"取代"赌场"，消除了"赌场"一词狭义的定义可能留下的任何漏洞。[2]这样，网上赌博就归入了指令范围。

与此同时，税收犯罪行为被列入了洗钱的上游犯罪清单。如果成员国设立了最低金额门槛制度，那么个人从与直接税或间接税相关的税收犯罪行为中获得资金可处以至少6个月监禁。若反洗钱指令规定了最大刑期，则可处以1年以上监禁。将税收犯罪纳入指令消除了《2005/60/EC指令》留下的漏洞。为确保洗钱上游犯罪清单中只包括具有一定严重性的犯罪，相关罪行必须严重到"可剥夺自由或下达拘留令"的程度，并应严格遵守

---

[1]　FATF,The FATF Recommendations.

[2]　COM(2013) 45 final,9 f.; FATF,Guidance for a risk-based approach-Virtual Currencies, 12 ff.

这些犯罪的顺序，以防止轻微犯罪的出现淡化"严重犯罪"一词的含义。将轻微犯罪行为纳入指令范围不仅不合时宜地影响了通常意义的财务保密以及财产受让人的自由和隐私，还产生了"额外的管理负担"，增加了金融行业实施的成本高昂的监管措施。[①]

现金支付的阈值已从第三指令的 15 000 万欧元下降到 7 500 欧元。据报告，以前较高的现金阈值便利了通过奢侈品洗钱的行为。[②]这样，当自然人或法人接受商品的现金支付时，更易于归入指令的范围。

此外，为了减少将腐败所得进行洗白的风险，新指令对政界公众人士的处理更严格。以前的指令仅覆盖外国高级政府官员，而第四反洗钱指令将政界公众人士的定义延伸到国内政界人士以及国际组织高级官员，指引涵盖的名单还包括最高法院及其他不受上诉管辖的高级法院成员、中央银行董事会成员、大使、部队高官，以及公有企业的主要管理或监督人员（第3条）。所有符合政治公众人士定义的人的交易都要接受强化的客户尽职调查（第20条）。然而，政治公众人士数量庞大，且持续变化。尤其是小型金融机构不可能持续更新并拥有这些人员名录，它们被迫依赖于商业企业提供的名录，由此产生了相当大的财务负担。[③]此外，即便金融机构使用了政治公众人士商业名录，通常这些名录的准确性也无法保证，使金融机构面临风险。[④]还在旧的反洗钱框架下时已经有人呼吁在欧盟层面准备一个值得信赖的政治公众人士公开名录，但迄今为止这一目标仍未实现。

此外，反洗钱也需要提供公司和其他法人的受益人信息。受益人是任

---

① Eurofinas, Eurofinas Observations on the Commission's Proposal for a Directive on the prevention of the use of the financial system for the purpose of money laundering and terrorist financing (COM (2013) 45 final), (2013): 4, http://www. eurofinas. org / uploads / documents/positions/AML/Eurofinas observations final.pdf.

② COM(2013) 45 final, 9.

③ Eurofinas, Eurofinas Observations, 7.

④ 出处同上。

何最终控制或拥有该用户的自然人（第3条）。当法人以法律实体参与金融交易时，必须对行使所有权的自然人加以识别（陈述12），以免自然人利用法人结构隐藏其真实身份。这是一个值得关注的进步，也得到了广泛赞誉，但仍然不能确定金融机构如何断定公司的受益人。同时，涉及法人的结构可能相当复杂，通过在不同国家设立一连串法人机构，受益者可以和当前正在开展的交易完全隔离。这对金融机构的影响仍然不明。[1]

第四反洗钱指令的第42条、第43条和第45条增加了前文未提及的数据保护参考条款，但这个参考条款本质上是宣言性的。令人遗憾的是，如何采取有力措施确保客户尽职调查收集的数据得到保护，以及如何实现这些保护的法规仍未落实。总体而言，进一步加大对绝大多数未涉及洗钱或资助恐怖主义的金融消费者的数据保护力度是令人期待的，但目前这个文本在这方面仍有所欠缺。

遗憾的是，第四反洗钱指令既没有明确包含使用虚拟货币的网上赌博平台，也没有明确包含使用虚拟货币交易的网上货币兑换中心。该指令的文本已经更新，指令的解释备忘录特别提到了"滥用新技术来隐藏交易和身份的可能性"，[2]但它仍然没有特别提及虚拟货币。

### 9.4.2　新的基于风险的方法

除了范围略有扩大，新指令的主要创新之处在于强调基于风险的方法。风险敏感型客户的尽职调查并非全新概念。第三反洗钱指令允许在每个个案中根据对客户、业务关系、产品的评估，应用客户尽职调查的程度分级（第15条）。但第三反洗钱指令仍然设置了相当严格的类别，不允许各成员国和金融机构灵活处置。而在第四反洗钱指令中，这种基于风险的方法将会在三个层面上实施。

---

[1]　出处同上。

[2]　6 COM (2013) 45 final, 4.

首先，欧盟委员会将评估内部市场洗钱和资助恐怖主义的风险，并评估跨境活动产生的风险（第6条），基于其评估结果，委员会将发布已识别风险的报告，协助成员国和承担义务的实体机构应对洗钱风险（第6条）。

其次，欧盟成员国有义务开展国家风险评估（第7条），需要在国家基础上识别、理解和减轻它们所面对的风险，[①]如有必要，可获得超国家层面的支持。这样收集的信息可在欧盟成员国之间共享。欧盟委员会称之为"基于风险的方法起点"，它可能引发欧盟层面对个别成员国报告的风险作出反应。[②]

最后，除了成员国进行的国别风险评估以及欧盟委员会的评估，所有属于本指令范围内的法人和自然人都需要评估与他们开展活动相关的洗钱风险（第8条）。[③]评估结果必须形成文本，并与主管监管机构共享以供审查，但承担反洗钱义务的机构对基于风险评估的决定承担全部责任。[④]

欧盟委员会强调基于风险的方法会提升效率，因为一些资源可用于特别脆弱的领域的不同轮次的风险评估。[⑤]到目前为止这些报告尚未出台。

对于虚拟货币服务和移动支付服务的提供商和用户而言，现在还无法预测采用基于风险的反洗钱方法意味着什么。初步分析在下文中进行。


## 9.5　进一步将新支付方式整合纳入法律框架的必要性

对于虚拟货币和移动支付的用户而言，无论新的反洗钱指令通过以后是否有任何变化，问题仍然存在。

---

① 出处同上，第10页。
② 出处同上。也可参见：FATF, Guidance for a risk-based approach, 8 ff 。
③ COM(2013) 45 final, 10. See also FATF, Guidance for a risk-based approach, 12ff.
④ 出处同上。
⑤ 出处同上。

### 9.5.1 虚拟货币

第四反洗钱指令同之前的第三反洗钱指令一样，在文本中从未明确提及虚拟货币，即便在陈述中也未提及。因此，以虚拟货币交易的企业及其用户的地位也不确定。欧盟委员会在首次介绍拟议的文本时，确实提及"滥用新技术达到隐藏交易和掩盖身份的可能性"，[①]但并未详细说明所指的是哪种新技术，也未说明如何将这些新技术置于拟议的文本中以减轻风险。

如上所述，第三反洗钱指令采用于第一种虚拟货币成功推出的四年前。因此，对于当时的监管机构而言，无法预见新出现的支付体系。该指令反映了一个事实，那就是金融交易市场由少数几家大公司占主导地位。它将重点放在了大型银行、信用卡公司和其他交易服务机构上，[②]以清算交易并对客户展开尽职检查。

可是，当第四反洗钱指令通过时，各种虚拟货币已经受到高度关注，价值快速增长，且用户基数迅速扩大，原因之一就是它们可广泛应用于洗钱。[③]通过一个甚至在参考文献中都没有提及虚拟货币的新的指令，似乎是罕见的疏忽，也就此丧失了一个创造法律确定性的机会。

可是，虚拟货币很可能才开始在网上支付领域占领市场，并且将在未来几年内继续大幅度增长。小额支付、流动性的低交易成本和基于互联网提供服务，使其成为大众市场电子商务交易的理想工具。[④]虚拟货币成本低廉，使用方便，有可能会从底部动摇少数大玩家主导的既定市场秩序。许多企业已经洞察了虚拟货币的这种潜能，并开始采取相应措施。与虚拟货币相关的初创公司快速成立，与此同时，围绕虚拟货币的法律环境非常

---

① 出处同上，第4页。
② 如 PayPal 和 Western Union。
③ EBA, EBA Opinion, 38 f.
④ Grinberg, Bitcoin: An Innovative Alternative, 160 f.

模糊，有关反洗钱、税收以及企业因特定行业面临的其他各项规则都需要及时更新，并根据新形势予以修订。[①]虽然这些规则确实适用于以虚拟货币经营的企业，而且目前现有企业已经学会妥善安排它们承担的义务，若欧洲立法机构能主动阐明这些以虚拟货币交易的企业的义务，并承认这些虚拟货币系统的存在，那仍将是一个巨大进步。[②]通过建立法律确定性，并对在虚拟货币环境中承担反洗钱义务的服务机构实施简单的规则，欧盟就能将自己定位为虚拟货币中心及其他网上支付系统的开创者。

因此，第四反洗钱指令文本中未提及虚拟货币令人感到遗憾，因为清晰的阐述能为消费者和有志于参与虚拟货币网络和社区的企业创造法律确定性。但与此同时，这种缺少明确监管的做法仍可能好过监管过度。

对国家层面以及承担反洗钱义务的实体进行风险评估有可能会使数字货币面临复杂的局面。其中许多成员国对虚拟货币认识肤浅甚至感到陌生，加上少数声名狼藉的洗钱案件中采用了虚拟货币，可能会扭曲一些成员国对虚拟货币的看法，使其将虚拟货币总体上列入高风险工具。[③]此外，第四反洗钱指令中提出的基于风险的方法将导致每个成员国都有不同的法律情形，从而使欧盟法律碎片化。

总之，世界各国监管者似乎对关于虚拟货币的知识教育都存在不足，并且在很多情况下对虚拟货币怀有强烈偏见。Luther引用了几位美国政府官员的表述，表明他们对比特币极度不信任。[④]在这方面，欧洲的情况也

---

① Cf. FATF, Guidance for a risk-based approach, 8 ff. 主要问题是各国对虚拟货币的分类不同，如德国将其看作外汇记账单位或与黄金或其他投资品相当的资产。参见：FATF, Guidance for a risk-based approach, 15 for an outline of the approach of several different countries, and Gup, Benton E. (2014) 'What is money? From commodities to virtual currencies/Bitcoin' Available at SSRN: http://ssrn.com/abstract=2409172, 以美国法律为基础的解释。
② 出处同上，第4页。虚拟货币快速发展、功能性不断增强、受众越来越多以及其全球属性，使各国优先采取行动以识别和减少洗钱和恐怖融资。注意FATF和本文从不同原因得出了相同结论。
③ 出处同上，第6页，第8页以后。
④ Luther, Regulating Bitcoin, 19. See also EBA, EBA Opinion, 43 ff.

颇为相似，有许多高级官员对其发表了警告和负面建议。①各成员国可能
按照《2015/849号条例》的以风险为基础的方法，简单地将所有与虚拟货
币相关的经营活动进行分类的危险也在不断逼近。②

许多有关虚拟货币的负面形象可以追溯到媒体对"丝绸之路网上市
场"的高度关注，在"丝绸之路网上市场"中，用户可以买卖非法物品，
如毒品、伪造文件等。因为现金交易（而非在线交易）对匿名交易来说无
疑是更好的选择，该网站是比特币的早期使用者，比特币比信用卡或常规
银行卡交易更难被发现。尽管事实证明，比特币系统中只有小部分交易是
非法交易，③但如今各种虚拟货币均已背上"黑锅"。

### 9.5.2　移动支付

移动支付和移动钱包服务在欧盟的形势稍显明朗。由于没有去中心
化的虚拟货币的创新架构，它们多少更能适应现存的框架。根据第四反
洗钱指令修订后的现有框架，移动支付服务供应商属于该指令第3条第
（2）款中定义的金融服务商。因此，该指令中规定的义务，特别是客户尽
职调查和报告义务，如同该指令下所有其他义务一样，也适用于移动支付
或移动钱包服务提供商。除了反洗钱指令中规定的义务，移动支付服务提
供商还需要遵守支付服务指令中规定的条款和义务。

由于欧盟立法机构正在逐一修订适用的指令，正如《2015/847号条
例》一样，未来在新的指令中移动支付很可能被明确处理。这对于移动支
付服务商来说是一个巨大优势，因为它们可以受益于欧盟统一的法律框架

---

① 欧洲中央银行关于虚拟货币的报告可视为一个例子，它强烈倾向于描绘虚拟货币的黑暗画面，
参见：European Central Bank（2015），'Virtual currency schemes-a further analysis'，https://
www.ecb.europa.eu/pub/pdf/other/ virtualcurrencyschemesen.pdf；FATF同样关注于虚拟货币
的风险，参见：FATF，Guidance for a risk-based approach。
② FATF，Guidance for a risk-based approach，31 f.
③ Luther，Regulating Bitcoin，20. Luther goes on to stress that the United States dollar is
still by far the favoured currency for illegal transactions.

所带来的法律确定性。

然而，和任何其他新技术一样，移动支付服务商在适用当前法律框架时也面临挑战。移动支付服务商面临的挑战很大程度上在于保证系统安全，以及保护用户的财务数据。当用户在移动设备上使用移动支付或移动钱包服务的应用程序时，潜在可访问和共享的数据量①是消费者和监管者非常关心的数据保护问题。一些潜在的数据保护和消费者保护风险已经被确认，从中可以发现当前一些应用程序开发者仍然不具备保护消费者的能力。②这些问题不仅包括由营运商安全漏洞造成的数据泄露，也包括人为攻击和网络"钓鱼"。③另一个可能阻碍移动支付应用发展的问题是现有服务提供商和平台之间缺乏操作兼容性。④

新的基于风险的方法也很可能对移动支付造成影响。虚拟货币已卷入了一些备受瞩目的刑事交易案件，而且外行人通常将其与违法交易相关联。服务商基于收集的信息、达成的业务关系，以及其他因素如收款人所在国家等，对消费者进行评估，风险评估将集中于消费者个人。由于移动支付行业在欧洲才开始成长，风险评估在很大程度上取决于客户、服务商、执法机构以及监管部门在未来数年内使用这项新技术的经验。

总结来说，监管机构、开发人员和用户在当前面临的挑战与其说是发展滞后，不如说是监管上的挑战。尽管移动支付的用户接受度正在快速提升，且越来越受公众欢迎，但其底层技术仍处于初期阶段。由于适用于移动支付和移动钱包服务提供商的法律框架相对清晰且易于应用，在移动支付和移动钱包应用发展方面，技术挑战很可能会更加突出。

---

① Valant,Consumer Protection Aspects,5.
② Valant,出处同上,第4页以后。
③ Valant,出处同上,第5页
④ Valant,出处同上,第6页。

## 9.6 结论

综上所述，虚拟货币在欧盟层面的法律框架仍不确定，移动支付在法律上是确定的，但今后开发人员、用户和监管者将面临技术困难。

令人遗憾的是，欧洲立法机构已经错失很多机会，以创造更多有关虚拟货币的法律确定性，至少在反洗钱立法领域是这样的。虽然第四反洗钱指令只是顺带地再次提及虚拟货币，但它给欧盟成员国执行风险评估和衡量虚拟货币产生的风险留下了很大空间。有关"虚拟货币是一种高风险工具"的观点很可能再次盛行，[1]一些成员国，特别是其领土范围内有大量网上服务企业以及与虚拟货币相关的初创企业的成员国，可能更看好虚拟货币。

移动支付服务商面临的最大、最紧迫的挑战并非监管方面的，而是如何消除其用户账户信息的安全风险。与虚拟货币服务商相比，移动支付服务商似乎更能满足监管部门设定的要求，因为这些要求已经阐述清楚，并以明确适用于移动支付和非移动支付的解决方案的方式起草出来。

虚拟货币就不存在这种法律确定性，使用虚拟货币特别是比特币的企业，已经学会了谨慎，并沿着第三反洗钱指令设置的框架边缘行事。尽管过去人们曾期待和欢迎出现一个更清晰的框架，目前的情况仍然比一些政党所支持的严厉监管要好，过于严格的监管可能会扼杀虚拟货币业务创新，并严重影响那些愿意遵守规则的企业，而对已经在网上运营的非法服务和市场影响甚微。

最后，值得肯定的是，虽然欧盟立法机构并没有针对虚拟货币采取任

---

[1]  FATF, Guidance for a risk-based approach, 31 f.

何特定措施，但所有成员国都被要求评估其反洗钱立法。我们期待各国在修改本国法律以执行该指令的同时，能把握机会在国家层面创造经常提及的法律确定性，并为虚拟货币开展反洗钱工作创造一个清晰的法律框架，以鼓励欧盟在这个领域的创新。[①]

## 参考文献

Cuéllar，M.-F.（2003）. The tenuous relationship between the fight against money laundering and the disruption of criminal finance. Journal of Criminal Law and Criminology，93，311-465，2003；Available at SSRN：http：//ssrn.com/ abstract=354740. Accessed 15 Aug. 2015.

European Banking Authority（EBA）.（2015）. EBA opinion on virtual currencies. https：//www.eba. europa.eu/documents/10180/657547/EBA-Op-2014-08+Opinion+on+Virtual+Currencies.pdf. Accessed 13 Oct. 2015.

European Central Bank.（2015）. Virtual currency schemes-A further analysis. https：//www.ecb. europa.eu/pub/pdf/other/virtualcurrencyschemesen. pdf. Accessed 20 Aug. 2015.

European Commission.（2013）. Proposal for a Directive of the European Parliament and of the Council on the prevention of the use of the financial system for the purpose of money laundering and terrorist financing. COM（2013）45 final.

Eurofinas.（2015）. Eurofinas Observations on the Commission's Proposal for a Directive on the prevention of the use of the financial system for the purpose of money laundering and terrorist financing. COM （2013） 45 final

---

[①] The individual regulatory approaches of several countries within and outside of Europe are summarized in FATF(2015),p. 15 ff.

http：//www. eurofinas. org / uploads / documents / positions / AML/ Eurofinas observationsfinal.pdf. Accessed 15 Oct. 2015.

European Payments Council（EPC）. Overview mobile payments initiatives. EPC091-14，Version 2.0. Europol.（2015）. The Internet Organized Crime Threat Assessment（IOCTA）. Financial Action Task Force（FATF）.（2015）. Money laundering using new payment methods. http：//www.fatf-gafi. org/media/ fatf/ documents / reports / ML% 20using% 20New% 20Payment% 20Methods. pdf. Accessed 13 Oct.2015.

Financial Action Task Force（FATF）.（2015）. International standards on combating money laundering and the financing of terrorism & proliferation （"The FATF Recommendations"）. http：//www. fatf-gafiorg / media / fatf / documents / recommendations / pdfs / FATF_Recommendations. pdf. Accessed 15 Aug. 2015.

Financial Action Task Force（FATF）.（2015）. Guidance for a risk-based approach - Virtual currencies. http：//www. fatf - gafi. org / media / fatf / documents / reports / Guidance - RBA - Virtual - Currencies. pdf. Accessed 15 Aug. 2015.

Grinberg，R.（2011）. Bitcoin：An innovative alternative digital currency. Hastings Science & Technology Law Journal，4，159-208. Gup, B. E.（2014）. What is money? From commodities to virtual currencies / Bitcoin.http：//ssrn.com/abstract=2409172. Accessed 15 Aug. 2015.

Luther，W. J.（2015）. Regulating Bitcoin：On what grounds? Available at SSRN：http：//ssrn. com / abstract=2631307. Accessed 20 Aug. 2015. Mitsilegas，V.，& Gilmore，B.（2007）. The EU legislative framework against money laundering and terrorist finance：A critical analysis in the light of evolving global standards. International & Comparative Law Quarterly，56 （1），119-140.

Nakamoto, S. (2008). Bitcoin: A peer-to-peer electronic cash system. https: //bitcoin.org/bitcoin.pdf. Accessed 20 Aug. 2015. Valant, J. & European Parliamentary Research Service. (2015, June) Consumer protection aspects of mobile payments. European Parliament Briefing. http: //www. europarl. europa. eu / RegData / etudes / BRIE / 2015 / 564354 / EPRS_BRI% 282015%29564354_EN.pdf. Accessed 12 Oct. 2015.

Valcke, P., Vandezande, N., & Van de Velde, N. (2015). The evolution of third party payment providers and cryptocurrencies under the EU's upcoming PSD2 and AMLD4. Swift Institute Working Paper No. 2015-001. http: //www.swiftinstitute.org/wp-content/uploads/2015/09/SIWP-No-2015-001-AML-Risks-of-the-Third-Party-Payment-Providers_FINAL.pdf. Accessed 13 Oct. 2015.

# 第10章 虚拟货币、移动支付和增值税：准备好迎接未来了吗？

Redmar A. Wolf[1]

阿姆斯特丹自由大学

**摘要：** 增值税是比特币和其他虚拟货币成功的关键因素。欧盟法院近期决定，至少从增值税角度，应像对待其他常规货币一样对待比特币。作者阐述了这一决定的含义，并讨论了与比特币增值税相关的一些仍然悬而未决的问题。作者还对移动支付增值税方面进行了总结。

法律的发展往往跟不上技术进步的脚步。近来，虚拟货币的出现和移动支付的应用就是监管滞后于技术发展的一个例子，其中，比特币是虚拟货币的著名代表。从增值税角度来看，这些工具的应用意味着其进入了不受管制的领域。然而，增值税是比特币和其他虚拟货币成功的关键因素，常规货币工具的支付不属于增值税范围，其他任何形式的实物付款都要缴纳增值税。关于比特币付款是否有资格成为增值税主体，各方观点不同。但是欧洲法院最近在裁决 David Hedqvist[2] 一案时对这一问题进行了解释，并在一定程度上协调了欧盟增值税的处理方式。本章作者将首先介绍比特

---

[1]　R. A. Wolf (✉)
Senior Counsel, Baker & McKenzie Amsterdam, Professor of indirect taxes, Faculty of Law, VU University of Amsterdam, Netherlands
© The Editor(s) (if applicable) and The Author(s) 2016
G. Gimigliano (ed.), Bitcoin and Mobile Payments,
DOI 10.1057/978-1-137-57512-8_10
[2]　ECJ 22 October 2015, Case C-264/14, Skatteverket v David Hedqvist, ECLI: EU: C: 2015: 718.

币，然后概述其增值税含义，最后对移动支付的增值税问题进行总结。[①]

## 10.1 比特币简介

比特币是一种开放的点对点数字货币。它基于密码学原理（从第三方角度看通信是安全的）以保证交易有效性，并管理系统的货币产生。[②]比特币由某个匿名为中本聪的程序员（也可能是一群程序员）提出，其真实身份仍然未知。该网络的单位是比特币或BTC（或XBT），许多人将其视为货币或网络现金。[③]这种数字货币并没有实物形式，仅存在于比特币账户（或"钱包"）中。

比特币并非由某个国家、银行或其他金融机构发行，而是由比特币软件本身生产，且只能存在于该软件中。比特币也未与现实世界中任何货币挂钩。它的汇率由市场供求关系决定，已有多个实时交易平台买卖比特币。[④]

如今，比特币被越来越多的人所接受。[⑤]它为用户提供了更低的交易成本和更好的隐私性。但比特币也有若干缺点阻碍了其广泛应用，包括比特币价格的剧烈波动以及盗窃和欺诈活动带来的较差的安全性。

人们普遍认为，比特币是革命性技术，并对比特币各种替代用途抱有希望。但在本章，我只讨论比特币的支付功能。更具体地说，我将仅讨论这种功能的增值税效应。

---

① 本文所涉 Bitcoin 一词，广义指比特币系统（包括软件和系统运行的网络），狭义指比特币货币。
② Craig Kent Elwell, Maureen Murphy, Michael V Seitzinger, Bitcoin: Questions, Answers and Analysis of Legal Issues, Washington, Congressional Research Service, 20 December 2010, p. 1.
③ Goldman Sachs, Global Market Research, Top of Mind, 11 March 2014, All about Bitcoin.
④ 此类交易所概览可查询:http://bitcoincharts.com/markets/currency/EUR.html。
⑤ European Central Bank (October 2012), Virtual Currency Schemes, October 2012.

## 10.2 货币、现金和比特币

纵观历史，人类曾使用很多种货币作为支付手段。在这方面，货币是一种流通物品，用于交换商品或服务，人们接受货币不是因为其本身，而是为了之后交换其他的商品或服务。货币是现金的量化单位，按照其内在属性，货币在本质上是抽象的购买力。[①]

最早出现的货币是具有内在价值的商品，如牲畜、种子、金或银。还有一些价值较低的商品如贝壳或珍珠也被当作货币。这些货币最终逐渐被硬币和纸币替代。历史上也曾出现商品支持货币，它们包括一些基础商品（如黄金凭证）。[②]

货币在很长一段时间内都是私人发行的，各国政府并未正式在其领土范围内垄断货币发行和使用。[③]到19世纪以后，货币工具标准化，国家货币占有法定货币地位。另一个进步是商品支持货币被信用货币取代，货币由中央政府发行。这种法定货币不再被商品偿还，人们愿意接受现金是为了交换商品和服务，因为他们信任中央政府。[④]信任对这类货币至关重要，如果中央政府失去了公众的信任，现金就失去了价值。

随着万维网的建立和互联网持续普及，一些虚拟社区内出现了自行发行的虚拟货币。在这方面数字货币是不受监管、数字化的货币，它由其开发者发行和控制，并被特定虚拟社区内的成员接受和使用。[⑤]比特币也属

---

① Francis Mann, The Legal Aspect of Money, Oxford: At the Clarendon Press (1971), p. 29.

② European Central Bank (October 2012), Virtual Currency Schemes, p. 9.

③ Aleksandra Bal, Stateless Virtual Money in the Tax System, European Taxation, July 2013.

④ European Central Bank (October 2012), Virtual Currency Schemes, p. 10.

⑤ European Central Bank (October 2012), Virtual Currency Schemes, p. 13.

于这一类数字货币。

## 10.3 欧盟增值税

VAT是增值税的缩写，它是许多国家收入的主要来源，尤其是对于欧盟国家而言，因为它们按照增值税指令设定的框架征收增值税。[1]通常，增值税适用于与货物或服务相关的交易，并与纳税人在提供商品或服务过程中获取的货币收入成正比。无论以前发生过多少次交易，商品和服务的生产和流通（含零售在内）的每一个环节，都会缴纳税款。增值税只对指定环节中增加的价值征收税款，前期环节中支付的金额从纳税人应纳税额中扣除，其结果是在任何给定的阶段，消费者承担最终税负。

欧盟统一增值税有两个原因。一是协调增值税为欧洲单一市场铺平道路。早在1967年，欧洲经济共同体成员国[2]征收了多种流转税。这些税收差异阻碍了共同体内部贸易。为解决这一问题，1967年欧盟实施了第一[3]和第二[4]指令，要求欧洲经济共同体成员国用增值税取代各国现存的流转税。这两个指令仅为欧盟各国在其国内引入增值税提供了一般框架。在增值税税制下，一国对进口商品征收增值税，而出口商品时退还增值税。这意味着国内外商品的税负相等，为共同体内贸易创造了一个公平的竞争环境。

---

[1]  Council Directive 2006/112/EC of 28 November 2006 on the common system of value added tax. O.J. 2006, L 347.

[2]  欧洲经济共同体是欧盟的前身。当欧盟1993年创立时，欧洲经济共同体（EEC）转变为欧洲共同体（EC），后者是欧盟的三大支柱之一。2009年12月1日，《里斯本条约》终止了欧盟支柱体系，将欧洲共同体和其他两大支柱共同合并为欧盟名义下的超国家体系。

[3]  1967年4月11日的《67/227指令》被《2006/112/EC指令》取代。

[4]  Directive 67/228 of 11 April 1967, O.J. No. 71.

欧盟协调增值税的第二个原因在于欧洲融资。1970年，①欧洲理事会同意欧洲共同体应拥有"自有资源"。这些自有资源之一就曾经并依然是增值税源，占每个国家必须支付给布鲁塞尔的国家增值税总基数的一定比例。1977年，第六指令②获得通过，以确保所有成员国采用同一套规则计算其增值税税基。③该指令已被现行的增值税指令所取代。④

纳税人在开展增值税应税活动时，应按照其产出缴纳增值税，同时对其成本部分返还增值税。作为这种"产出纳税/投入扣除"的结果，纳税人对价值增加的部分上缴增值税。这样，增值税由从生产者到消费者的整个链条中的各方分摊。一般认为，与其他形式的间接税相比，这种分段支付体系使增值税缴纳不那么容易出现欺诈。

## 10.4 现金、支付工具和增值税

欧盟增值税体系的一个固有特征是，支付款项本身并不构成增值税应税事项。虽然大家公认这一特征，但它并未在法典中具体化，它似乎遵循了增值税指令制定的增值税结构。根据该指令第2条第（2）款，增值税是按照消费的商品和服务价格的一定比例征收的普通税。人们可以想象消费的情形，如进行艺术创作或添加昂贵的燃油。但一般来说，货币作为支付手段是不能被消费的，⑤只能花掉，没有消费就没有税收。

---

① Decision of 21 April 1970 on the replacement of financial contributions from Member States by the Communities' own resources, O.J. No. L 94, 28.4.1970, p. 19.
② 1977年5月17日的理事会第六指令被1977年6月13日的《2006/112/EC指令》取代（增值税指令）。
③ 这一点反映在该指令的全名："1977年5月17日关于协调成员国有关流转税——共同增值税制度：统一的评估标准"的理事会第六指令。
④ Council Directive 2006/112/EC of 28 November 2006 on the common system of value added tax.
⑤ 可将消费描述为商品或服务的接受者将这些商品或服务转换成其他商品或服务的过程。

欧洲法院在 "镜报集团"（Mirror Group）一案的判决中认识到了这个原则，在该判决中，欧洲法院指出："关于是否曾提供服务，必须指出的是，仅以现金对提供的服务支付报酬的应纳税人，或承诺这样做的人，自身并未因第六指令中第2条第（1）款所指的原因提供服务。"[1]

同一天，欧洲法院也公布了 Fitzgerald 一案的判决。欧洲法院认为，增值税影响的是商品或服务的供给，而不是报酬的支付方式。[2]

在 BUPA 一案中，欧洲法院再次重申了这个观点："关于这一点，必须牢记增值税影响的是商品或服务的供给，而非报酬的支付方式。"[3]

欧洲法院并未暗示上述推理仅限于特定形式的"支付"，如以被公认为法币的货币支付。综上可知，单纯的支付手段的兑换（一种货币由对应的其他货币支付）不属于欧盟增值税的范畴。互换支付，即一种形式（或面额）的货币以另一种不同形式的货币交易，也不属于增值税的范畴。即兑换出的货币的价值等于所收货币的价值，就不属于增值税范畴。价差意味着交易的一方不仅收取等值货币，而且获得了额外的支付，这种额外的支付可视为交换所获的报酬。

欧洲法院在芝加哥第一国民银行案件的判决中清楚地表明了这一推理。[4]这个案例涉及银行货币交易中的增值税问题。本国货币兑换成外币或外币兑换成本币采用不同的汇率，即卖出价和买入价。当卖出外币时采用卖出价，而买入价则是买入外币的比价。卖出价和买入价之间的价差被称为"基差"。在判决中，欧洲法院认为，事实上这个"基差"就是银行在提供货币兑换时获得的报酬。货币本身的兑换被忽略了。

---

[1] ECJ 9 October 2001, Case C-409/98, Mirror Group, ECLI: EU: C: 2001: 524, paragraph 26.

[2] ECJ 9 October 2001, Case C-108 / 99, Cantor Fitzgerald, ECLI: EU: C: 2001: 526, paragraph 17.

[3] ECJ 21 February 2006, Case C-419 / 02, BUPA Hospitals and Goldsborough Developments, ECLI: EU: C: 2006: 122.

[4] ECJ 14 July 1998, Case C-172/96, First National Bank of Chicago, ECLI: EU: C: 1998: 354.

在本案的书面观察中，英国政府认为，在没有报酬的情况下，不收取佣金或手续费的外汇交易不构成商品或服务的供应，而仅仅是不同支付方式之间的兑换。关于不同支付方式之间纯粹的兑换，欧洲法院含蓄地遵循了英国的观察，即这种兑换自身并不构成增值税有关事项。然而，欧洲法院发现，卖出价和买入价的使用以及随后产生的"基差"实际上构成了兑换交易的报酬。

最近，总检察官 Kokott 在给格兰顿广告案件做结论时解决了这个问题。[①]她陈述如下：

41.这种方法也符合我所提到的关于票据交易豁免的目标。我认为，这些票据在贸易过程中被视为类似于货币的权利，且在增值税方面与货币支付处理一样。诚然，货币支付本身是不纳税的，而只是对纳税供应的考虑，因为它们既不是第六指令的第2条第（1）款所指的商品供给，也不是该项下的服务供给，或者根据第六指令第13条第（B）（d）（4）款的规定，它们属于非应税范畴。

Kokott 认为，与货币用途相同的"权利"在增值税方面也应视为货币。这种权利的转移，应该被视为单纯的货币转移，属于支付款项，因此不属于增值税应税事项。在这个案件判决中，欧洲法院并未明确解决这个问题，因为在"初步评议"中可清楚发现，与法院的意见相反，[②]根据第六指令，使用格兰顿卡不能被视为是支付行为。基于这一发现，欧洲法院得出结论，格兰顿卡发行时已经被征税。[③]显然，如果格兰顿卡有资格作为支付手段，其纳税结果将是不同的。

---

① Conclusion of Advocate General J. Kokott of 24 October 2013, Case C-461/12, Granton Advertising BV, ECLI：EU：C：2013：700.

② The Dutch District Court (Gerechtshof) of Den Bosch.

③ ECJ 12 June 2014, Case C-461/12, Granton Advertising BV, ECLI：EU：C：2014：1745.

## 10.5　比特币支付

当我们审视比特币的增值税问题时，首先要考虑的是比特币是否应该被视为与其他货币相似的支付手段。如果用比特币支付，这种供应会被视同其他常规货币的供应，从而超出增值税应税范畴吗？或者说这种支付是一种实物形式的支付吗？在后面的情形下，用户在花费比特币时可能需要交纳增值税。

在涉及比特币的第一个标志性的案件（2013）中，美国地方法官Amos Mazzant声称，比特币是一种货币：

> 显然，比特币能作为货币使用。它可用于购买商品或服务，以及（……）用于支付个人生活费用。比特币唯一的局限性在于，它的使用范围仅限于那些接受其作为货币的地方。不过，它也可以兑换成传统货币，如美元、欧元、日元和人民币。因此，比特币是一种货币（……）。[①]

美国其他政党并不同意将比特币作为货币。2014年，美国国税局发布了针对虚拟货币税务处理的指南。根据这个"2014-21号通知"，包括比特币在内的虚拟货币有资格成为个人的有形资产。因此，比特币是为获取资本收益的投资品。如果将比特币用于购买商品或服务，也需要征收所得税。[②]2015年，另一个美国机构，美国商品期货交易委员会认为比特币

---

① Memorandum opinion regarding the Courts subject matter jurisdiction (6 August 2013, Judge Amos Mazzant), US Securities and Exchange Commission v. Trendon T. Shavers et al. , case number 4：13-cv-00, 416, in the US District Court for the Eastern District of Texas.

② IRS Virtual Currency Guidance：Virtual Currency Is Treated as Property for US Federal Tax Purposes；General Rules for Property Transactions Apply, https：//www. irs. gov / uac / Newsroom/IRS-Virtual-Currency-Guidance (accessed 18 November 2015).

和其他虚拟货币一样都是《商品交易法案》所涵盖的商品。[1]

在大洋彼岸的欧盟，像比特币这样的虚拟货币也受到了不同的法律对待，特别是当涉及增值税问题时。在英国，税务机关[2]主张比特币在增值税方面是货币的观点。这意味着以比特币支付不是实物支付，因而不属于增值税应税范畴。另外，德国财政部[3]和奥地利财政部[4]主张比特币不具备货币资格。它们认为，用比特币支付在增值税方面形成了实物支付，比特币在一个相对隔离的网络里将享有权利转移，这样使用比特币不属于增值税指令任何现行豁免项，因此纳税者在使用时将受到增值税影响。在这种情形下，任何人定期支付比特币、定期提供服务，都会成为增值税应纳税人。此时，单纯的比特币花费会产生增值税缴纳义务。交易商接受比特币付款后再将比特币兑换成其他货币时，将面对额外的增值税。此外，如果以比特币开展交易被征收增值税，就可能为移转逃税提供土壤。[5]

欧洲法院在最近的 David Hedqvist 一案中的判决，为上述涉及比特币增值税处理的分歧画上了句号。

---

[1]　CFTC Orders Bitcoin Options Trading Platform Operator and its CEO to Cease Illegally Offering Bitcoin Options and to Cease Operating a Facility for Trading or Processing of Swaps without Registering，http://www.cftc.gov/ PressRoom/PressReleases/pr7231-15（accessed 18 November 2015）.

[2]　这一方法的提出参见：Revenue & Customs Brief 09/14，Tax treatment of activities involving Bitcoin and other similar crypto currencies，issued 3 March 2014，http://www.hmrc.gov.uk/briefs/vat/brief0914.htm（accessed on 18 November 2015）。

[3]　Dr. Michael Meister（Parlamentarischer Staatssekretär beim Bundesminister der Finanzen）on: Umsatzsteuerliche Behandlung von Bitcoins，see also：http://www.bundesverband-bitcoin.de/wp-content/uploads/2014/05/140512- Antwort-PStS-Meister.pdf（accessed on 18 November 2015）.

[4]　德国联邦议院部长 Dr. Michael Spindelegger 2014 年 7 月 22 日致奥地利议会的信。GZ. BMF-310,205/0115-I/4/2014.

[5]　通过使用以前在碳排放权交易中使用的相同机制，参见：Redmar Wolf，The Sad History of Carbon Carousels. VAT Monitor 2010，no.6。

## 10.6  David Hedqvist案

David Hedqvist是一位瑞典人，他计划提供比特币兑换服务。David Hedqvist曾经收到瑞典税务法律委员会的裁决，表明这些活动都将被免除增值税。瑞典税务法律委员会在增值税问题上认为比特币应该被视为"货币"，并参考了欧洲法院关于芝加哥第一国民银行的判决。[①]但瑞典税务局对瑞典税务法律委员会的决定提出了上诉。在随后的法定程序中，瑞典最高法院发现，欧洲法院在芝加哥第一国民银行案件中的裁决不一定与比特币之类的虚拟货币有关。瑞典最高法院决定保留诉讼程序，并将下列问题提交欧洲法院：

增值税指令的第2条第（1）款是否解释为以虚拟货币兑换传统货币？或者说当确定汇率时，服务商增加报酬以后对哪一方有影响？服务供应是否受报酬影响？如果第一个问题的答案是肯定的，那么第135条第（1）款是否可解释为上述兑换交易免税？[②]

在回答这些问题时，总检察官Kokott和欧洲法院解决了比特币有关增值税的一些基本问题。

首先来看用比特币支付是否构成了增值税应税问题。总检察官Kokott引用了芝加哥第一国民银行一案——欧洲法院认为，银行在提供货币兑换时，为获取报酬对卖出和买入货币设定了不同的比价，构成了服务报酬。有关这方面，Kokott指出：

13.（……）但是银行的应税服务只包括汇兑活动，而非货币转移行

①  ECJ 22 October 2015, Case C-264/14, Skatteverket v David Hedqvist, ECLI：EU：C：2015：718.

②  ECJ 14 July 1998, Case C-172/96, First National Bank of Chicago , ECLI：EU：C：1998：354.

为。法院认为，货币转移既不构成商品供应，也不构成服务供应，因为货币是法币。法院认为，原则上，应税汇兑服务的报酬来源于货币买入价和卖出价的价差。

14.该判决基于以下事实：法定货币的转移不构成增值税意义上的应税事项，这一点已是公认的。（……）更确切地说，原则上这种转移（……），只构成已纳税服务的报酬，因为增值税是对商品最终消费征税的税种。（……）黄金或香烟也曾经直接或间接地作为支付手段，但法定货币除了作为支付手段外别无他用。货币在交易中的作用在于能便利商品贸易，但是人们不能像商品一样消费或使用它们。

适用于法定货币的准则也应适用于其他支付方式，这些支付方式除此之外没有其他功能。尽管这些纯粹的支付手段不受法律担保或监督，但从增值税事项来看，它们履行与法定货币相同的职能，因此必须按照平等待遇原则中的财政中性立场，（……）以同样的方式处理。

16.这符合判例法。判例法以同样方式对待法定货币和其他纯粹的支付手段——比如具有面值的凭证（……）或为日后在住宿时使用而购买的"积分权"（……），后者的支付手段的转移不构成应税交易。

17.根据法院的调查结果，比特币也是纯粹的支付手段。人们持有比特币类资产的唯一目的是在某个时候能将其作为支付手段再使用。因此，就增值税应税事项来说，必须以同样方式对待比特币类资产和法定货币。[①]

Kokott认为，芝加哥第一国民银行一案的判决方法应该适用于比特币类资产，它们的转移不构成应税事项。然而，由于David Hedqvist计划在一个特定的交易站点上，通过汇率加价方式以比特币买卖瑞典克朗，他的行为属于增值税应税服务中的外汇兑换。

---

① 总检察官Kokott的意见，参见：16 July 2015, Case C-264/14, Skatteverket v David Hedqvist, ECLI:EU:C:2015:498。

欧洲法院在其判决中将比特币类资产描述为双向流动的虚拟货币。这种虚拟货币除了作为支付手段，没有其他用途。同被官方认定为"法定货币"（欧洲法院称其为"传统货币"）的支付手段一样，比特币也不应被视为有形财产。欧洲法院认为，不同支付方式之间的兑换不属于增值税事项中的"商品供应"。但是，现有交易构成了增值税应税服务，其服务的报酬源于 David Hedqvist 愿意出售和购买有关货币时包含的价差。

因此，欧洲法院在 David Hedqvist 案中遵循了芝加哥第一国民银行案的推理：在征收增值税时，支付方式（无论是否具有法定货币资格）不予考虑，相关的只是不同支付手段的兑换过程中是否实现了价差。显然，比特币支付与法定货币支付具有相同的基础，这种"供给"不属于增值税应税范畴。


## 10.7　兑换服务：能免税吗？

一旦确立了比特币兑换常规货币是与增值税有关的服务，那么问题就来了，这种服务是应纳税的还是免税的？在这个问题上，欧盟成员国之间也存在不同意见。英国税务局建议免税："在比特币交易过程中，以超过其价值执行比特币交易的费用（无论以何种形式），将根据增值税指令项下第 135 条第（1）d 款中规定免除增值税。"[①]

其他欧盟国家主张采取不同的方法。例如，奥地利税务局认为："虚拟货币和法定货币的兑换可以构成应税营业额，因为销售企业在这方面的政策是这么要求的。"[②]

---

① 　Revenue & Customs Brief 09/14,paragraph 4.
② 　德国联邦议院部长 Micheal Spindelegger 2014 年 7 月 22 日致奥地利议会的信。GZ. BMF-310,205/0115-I/4/2014.

在 David Hedqvist 一案中，欧洲法院对这个问题裁决如下：给予兑换服务增值税豁免，尽管这个豁免不是根据英国税务部门建议的增值税指令第135条第（1）（d）款判定的，后者指的是与"存款和活期账户、支付、转账、债务、支票以及其他可转让票据"有关的交易。根据欧洲法院的规定，这意味着服务或金融工具必须作为资金转移的一种方式。因此，这一豁免只涉及货币的衍生品，而不是货币本身。

根据欧洲法院的判决，比特币这种虚拟货币并非活期账户或储蓄账户，也不属于支付和转账工具，而是接受它的运营商之间的直接支付手段。因此，增值税指令第135条第（1）（d）款不适用于比特币的兑换。

欧洲法院随后审查了交易豁免，特别是涉及货币和用于法定货币的银行票据和硬币的交易豁免（增值税指令第135条第（1）（e）款）。从该规定的各种语言版本来看，尚不清楚豁免仅限于传统货币（法定货币）的交易，还是同时涉及其他货币的交易。由于规定的不同版本的语义差异，在确定规定适用的范围时，必须综合考虑规定的语境和增值税指令的目标和范围。

在金融交易背景下确定应纳税额和增值税抵扣金额时会面临诸多困难，对涉及货币交易的豁免旨在降低困难。这些困难不仅存在于传统货币之间的兑换，当虚拟货币作为支付手段被接受时，也存在于传统货币与虚拟货币之间的兑换。非传统货币如比特币的交易，属于金融交易。将豁免范围局限于传统货币之间的交易，会破坏部分豁免效果。为此，欧洲法院得出结论，对货币交易的豁免也应适用于现有的比特币兑换。

因此，将比特币兑换成合法的传统货币，与常规的传统货币兑换处于同样的地位。

## 10.8 比特币的定义

欧洲法院在 David Hedqvist 一案的判决中包含了对比特币及其特性的

描述。在这方面，欧洲法院并非立法，而是提出"共识"。根据欧洲法院的判决，比特币除了作为支付手段以外没有其他用途，一些运营商也接受这一点作为共识。比特币既不是授予财产所有权的证券，也不是具有相似性质的证券，[1]这一点也是共识。欧洲法院将比特币称为具有双向流动性的虚拟货币。欧洲法院还指出，比特币不能被视为"有形财产"，也不能被视为活期账户、储蓄账户、支付账户或转账账户。

## 10.9　接受比特币作为支付工具

在 David Hedqvist 一案的判决中，并非所有使用比特币的增值税事项都得到了解决。欧洲法院没有提供比特币估值指南。毫无疑问，当零售商接受比特币作为已征税的商品或劳务的报酬时，应根据比特币的价值缴纳增值税，用比特币支付也并不意味着用比特币购买的商品或劳务免征增值税。然而，实际问题是，当接受比特币作为支付工具时如何计量应税金额，应该使用哪种汇率？增值税指令第91条第（2）款规定，当应税交易涉及欧盟成员国货币以外的货币时，"适用的汇率应为相关成员国最具代表性的外汇市场或市场在征收增值税时记录的最新卖出汇率，或参照该市场，根据成员国制定的准则确定的汇率"。

由此产生的问题是，比特币是否符合该指令所称的"货币"。这个术语似乎局限于"法定货币"，而比特币显然不是。然而，根据欧洲法院适用于（虚拟）货币交易的豁免范围的推理，增值税指令的第91条第（2）款也应适用于比特币交易。尽管尚不清楚"最具代表性"的市场如何确定，比特币的汇率在互联网上很容易获得。[2]

---

① 　如增值税指令第135条第(1)(f)款所述。
② 　http://www.coindesk.com/price/.

## 10.10 通过"挖矿"生产比特币

欧洲法院尚未解决的另一个问题是如何处理比特币"挖矿"的增值税问题。比特币"挖矿"是利用计算机硬件对比特币网络进行数学计算以确认交易并提升安全性的过程。它利用计算机能力以解决复杂的算法。一旦这个数学问题得以解决（新的区块被生成），网络就给"矿工"一定数量新生成的比特币作为奖励。

我认为，通过"挖矿"获取比特币的过程并不构成增值税应税行为。比特币由网络自动生成，在"挖矿"活动中没有特定的客户。因此，"挖矿"不会出现劳务提供方和接受方（消费者）的法律关系，正如欧洲法院在 Tolsma 一案[①]的判决中所描述的情形——没有这种法律关系，就没有有偿供应，也就没有增值税应税事项。

如果"矿工"随后将比特币兑换成其他普通货币，购买商品或劳务，同样也不构成应税事项。从 David Hedqvist 一案中可以得出，比特币仅仅是支付手段，不属于增值税应税范畴。"挖矿"过程也可能涉及验证支付的有效性。比特币交易只有在被"矿工"验证有效后才能在比特币网络中处理。若要转让比特币，当事人在其支付订单中需要包含交易费用，如此激励"矿工"优先处理该笔交易。

当事人提出支付订单时并不知道哪个"矿工"会处理交易，如果发生任何差错，支付订单的当事人对该"矿工"也没有追索权。不存在支付交易费的法定义务，"矿工"也不享有交易费。交易费可视为给"矿工"的小费或酬劳。从增值税来看，交易费也不大可能作为支付的报酬处理。因

---

① ECJ 3 March 1994, Case 16 / 93, R. J. Tolsma v Inspecteur der Omzetbelasting Leeuwarden.

此，"挖矿"活动也不属于增值税的应税范畴。

但是，假定这个旨在处理支付订单的交易费构成了与增值税相关的报酬，由此产生的问题是这个处理工作应纳税还是免税。我认为，这些活动可能属于与支付有关的交易豁免（增值税指令第135条第（1）（d）款）。欧洲法院在编号为SDC45[①]的案例判决中认为，这些交易必须具有转移资金的效果，并且引起了法律和财务状况的变化。"矿工"的验证活动似乎就是这样做的。[②]

无论是在增值税范畴之外，还是属于增值税豁免范围，"矿工"似乎都未从事应纳增值税的活动。不过，由于这些活动属于"开辟新天地"，预计在适当时期，欧洲法院将就比特币"矿工"的增值税问题阐明观点。

## 10.11  比特币的结论

比特币是一种替代的支付方式。在David Hedqvist一案的判决中，欧洲法院已确认，在增值税方面，比特币等同于任何其他支付方式。这意味着比特币支付是纯粹的支付行为，而不是增值税涉税交易。当收到比特币付款时，使用互联网上可获得的汇率对其应税金额支付增值税，而将比特币兑换成其他普通货币仍然不属于增值税事项，由此收到的佣金免于缴纳增值税。

欧洲法院在David Hedqvist一案的判决中未提及比特币"矿工"活动。这些活动很可能不会产生增值税。然而，欧洲法院在这件事情上将具有最终发言权。有关这方面的一些初级问题还没有提到，但我希望这些问题将在不久的将来出现。

---

① ECJ 5 June 1997, Case C-2/95, Sparekassernes Datacenter（SDC），paragraph 66.
② UK tax authorities Revenue & Customs Brief 09/14, paragraph 2.

总之，尽管比特币具有革命性，但它在欧盟内部并未招致太多增值税方面的麻烦。因为欧洲法院将比特币与普通货币置于同样的地位。因此，从增值税角度来看，欧盟已经为这种新支付方式的未来做了准备。

## 10.12　增值税与移动支付

与比特币相比，移动支付的增值税问题相当简单。移动支付通常涉及法定货币。因此，这种新型支付方式产生的增值税与其他方式的普通货币转移没有什么不同，这种转移自身不属于增值税应税范畴。通过这种方式收到货币可以构成商品或服务的支付，从而产生增值税。

当移动电话服务允许用户支付资金时，就存在电信服务和金融服务的结合。参与这项交易的相关各方通常会收取费用，此时就可能产生增值税。

根据增值税指令第135条第（1）（d）款，有一项适用于"有关转账和付款交易"的豁免规定。尽管这一豁免规定最初针对的是金融机构提供的支付服务，但显然，根据欧洲法院对SDC[①]案件的判决，它也适用于其他服务商提供的服务。在同一判决中，欧洲法院认为，增值税豁免适用于具有资金转移效果，并引起相关当事人法律和财务状况变化的服务。当使用移动支付时，必定会出现上述情形。然而，当几方合作共同完成支付时，哪些服务可以获得增值税豁免，哪些服务是增值税应税项就不太明了（如涉及增值税不豁免的电信服务），这完全取决于当事各方之间的法律（和事实）关系。无论如何，移动支付服务商在开展业务时不应该忽视增值税。

---

① 　ECJ 5 June 1997，Case C-2/95，Sparekassernes Datacenter（SDC）.

## 参考文献

Bal，A.（2013，July）．Stateless virtual money in the tax system. European Taxation. 53（7），351-356.

Elwell，C. K.，Murphy，M. M.，& Seitzinger，M. V.（2013）．Bitcoin：Questions，answers and analysis of legal issues. Washington，DC：Congressional Research Service.

Mann，F.（1971）．The legal aspect of money. Oxford：At the Clarendon Press.

Wolf，R.（2010）．The sad history of carbon carousels. VAT Monitor，6，10-17.

Wolf，R.（2014）．Bitcoin and the EU VAT. International VAT Monitor. September/October. 254-257.

# 第11章 移动支付与合并监管：案例法分析

Daniele D'Alvia[①]

伦敦大学伯贝克学院

**摘要：**通过对欧盟委员会近期两项决策的案例法分析，D'Alvia对当前影响移动支付"生态系统"的主要竞争问题做了更新概述。移动支付解决方案目前尚处于起步阶段，是技术快速发展的产物。因此，本章研究的重点是银行和移动网络运营商共同创建的合资企业的初期运营，以防止这种合作通过横向、纵向及混合合并影响产生反竞争效果。

本章从竞争法的角度探讨基于移动支付系统的移动网络。在对近期两项竞争案例进行分析后，我们重点关注竞争管理机构和监管机构监控的主要方面和问题，以避免并减轻在移动商务行业中经营的合资企业可能存在的反竞争行为。

## 11.1 西班牙电信公司、凯克萨银行和桑坦德银行（案例号：COMP/M. 6956）

2013年8月14日，欧盟委员会清算了一家由西班牙电信公司

① D. D'Alvia (✉)
Birkbeck University of London ,UK
© The Editor(s) (if applicable) and The Author(s) 2016
G. Gimigliano (ed.),Bitcoin and Mobile Payments,
DOI 10.1057/978-1-137-57512-8_11

（Telefónica）、凯克萨银行（CaixaBank）和桑坦德银行（Banco Santander）创立的合资公司。

新酷公司（NewCo）以指定交易（notified transaction）起家，在西班牙为消费者、商户及其"虚拟社区"的会员提供一些零售服务，服务通过台式机及移动网络渠道获取。

对于虚拟社区的消费者会员，新酷公司提供一些数字钱包服务。

此类服务，提供包括各类支付方式的储存库，可以让消费者将任意借记卡、贷记卡或预付卡信息上传到"钱包"中。因此，消费者就能够使用这些上传的信息，通过手机进行远程或现场在线支付。此外，移动钱包包括了一个识别系统（客户的ID，用于识别消费者以便进行支付）。通过这种ID，消费者能够随时进行支付，商户也能够识别消费者以便向消费者提供优惠信息和产品促销信息。

最后，辅助的点对点（P2P）支付服务也能通过数字钱包实现。这个功能允许那些加入虚拟社区的消费者在彼此之间进行转账。

对于虚拟社区的商户会员而言，新酷公司提供两大服务，分别是数字广告服务和辅助分析服务。前者帮助商户宣传其商品，并且让消费者可以访问这些商品，同时创造新的基于移动设备的在线优惠券和会员服务，后者让商户可以分析消费者的习惯和购买偏好，以便为消费者提供个性化促销、优惠、收据和会员计划等。

在评估合资企业可能会造成的横向、纵向及/或混合影响之前，欧洲委员会首先要确定相关市场，以便确定合资企业的经营活动是否会在这些特定市场中保持或形成主导地位，进而违反《欧盟运作条约》（TFEU，Treaty on the Functioning of the European Union）第102条——滥用其市场主导地位。

### 11.1.1　相关市场的定义

欧盟委员会认为有7个相关产品市场可能会受到指定交易的影响，它们分别是：数字广告市场（在线与移动广告）、数据分析服务市场、数字钱包服务零售分销市场、支付卡发行市场、商户收单市场（merchant acquiring market）、零售移动电话服务提供市场（包括移动数据存取），以及提供固定宽带互联网接入市场。

欧盟委员会认为所有这些市场在地理范围上都具有全国性。

最后值得关注的一点是，欧盟委员会认为，相关产品市场中的一个市场，即商户收单市场，未被纳入本案例的调查范围，因为桑坦德银行在该市场及任何可能的细分市场[①]中所持有的份额都没有超过25%。

### 11.1.2　反垄断监管对横向评估的关注

在评估新酷公司对上述相关市场可能造成的横向影响[②]时，欧盟委员会的观点如下：

就数字广告服务（在线和移动）市场而言，欧盟委员会发现这种集中度并未引起对其与国内市场兼容度的严重怀疑，因为只有西班牙电信集团提供广告目录（以在线显示格式，出现在其移动门户上的横幅广告及由聚合器销售的广告信息），但是它在该市场上的份额非常有限。而且，欧盟委员会认为新酷公司和西班牙电信公司将继续面临像谷歌和雅虎这样的老牌全球性公司的竞争。

就数字钱包服务零售分销市场而言，欧盟委员会认为不存在任何竞争方面的担心，因为在西班牙，没有任何一个指定方在这个市场中表现活

---

① 特别是，欧盟委员会在以前的决定中（Commission decision of 3 October 2008 in Case COMP/M. 5241, Commission decision of 29 September 2006 in Case COMP/M. 4316, Commission decision of 2 June 2005 in Case COMP/M. 3740, Commission decision of 8 November 2001 in Case COMP/M. 2567）认为，商户收单市场可能会按照不同的参数进一步细分，如计划组织的类型（国际组织、国内组织）、客户类型（消费者、商户）、卡片类型（信用卡、借记卡）或品牌（万事达、美国运通等）。

② 当企业生产相同的产品并因此在同样的市场中是实际或潜在的竞争对手时，合并就会产生横向影响。

跃，只有凯克萨银行的产品"CaixaWallet"拥有很小的市场份额。此外，新酷公司在这个行业也会和许多知名的参与者展开竞争，这些参与者既包括跨国公司（如 PayPal、Google、Apple、Visa、MasterCard、AmEx），也包括活跃在西班牙的初创企业（如 MomoPocket、Kuapay、Payment）。在这方面，市场调查证实了许多数字钱包提供商已经出现或非常有可能在不久的未来出现在西班牙。因此，即使在新酷公司成立后，有效的竞争环境依然会继续存在。

### 11.1.3　反垄断监管对非横向评估的关注

除了对交易进行横向评估，欧盟委员会还评估了在卡片支付服务和数字钱包服务（包括 P2P 支付服务）的零售分销业务之间是否也存在纵向和/或混合竞争关系。因此，欧盟委员会评估了未来的合并实体（也就是新酷公司）是否在滥用市场主导地位方面可以行使市场权力。

首先，支付卡（主要是预付卡）的发行（新酷的两家母公司活跃在该市场）与新酷数字钱包中提供的 P2P 支付服务之间会存在一种纵向竞争关系。因此，可能存在着原料封锁（input foreclosure）和客户封锁（customer foreclosure）的风险。①

欧盟委员会认为这个案例可以排除原料封锁的风险，因为在西班牙，除了凯克萨银行和桑坦德银行外，还有足够多的、可靠的其他支付卡发行人，而且这个市场也是高度分散的。因此，如果必要的话，相互竞争的数字钱包供应商将会与相互竞争的银行合作，以便将虚拟支付卡集成到它们的数字钱包中，继而提供 P2P 服务。

---

① 译者注：根据欧盟《非横向合并评估指南》，合并对竞争的纵向影响可以表现为封锁（foreclosure），即合并使合并实体实际的或潜在的竞争对手获取供应或者进入市场的能力受到阻碍或者消除，进而损害了这些企业的竞争能力或者参与竞争的意愿。封锁表现为两种形式：一是原料封锁，合并通过限制下游竞争对手获得重要原料，从而提高了它们的成本；二是客户封锁，合并通过限制上游竞争对手获得足够的客户群，从而对它们进行封锁。

此外，欧盟委员会认为客户封锁风险也可以从这个案例中排除。实际上，只有新酷公司选择将其一家母公司发行的虚拟支付卡集成到它的数字钱包中，这种风险才会出现。虚拟社区的消费者将放弃使用他们持有的其他支付卡，继而使得支付卡的其他发行人失去相当大数量的客户。在这个案例中，欧盟委员会排除了这种顾虑，因为新酷数字钱包中支付卡的使用范围有限，不太可能限制消费者使用他们已经拥有的其他支付卡。而且，即使新酷公司所有的消费者都将停止使用他们的其他卡片，这种行为对市场的影响也非常有限，因为新酷公司的客户数量还很少。

其次，支付卡的发行和数字钱包服务的提供之间可能存在混合竞争关系：因为客户需要将他们支付卡的信息上传到数字钱包中，以便使用钱包对虚拟社区中的商户进行在线和移动支付，所以支付卡发行和数字钱包服务提供之间存在一种互补关系，这种关系有可能产生混合影响。

在此案例中，欧盟委员会认为，新酷公司会封锁与其竞争的数字钱包提供商或与其竞争的支付卡发行商的风险并不存在。实际上，一方面，欧盟委员会发现，由于缺乏显著的市场力量，以及存在分散化的市场，凯克萨银行和桑坦德银行在数字钱包的竞争中，不会有能力通过限制或完全阻止在竞争对手的数字钱包中使用它们发行的支付卡而封锁竞争对手的数字钱包。另一方面，欧盟委员会注意到，新酷公司的用户能够上传任何借记、贷记或预付卡信息到数字钱包中，而不用考虑相关的发行银行，用户可以用任何支付方式购买商品和服务（包括在实体店中的实际支付）。如果数字钱包接受所有支付卡的话，它就会更具有吸引力，而这种做法已经被市场上竞争对手的数字钱包所采用。

最后，西班牙电信公司提供的移动通信和互联网访问服务及新酷公司所提供的数字钱包服务的零售分销之间会出现混合竞争关系。

在这方面，欧盟委员会排除了两种风险的存在：一种是封锁竞争对手数字钱包的风险；另一种是封锁零售移动通信服务和固定宽带互联网访问服务提供商的风险。这是因为在零售移动通信市场中，当消费者选择移动通信提供商时，移动手机上的数字钱包在改变和影响消费者偏好方面并不是一个基本要素。

### 11.1.4　欧盟委员会的决定

欧盟委员会发现，尽管西班牙电信公司具有非常重要的市场地位，技术上来看，它仍不能在其移动和固定宽带互联网上阻止或限制用户使用竞争对手的数字钱包，在此基础上：

- 新酷的数字钱包没有与西班牙电信公司建立独家或优惠的联系。
- 数字钱包服务通常不依赖任何宽带网络，因为安全元素（SE）要么建立在云上，要么嵌入特定的设备中。除了在用户身份模块（SIM）卡上外，SE还可以有其他的配置方式。
- 数字钱包不使用任何SIM卡；只要数字钱包的应用程序可以从任何设备上下载，任何移动运营商的客户都能够下载数字钱包的应用程序，而不用管他们的电话运营商是谁。

最后，欧盟委员会排除了封锁零售移动通信服务和固定宽带互联网接入服务提供商竞争的风险，因为数字钱包可以通过任意移动电话服务提供商和任意互联网宽带链接进行访问。相反，为了增强其吸引力和盈利性，新酷公司非常关注让非西班牙电信公司客户能够访问其数字钱包。

根据所述的竞争评估，欧盟委员会批准了这一集中计划，并宣布它与内部市场和欧洲经济区（EEA）协议兼容。

## 11.2　英国电信公司、沃达丰集团、英国EE公司（案例号：COMP/M. 6314）

2012年9月4日，在第二阶段调查后，欧盟委员会无条件地批准了一项集中案例，其中英国的三大移动运营商①——英国电信公司（Telefónica UK）、沃达丰集团（Vodafone Group）和英国 EE 公司（Everything Everywhere）（及其母公司）建立了一家名为 JV Co 的合资公司。根据（欧盟委员会）《139/2004 号条例》的第 3 条第（1）（b）款的含义，它们拥有对 JV Co 的控制权。JV Co 在英国向企业提供各种移动商务服务，包括移动支付、移动广告和数据分析。

得到欧盟委员会批准的 JV Co 公司向企业（包括母公司和第三方移动服务运营商）提供多种服务，但不直接对面向消费者。

特别是，JV Co 提供一个钱包平台，该平台能够使用由近场通信②支持的移动终端在线下提供交易服务，也可以通过互联网在线提供交易服务。钱包平台提供的服务包括店内付款服务、票务、门禁服务、收据和会员服务，以及向消费者提供电子凭证。这些服务所面对的是商业实体，如银行、其他支付卡发行商、会员卡发行商、票证发行商和其他零售商（服务提供商）。

此外，JV Co 提供移动营销服务，如果广告商和媒体机构希望通过信息推送、发放优惠券和代金券，或者通过销售广告空间来对移动运营商的客户进行广告宣传，就可以使用这个单一的接触点。

JV Co 还向其客户（包括服务提供商和广告商）提供相关的数据分析服务，数据可以从其服务中搜集，也可从广告活动中搜集。此外，JV Co 的客户，包括服务提供商和广告商，仍然可以自由地单独和 JV Co 的母公司进行协商。

JV Co 诞生于一个发展迅速的新行业——移动商务行业，如前所述，该行业涵盖了移动支付、移动广告和移动数据分析。为此，欧盟委员会评

---

① 在报告提交时，三家运营商的收入占英国零售移动运营总收入的 90.5%。
② NFC 是一项技术标准，该标准使内置相关芯片的任意手机和其他具有类似配置的手机（通常是一个阅读器）在被放置于很短的距离内（通常是 3~5 毫米）时，实现近距离通信。

估认为，宣告的合并会对一些产品市场造成影响，这些产品市场在提交报告时尚处于初期发展阶段，有的甚至还没有在英国出现。

### 11.2.1　相关市场的定义

在本案例中，欧盟委员会调查了 7 个不同的相关产品和地理市场，它们包括：

• 移动钱包平台的批发供应市场，该市场至少是全国性的（在本案例中是指英国），并且可能比全国范围要广。

• 安全存储市场（该市场包括提供 SIM 卡、嵌入式 SE、附加到移动手持设备的 SE 上的安全存储），该市场至少是全国范围的（英国）。

• 面向客户的移动钱包服务零售分销下游市场，该市场至少是全国性的（英国）（实际上，JV Co 并不直接在零售行业开展业务，因为它提供的是移动钱包平台的批发供应，在 JV Co 提供的移动钱包平台的基础上，它能够为母公司及其他移动运营商或用户提供用于零售的个性化移动钱包服务）。

• 广告服务市场，该市场是全国性的（英国）。

• 零售和群发短信服务的市场（一种能使企业向客户发送大量短信的服务），该市场是全国性的（英国）或者比全国范围更广。

• 数据分析服务市场（欧盟委员会没有界定确切的地理市场范围，因为在任何替代的地理市场定义下，企业的经营不会对市场的有效竞争构成障碍）。

• 零售移动电话服务，该市场是全国性的（英国）。

出于本章的目的，进一步探讨安全存储市场的定义非常有趣，因为该市场将被视为一个关键的相关产品市场，以便评估与移动网络运营商有关的竞争问题。

实际上，一个移动钱包需要能够安全存储信息，特别是安全存储支付凭证（payment credentials）：有多种不同的方式可以用于存储，如存储在云端及存储在移动设备的安全要素（SE）上。在安全存储市场，SE 的发行人（对基于 SIM 卡的 SE，发行人就是移动网络运营商）控制着 SE 的访问，因此它们代表着市场的供给方。钱包解决方案的零售及批发供应商则代表需求方。在这个案例中，对基于 SIM 卡的 SE 的控制由其发行人掌握，也就是移动运营商（包括其母公司）。

### 11.2.2　反垄断监管对非横向评估的关注

首先，零售移动电话服务市场和移动钱包平台服务批发供应市场之间存在纵向关系。特别是，母公司可以在零售市场行使市场力量，以便以两种方式封锁移动钱包平台服务批发供应市场的竞争，一种是原料封锁，导致服务提供商的成本上升（比如，封锁向终端消费者提供移动钱包所需的基本原料，如 SE，或者封锁在移动电话中安装应用程序）；另一种是客户封锁。

就原料封锁而言，欧盟委员会将调查评估 JV Co 是否有技术能力在实质上通过 SE 方法来封锁移动钱包提供商的竞争。

实际上，欧盟委员会试图评估母公司是否受到了任何除基于 SIM 卡之外的安全存储方式施加的竞争压力。从母公司和其他竞争者提供给欧盟委员会的信息来看，不使用 SE 的解决方案（如云解决方案）以及移动设备附带的额外硬件不能完美替代基于 SIM 卡的 SE，因为它们要么安全性较差，要么过于昂贵。然而欧盟委员会没有回答安全存储市场是否也有此类云和硬件解决方案，因为按照任何替代产品市场的定义，合并不会阻碍有效竞争。因此，在安全存储市场中的原料封锁风险在本案例中被排除。

更进一步看，嵌入移动电话的 SE 被认为是基于 SIM 卡的 SE 的近似替代品，它也具有相同的安全要求并且被认为具有同等的安全性。而且，基于 SIM 卡的 SE 和一个嵌入的 SE 可以在同一台移动电话上共存，因此增加了它们之间的替代性。

因此，在这个方面，欧盟委员会没有发现与竞争不相容的任何情况，因为如果建立在软件、基于云的 SE、NFC 贴纸或其他解决方案上的新技术在市场中出现（考虑到技术的演变，我们可以合理预测到这种情况），就会造成巨大的额外竞争并随后对 JV Co 产生竞争约束，在这个案例中就不存在客户封锁的风险。此外，客户封锁的风险也可以在本案例中被排除，因为市场中还有许多其他垂直整合的市场参与者，它们可以直接接触到终端用户（如 Google 和 Apple），而且不依赖于移动钱包平台的批发供应市场所提供的接口。

至于混合影响，JV Co 的设立不会造成竞争方面的担忧。这是因为移动设备上的移动钱包在消费者选择某个移动网络运营商的移动手机时，不是决定性因素。实际上，虽然 Three UK[①]指出，在本案例中，移动电话上移动钱包的可获得性对消费者而言是一个"必有"的因素，但是这种可能的选择不会阻碍 Three UK 通过与金融机构或其他移动网络运营商设立合资企业（如同本案例中母公司们所做的那样），向消费者提供它自己的移动钱包。

### 11.2.3 反垄断监管对横向评估的关注

欧盟委员会审查了这一行动是否会加大横向合并对移动钱包平台服务的批发供给市场、安全存储市场和数据分析服务市场的影响。

按照欧盟委员会的观点，移动钱包平台服务市场和安全存储市场不会受到合并后实体的影响，因为它们是新兴市场，在这个新市场中，许多其他潜在进入者也能够进入市场（如银行和 Google、PayPal 这样的顶级玩家）。此外，除了基于 SIM 卡的 SE，通过内嵌的 SE 和额外的硬件（贴纸、标签等），也可以访问移动电话。这意味着母公司不能够封锁下游零售移动

---

① 译者注：Three UK 是英国的一家电信和互联网服务提供商，公司成立于 2003 年 3 月，是英国首家商业视频移动网站，通过自己的网络基础设施提供 3G 和 4G 服务。

钱包市场的进入者，正如前文对混合和垂直合并影响评估中所分析的那样。

至于数据分析服务市场，欧盟委员会评估认为该业务不太可能阻碍这个市场的有效竞争。实际上，许多其他强大的广告服务提供商都能够向JV Co提供类似的解决方案。此外，母公司中没有任何一家公司在在线和离线广告市场中提供数据分析服务。

### 11.2.4 欧盟委员会的决定

欧盟委员会的结论是：合资公司不可能阻止有效竞争，或者有技术和商业能力及动力封锁市场，或在批发或零售移动钱包平台服务、广告服务或数据分析服务领域阻止竞争对手的扩张行为。

实际上，强大的市场玩家可以进入这些市场或在不远的未来出现在市场中，确保市场有足够的竞争压力。特别是，欧盟委员会勾画出移动商务如何成为一个新兴产业的画面，其中技术进步总是在不断演变着。因此，在移动支付"生态系统"及不同的移动钱包平台结构中，SE市场的替代解决方案也在发展中。这一点对移动支付"生态系统"中的其他玩家（即移动网络运营商的不同竞争者，如谷歌或苹果）而言也是很重要的，因为技术进步可能为它们提供直接访问终端客户的机会。

## 11.3 结论

移动商务是电子商务的自然后继者，人们预测移动支付会成为现金的未来替代品，并且代表着适应消费者新需求的一种技术。[①]因此，为了进

---

① Yoris Au, Robert Kauff man, "The economics of mobile payments: understanding stakeholder issues for an emerging financial technology application", Electronic Commerce Research and Applications 7 (2008): 142.

一步推动移动商务的发展，对这一主题进行竞争法的分析非常重要。

特别是，通过描述性分析，可以解决移动支付服务市场中竞争法的主要问题。

移动支付交易中的主要参与者包括移动网络运营商、银行和支付体系（Visa、MasterCard等）。这些参与者分别管理移动设备、银行账户和支付平台。因此，与这些市场参与者有关的竞争问题取决于它们之间的合作程度以及它们所采用的商业模式。基本上，按照经济惯例，商业模式被分为6大类，但是在这6大类商业模式中，[1]从合并效率的视角看，最相关的模式是完全整合商业模式（full integration business model）。[2]在这个模式中，银行、移动网络运营商和支付体系合作创建一个合资企业。

因此，本章中所讨论的合资企业只是部分整合业务模型的体现，因为在两个案例中移动支付平台都没有出现，而且银行只在第一个合并案例中出现（案例号：COMP/M.6956）。因此，完全整合商业模式在欧洲还没有出现。这是因为完全整合商业模式的主要参与者（移动网络运营商、银行和支付系统）受制于不同的监管框架，这些监管框架之间尚未通过制定共同的操作标准进行协调及关联。

对于合并控制，[3]审查后的决定明确指出，欧盟委员会将始终评估与在移动支付"生态系统"中建立合资企业有关的合并所产生的三种主要影响。首先，欧盟委员会评估横向合并可能产生的影响，即其是否会阻碍相关产品市场中（如数字广告服务市场、数字钱包零售分销市场、安全存储

---

[1]　商业模式有不同的类型。在移动手机中心模型中，客户可以使用他或她的移动电话向商户付款，款项随后可以计入客户的移动手机账单中。同样的，在银行中心模型中，银行没有和移动网络运营商合作，而是由银行提供自己的移动支付服务。从经济学的角度看，最有效的模式是那些涉及银行和移动网络运营商整合的模型。

[2]　Marc Bourreau, Marianne Verdier, "Cooperation for Innovation in Payment Systems: The case of Mobile Payments", Working Paper in Economics and Social Sciences ESS-10-02, 1-24 (2010): 16.

[3]　译者注：合并控制（merger control）是指按照反竞争法的规定对合并流程进行的审查。在欧盟，欧盟委员会负责对合并进行审查，以免市场过于集中造成反竞争的影响。

市场等）其他参与者之间的竞争。其次，欧洲委员会评估纵向合并可能产生的影响，这种影响涉及数字钱包服务竞争中的原料封锁和客户封锁。最后，欧洲委员会评估混合合并可能产生的影响，即是否存在捆绑安排或其他形式的排斥性做法。[①]

特别是，在移动支付"生态系统"中，当一个完全整合商业模式或部分整合商业模式以合资公司的形式被建立起来时，就可能出现混合合并影响的风险，[②]因为支付卡的发行和数字钱包服务的提供之间存在互补关系。

就这一点而言，为了评估移动支付行业中合资企业可能带来的反竞争影响以及混合合并影响是否会发生，欧盟委员会使用了不同的参数。首先，欧盟委员会必须调查由母公司创立的合资企业是否有能力在其数字钱包中将支付卡的使用局限于自己的卡片，以封锁数字钱包的竞争。其次，欧盟委员会需要评估，市场中是否有大量其他支付卡和数字钱包发行人。最后，欧盟委员会需要评估在数字钱包的竞争中，是否有可能使用由合资企业发行的支付卡。

另外，一家合资企业能够促进与移动网络运营商有关的市场力量形成，因为移动网络运营商控制着嵌入SIM卡的SE（OECD关于竞争和支付体系的圆桌会议，2012）。这会造成横向或纵向合并影响。因此，竞争可能会减弱，移动支付技术领域的创新可能会受到负面影响。[③]实际上，因为控制了SE并且是现有网络的一部分，类似移动网络运营商这样的市场参与者可能会通过拒绝新的、潜在进入者访问现有网络来滥用其市场力

---

① 实际上，就捆绑安排而言，我们应该区分技术捆绑和合约捆绑。根据技术捆绑，某一捆绑产品或服务被设计为仅适用于被捆绑产品，而不适用于竞争对手所提供的替代产品。合约捆绑是指除了购买被捆绑的产品或服务外，消费者不能购买竞争对手所提供的替代产品或服务。

② Guidelines on the assessment of non-horizontal mergers under the Council Regulation on the control of concentrations between undertakings, OJ C 265, 18 October 2008, p. 6, paragraphs 93-94.

③ Guidelines on the assessment of horizontal mergers under the Council Regulation on the control of the concentrations between undertakings, OJ C 31, 5 February 2004, paragraphs 8 and 38.

量，新的进入者必须建立它们自己的竞争网络。因此，竞争可能会被削弱，与此同时创新也会被阻止。

更进一步地，在欧洲的移动支付"生态系统"中，缺乏实现了的完全整合商业模式，这表明有必要制定一套通用的标准，这套标准可以保证不同的执行模式之间具有互通性。①为此，欧洲银行管理局最近获得了新的（由欧洲理事会和欧洲议会通过的②）《多边交换费条例》（Regulation on Multilateral Interchange Fees，MIFs）和新的支付服务指令（PSD2，由欧洲理事会于2015年6月2日通过并由欧洲议会于2015年10月8日加以修订，最后的文本将由欧洲理事会通过）的授权，负责起草推动网络支付系统解决方案促进互通性的技术标准，但这些标准仅仅涉及支付服务提供商。因此，制定关于移动网络运营商的新标准对于促进欧盟内部不同法规的协调并确保网络的互通性非常重要。如果这些目标得以实现，就能避免合并后实体建立市场权力地位的可能性。实际上，今天消费者在使用他们的移动电话进行支付、下载优惠券及索取积分时并没有标准可以遵循。③这种情况未来会引起竞争监管机构的关注，监管机构应该检查标准的采纳过程以便确保每个利益相关者都能参与到移动支付行业的运营中。

最后，在欧洲，与移动支付有关的竞争法的法律框架仍然处于起步阶段，必须追赶技术进步的快速步伐。

---

① Jun Liu, Robert Kauffman, Dan Ma, "Competition, cooperation, and regulation: understanding the evolution of the mobile payments technology ecosystem", Electronic Commerce Research and Applications 14 (2015): 382; Andriew S. Lim, "Inter-consortia battles in mobile payments standardisation", Electronic Commerce Research and Applications 7, no.2 (2008): 202.

② Regulation (EU) No. 751 of 29 April 2015.

③ Case No. COMP/M. 6314, paragraph 379.

# 参考文献

Au, Y., & Kauffman, R. (2008). The economics of mobile payments: Understanding stakeholder issues for an emerging financial technology application. Electronic Commerce Research and Applications, 7, 141-164.

Bourreau, M., & Verdier, M. (2010) Cooperation for innovation in payment systems: The case of mobile payments. Working Paper in Economics and Social Sciences ESS-10-02, 1-24.

Lim, A. S. (2008). Inter-consortia battles in mobile payments standardisation. Electronic Commerce Research and Applications, 7(2), 202-213.

Liu, J., Kauffman, R., & Ma, D. (2015). Competition, cooperation, and regulation: Understanding the evolution of the mobile payments technology ecosystem. Electronic Commerce Research and Applications, 14(5), 372-391.

第四部分

结论

# 第12章 移动支付和比特币：对支付领域数字革新的总结反思

Benjamin Geva[1]

加拿大约克大学

**摘要：** 移动支付和比特币代表着支付领域的一次飞跃。我们既要承认它们的与众不同，也要认识到它们具有共同的"数字"分母。作为最后一章，本章在经典模型框架内，从支付机制历史演变的广阔视角，总结了它们突出的特点。向支付机构发出的付款指令使得货币价值转移从"付款人–债务人"转变为"收款人–债权人"。本章指出，移动支付增加了支付的复杂性和多样性，体现了它的数字特征。与此同时，从根本上讲，移动支付的运行建立在经典模型基础上。与之相反，比特币不仅带来了新的货币等价物，它还建立在一个分散式的网络上，在这个网络中，货币价值的转移无须支付机构的参与。

## 12.1 简介：支付机制

移动支付和比特币是支付领域的巨大飞跃。我们要承认二者的运作方

---

① B. Geva(✉)

Professor of Law, Osgoode Hall Law School, York University, Toronto, Ontario, Canada

© The Editor(s) (if applicable) and The Author(s) 2016

G. Gimigliano (ed.), Bitcoin and Mobile Payments,

DOI 10.1057/978-1-137-57512-8_12

式不同，同时也要承认共同的"数字"特征将二者联系起来。作为非现金支付或支付机制演变的一部分，了解它们的特点将会非常有用。为实现这个目的，我充分挖掘了以前的研究成果，[①]努力将这些成果用一幅图画表现出来，并突出了什么是一成不变的、什么是逐渐演变的、什么又是新的突破。

广义上，"支付"的定义是"为了履行货币义务而进行的任何给予和接受行为"。[②]最简单的表述就是，支付是指付款人为履行债务而向收款人[③]支付的货币商品，包括钞票和硬币（"现金"）。与此同时，支付机制在广义上可以被描述为实现货币价值转移的任何支付方法，尤其是以账户借记和贷记形式兑换货币主体，这种方式使付款人避免了运输货币商品并将实物货币商品交付给收款人的麻烦。这也便于货币商品的提取。

在偿还债务时，支付机制运作的前提是付款人通过支付机构（pay-master）的预先授权付款向收款人清偿债务。这里的支付机构是付款人的债务人，在支付的金额范围内向收款人付款就能解除付款人对收款人的债务以及支付机构对付款人的债务。在另外一种方式下，支付机构没有对付款人的债务，付款后，支付机构除了清偿付款人对收款人的债务外，还有权从付款人那里获得付款。无论哪种方式，支付机构对收款人的付款可以是货币商品的形式，也可以是某人欠收款人债务的形式，收款人指定该人

---

① Particularly, Benjamin Geva, The payment order of antiquity and the middle ages: A legal history (Oxford and Portland, Oregon: Hart, 2011), in particular at Ch. 1 [4] (1); Benjamin Geva, The law of electronic funds transfers (New York: Matthew bender, loose-leaf) at § 1.04 [6].

② Charles Proctor, Ed., Goode on payment obligations in commercial and financial transactions, 2nd ed. (London: Sweet & Maxwell, 2009), p.11.

③ 没有所谓"自己给自己付钱"这样的事儿。参见：Faulkner v. Lowe (1848), 2 Ex. 595 at 597, 154 E.R. 628 at 630, per Pollock C. (in argument)。因此，"支付必然涉及两个不同的人"，参见：John S. James, ed., Stroud's judicial dictionary of words and phrases, 5th ed.Vol.4 (London: Sweet & Maxwell, 1977) s.v. "payment" at 1337。

接受付款。实际上，支付机构本身可能就是这样被指定的。

　　支付机制由付款人对第三方（支付机构）发起支付指令而启动。指令可以是书面的、电子的，并且在某些情况下，也可以是口头指令。直到 20 世纪中期，支付指令基本上都是书面指令。[①]比如，迄今为止，支票是由"出票人"对其银行（"付款人"）[②]签发的一种书面无条件支付指令。它由出票人签发给收款人，收款人成为支票的首位"持票人"。通常根据协商，支票可以由持票人向其他人转让，即由持票人交付或不经背书转让。[③]在这个过程中，出票人是债务人，收款人是债权人，银行是支付机构。当持票人向支付机构出示支票时（通常是由持票人的银行代表持票人出示支票），支付机构见票即付；反过来，持票人的银行也可能委托一家或多家银行代表它向支付机构出示支票。支票所签发的收款人不能保证获得付款，并且由于账户资金不足或其他原因[④]可能面临被拒付的风险。

　　为了保护收款人免于被拒付的风险，支票担保卡（cheque-guarantee card）被开发出来。这是一个由出票人银行作为支票签发人-担保人所做的保证，保证对债务人的个人支票予以承兑。对于被担保的每张支票，出票人-担保人的债务会直接损害收款人的利益。为了获得担保的好处，收款人在交易时只接受对其签发的有担保卡的支票。在支票-担保交易中，出票人是债务人，收款人是债权人，出票人-担保人是支付机构。与不附带担保卡的个人支票不同，在支票-担保支付中，支付机

---

① 不包括其他有形媒介,如古美索不达米亚使用的黏土,唯一的例外是面对面的口头指令。

② 定义参见：s. 73 of the Bills of Exchange Act, 1882（UK）, 45 & 46 Vict., c. 61（as am.）["BEA"]; art. 1 of Convention providing a uniform law for cheques , 19 March 1931, 143 L.N.T.S.355, Annex I ["ULC"]; and §3–104(f ) of the Uniform Commercial Code Article 3（1990, as am.2002）["U.C.C."]。付款必须是一定金额的货币,并且是见票即付。

③ BEA s. 31; ULC art. 14; U.C.C. §3–201.

④ 就其自身而言,支票的发行不构成对收款人资金的转移,即使出票人账户中有足够的资金。出处同上。

构对收款人-债权人直接负有偿付责任。然而，与信用证不同，担保是第二偿付责任，它既不会解除债务人的债务，也不会自动地（也就是说免于主动行使）由债权人掌握。[①]而且从实用的角度看，在支票签发时，支票-担保安排不涉及与支付机构的任何沟通。因此，它没有赋予支付机构免于被欺诈的任何有意义的保护，也没有在担保金额范围内给支付机构任何限制使用的保证。因此，支票-担保卡只适用于较小金额的支票。

通信技术的进步改善了收款人的地位，使其能够确保付款人的支付能力。为实现这一目标，在支票体系之外出现了支付卡。[②]首先出现的是信用卡，和支票-担保卡不同，信用卡促成了从销售点终端到支付机构就付款授权的即时通信。支付机构能够同时验证付款人账户资金（更为准确的说法是在信用额度内）以及信用卡是否被报告丢失或被盗，这就实现了对收款人-债权人付款的即时保证。收款人-商户-债权人和支付机构之间的通信最早是通过电话进行的，现在已经实现了电子化，收款人-商户-债权人在终端上刷卡，卡片磁条上的相关信息就从终端上"读取"出来并传递出去。持卡人-债务人对卡片的授权通常是在一张纸（而非支票）上手工签名。因此，如果无法从持卡人-债务人那里获得即时在线认证，支付机构-发卡人有可能借记信用额度而不是债务人的资产账户。在这种情况下就会产生利息，在从支付机构收到定期账单后，付款人需要向支付机构支付上述利息。与此同时，债权人的银行会立即贷记收款人-商户-债权人的账户（尽管是暂时的），只有在未经授权的

---

① 对于担保人的次要义务，以及合同违约时担保责任的承担，参见：K. McGuinness, The law of guarantees, 2nd ed. (Toronto, Carswell, 1996) at 30-31, 565-66. Contrast with the autonomy of the letter of credit; see Agasha Mugasha, The law of letters of credit and bank guarantees (Sydney: The Federation Press, 2003), 136。

② Benjamin Geva, "Consumer liability in unauthorized electronic funds transfers", Canadian Business Law Journal 38 (2003): 207, 212-23.

情况下使用信用卡，才会出现被拒付或退回（退款）的情况。在这个过程中，持卡人–购物者–付款人–债务人所签名的销售单甚至没有得到处理，而是由收款人–商户–债权人保管，以免持卡人声称信用卡的使用未经其授权。

"电子银行"始于对银行间书面指示的电子处理，如对支票或信用卡汇票等书面指示的电子处理。至少就零售支付而言，从银行的稳健经营来看，经认证的电子指令促成了借记卡的支付。因此，使用密码（如PIN）对支付指令进行认证使得支付机构可以快捷地在接到授权时借记购物者–存款人–债务人的资产账户。由此，通过使用相同的磁条技术，信用卡演变出了借记卡。①

储值卡的出现是为了免除销售终端和支付机构之间就支付指令授权而进行沟通的需要。与信用卡和借记卡不同（这两种卡片都是接入式产品，能够接入"被存储在"某一账户中的价值，该账户由支付机构–银行开立并运营），储值卡中的价值被存储在卡片中并通过卡片进行处理。这个价值叫作电子货币或"e-money"。授权和价值转移都通过卡片来执行。这就需要更先进、复杂的技术，也就是一张含有微处理器芯片的集成电路卡片（IC card、电子钱包），从而使得卡片成为一张智能卡（smart card）。

信用卡和借记卡之间的法律差别在于，前者使用信用额度，而后者使用资产账户。②然而，我们不能排除一种以PIN认证为前提，甚至是以智能卡技术为前提的卡片在获得信用额度后，继而成为信用卡的

---

① Benjamin Geva, "The E.F.T. debit card", Canadian Business Law Journal 15 (1989): 406.

② 在美国，根据联邦法律，参见：Consumer Credit Cost Disclosure Act, 15 U.S.C. §1631 (1968) ["CCCDA"], and Section 226.12 of Regulation Z Truth in Lending , 12 C.F.R. §226 (as am.) implementing it, govern a card accessing a credit plan, namely a credit card (defined in Reg. Z §226.2(a)(15)). 对于借记卡发起的电子资金转移，参见：Electronic Funds Transfer Act, 15 U.S.C. §1693 (1978) ["EFTA"] and Regulation E 12 C.F.R. §205 (1981), (as am.) implementing it (particularly its Section 205.3(b)).

情况。实际上，从提高安全性以及减少伪造卡片的角度出发，当前一种日益增长的趋势就是所有的支付卡都在向智能卡方向发展，无论是接入式卡片还是储值卡，无论是使用信用额度的接入式卡片还是使用资产账户的接入式卡片。尽管如此，上述分析论证了支付卡的演变历程，为债权人提供了向支付机构提出索赔的权利，并与技术进步紧密结合。

最后，小额支付可以通过 NFC 实现，即近场支付。支付时，将卡片在 RFID（radio-frequency identification，射频识别）读卡器旁挥一下，就能完成支付，RFID 读卡器安装在销售终端机（POS）上，卡片嵌入了一张硅片和一个天线。

从商业的角度看，储值卡的发展不是太好。与此同时，储值卡可以向多个不同方向演变。第一，智能卡技术促成了新一代信用卡的出现，即欧陆卡（Europay）、万事达卡（MasterCard）和维萨卡（Visa），其中卡片支付得到了更为安全的 PIN 认证的保护。第二，储值卡的发行不需要银行或任何受监管的金融机构。非银行发行人的出现已经变得更为突出。第三，在很大程度上，储值卡自身已经被预付卡所替代，如礼品卡、汇款卡和工资卡，这些卡片都是接入式设备，尽管它们不访问持卡人的账户，而是访问由卡片提供者（如货币汇款人、雇主）设立的主账户，允许每张卡片在限额范围内"提前支付"。①

正是支付方式的发展造就了数字支付的出现。它们的特征、性质和适用性在上述演化模型框架内将被评估。

---

① Benjamin Geva, "Recent international developments in the law of negotiable instruments and payment and settlement systems", Texas International Law Journal 42（2007）: 685,699 - 705.

## 12.2　移动支付[1]

移动支付是指使用移动设备进行发起、激活及/或验证的任何支付方式。[2]典型的移动设备包括移动电话、智能手机和平板电脑。

没有银行账户的人群也可以使用移动支付设备。因此，移动支付在发展中国家得到了广泛应用。同样，移动支付服务也就成为更广泛意义上移动银行服务的一个分支，方便用户通过移动设备直接访问银行服务和信息。无论是哪种方式，移动支付的框架都是前述支付体系的传统架构。换句话说，很明显虽然移动支付带来了变化和一些复杂性，但是移动支付的发起也是通过向支付机构发出支付指令，支付机构再向收款人、付款人执行支付指令。在理解这些反映了下述支付方式数字化本质的变化和复杂性时，读者不应该忽视这样一个事实，即基本的支付机制模型依然是移动支付的基础。

移动支付是根据数据传输进行的，因此被描述为数字支付。在进行这种支付时，移动设备被用来访问银行账户、信用额度、储值或预付产品。

---

① 除了大量的网络和媒体资源（其中特别要指出的是月刊"digital transactions magazine"），本节引用了大量文献，包括：27.2 of the Banking and Finance Law Review 226 343（January 2012）; MV Bossuyt and LV Hove, Mobile payments models and their implications for Next-Gen MSPs, 9:5 Journal of Policy, Regulation, and Strategy（August 2007）; Rhys Bollen, Recent developments in mobile banking and payments, JIBLR（2009）: 454; Canadian NFC Mobile Payments Reference Model, CBA 14 May 2012。SJ Hughes（ed）, RFIDs, Near-Field communications, and mobile payments: A guide for lawyers（Chicago: ABA, 2013）更少关注支付机制本身。对于反馈、评论和信息，我非常感谢我在 Torys LLP 的同事 Peter Aziz 和 Steven Slavens。文责自负。

② 狭义的移动支付仅指那些"通过访问与移动通信网络相连的设备而发起并传输的支付"，而非"那些仅仅通过使用移动（设备）的网络发起并授权的支付，如信用卡转账或直接借记"，参见：CPSS, Innovations in retail payments, Report of the Working Group on Innovations in Retail Payments（Basel: BIS, May 2012）: 13。

另外，尽管在实践中，只有对于小额支付（在所谓的"围墙花园"模型中），设备持有人才会使用设备直接从移动网络运营商那里购买一个产品和服务，并且将所购产品或服务的价格并入定期的移动通信账单中。一个移动网络运营商也可以作为经销商，或在非常罕见的案例中成为储值卡或预付卡的发行人。

移动支付为非现金支付提供了新的维度。最突出的是，移动支付涉及通信运营商，运营商活跃在支付领域的舞台中，它们不再是代表银行后台的第三方服务提供商，而是作为推动者（或至少是共同推动者）和客户建立了直接的合同关系，坐在了舞台的前排。因此，它们越来越致力于提供自己的支付服务。移动支付还涉及一系列非银行中介，如商业聚合器（aggregator）或集中器（concentrator）。移动支付也可能实现从一个储值产品到其他产品的点对点支付。

一个获得拓展的方面是在支付时接收和使用信息的能力。从发行人的角度看，这可能会促进"销售升级"。[1]这种能力还能让发行人实时获得并分析关于消费者购物习惯的信息。这就会提高发行人对消费者进行有效市场营销的能力，同时也可以销售其他企业感兴趣的数据。从客户的角度看，这会促进资源的合理利用，比如在支付时使用不同的账户或会员积分。

数字或移动钱包是一种能够使用多种支付方式的应用程序。在某种程度上，移动设备可以被视为由终端客户所有的卡片，在卡片上终端用户可以安装不同的应用程序。在移动钱包内，不同的支付方式被"联系起

---

[1]　Upsales,也叫作 upselling,是一种销售技能,即卖方说服客户购买更加昂贵的商品、升级或其他附加产品,从而从销售中获得更高的利润。

来"，并且能进一步从移动设备上访问其他设备和服务。[①]实际上，要使移动钱包成功实现市场突破，它必须能够发放优惠券和折扣卡，而且从长期来看，甚至能够放入一些重要的个人文件，如驾驶执照和汽车保险凭证等。这将会让放置个人所有支付卡片和文件的皮质钱包变得过时。

移动钱包提供者可能是一家银行、移动网络运营商或独立于银行和移动网络运营商的实体机柜。如果移动钱包被设计为只有使用钱包提供者的支付应用程序才可以进行支付，那么其就被认为是专有的。相反，若移动钱包可以被设计为容纳多个凭证发行人，它就是一个共有钱包。在共有钱包中，只有集团成员的凭证才会被绑定。一个关联多个凭证发行人的移动钱包（可能要和移动网络运营商及/或钱包提供商合作）是一个开放或协作的钱包。

在将数据从移动设备转移到POS终端的过程中，标记化可以被用来提高数据的安全性。标记化是一个过程，在这个过程中，敏感数据字段被代理值（即标记）代替。去标记化则是一个相反的过程，即恢复标记的原始值。[②]

为了进一步增强安全性，账户和交易信息可以驻留在移动设备上的安全元素，即SE中。SE可以是移动的，或者嵌入移动设备的硬件中，作为基带处理器的一部分。或者，通过设备应用程序访问的信息可以安全地存

---

① 罗杰斯通信公司（Rogers Communications）的David Robinson发表了以下直言不讳的声明：如果你把一堆卡片放入死牛身体中，它们并不会认识彼此。但如果你把这些卡片放入手机，你就可以访问相机、用户ID，这种方法使你了解消费者在哪里，以及他们想要什么。参见：Payment Source, Emerging Payments Vol.1 No. 1, 26 September 2013。

② 标记化不同于加密。加密是一种模糊处理的方法，使用一种加密算法就是运用数学方法将敏感数据的原始值转变为代理值。通过使用"密钥"（可以将密钥当作解开数学锁的方法），代理值可以被转换回原始值。因此，虽然很显然加密可以被用于模糊一个数值，返回其真实形式的数学联系依然存在。标记化则是独一无二的，因为它彻底从标记所在的系统中移走了原始数据。参见：http://perspecsys.com/resources/cloud-tokenization-primer/?pi_ad_id=43615510328&gclid=CND36r38zckCFZAAaQodIX8DOA。

储在设备外部的云中。[①]可移动的元件可以是基于 UICC SIM 的。UICC 代表通用集成电路卡片（Universal Integrated Circuit Card），这是一种用于移动终端网络的智能卡，用来保证个人数据的完整和安全。智能卡也叫作芯片卡，或集成电路卡（ICC），是一种内嵌了集成电路的袖珍卡。集成电路（也叫作 IC 卡、芯片或微芯片）是一种安装在半导体材料[②]小片（芯片上）的电子电路。[③]SIM 是用户身份（或身份识别）模块的首字母缩写。这是一款可拆卸的智能卡，由一个集成电路组成，该集成电路可以在移动设备上安全存储国际移动用户标识，以及用于识别和认证移动电话设备用户的相关密钥。

SE 是一个内嵌的安全区域或在 UICC 中的安全区域。它是存储加密信息的地方。它包括一个安全域（SD）和可能一个或多个附加安全域（SSD）。每个凭证发行者必须在 SE 中有自己单独的 SD 或 SSD。多个支付应用程序及多种支付凭据可能驻留在单个 SD 或 SSD 中，但前提是它们来自同一凭证发行方。一个管理访问 SE（SE 上存储着终端用户的敏感支付凭证）并实际上控制 SD 或 SSD 的实体，叫作安全域管理器（SDM）。

另外，可移动的元素是基于 SD 卡的 SE 的，它使用 SD 卡格式来提供应用程序所需的安全特性。在下面讨论的 NFC 产品中，应凭证发行人要求，将终端用户的支付凭证加载到终端用户设备的移动钱包应用程序的实体叫作可信服务管理器（TSM）。[④]这是一个中立的第三方，接受委托，负责数据传输。它专门研究数据格式要求，并将其用于安全加载的加密密

---

① 基带处理器是一个网络接口中的设备(芯片或芯片的一部分)，它负责管理所有的无线电功能(即所有需要天线的功能)。它与应用程序处理器(AP)分离，后者是主处理器。

② 半导体是一种材料，其电导率介于金属(如铜)和绝缘体(如玻璃)之间。

③ 电子电路由一个个电子元件组成，包括电阻器、晶体管、电容、电感和二极管等，这些元件通过导电导线连接或通过电流可以通过的轨迹连接。

④ TSM 主要参与了下文讨论的 NFC 支付。

钥。通过在移动网络运营商和支付服务提供商之间搭建桥梁，TSM 提供了网络连接，扩展了钱包的范围，并防止终端用户被锁定到某一特定钱包的应用程序和某一移动网络运营商上。①

凭证发行者指示 TSM 将支付凭证发送到终端用户的移动设备上。为此，TSM 与移动网络运营商保持联系。一旦凭证在移动设备上，终端用户就会得到验证，并可以使用移动设备进行支付。

如前所述，用于安全存储账户信息和支付应用程序的另一种选择是云。与嵌入设备的 SE 不同的是，云位于移动设备外的安全服务器上，我们通过移动设备上的一个应用程序可以访问云。

由于移动支付的显著特征是移动网络运营商的参与，所以在构思移动支付的基本原理时，存储数据的通信技术发挥着重要作用。因此，目前移动设备数字通信的主要方法如下：

● 短信（SMS）：短信（文本）服务——特别是通过 WIG（无线互联网网关）发送的短信。这是一个菜单驱动的 SIM 卡应用程序，它开放了通向 SIM 卡无线网络的通道，从而利用安全的短信方式实现移动银行业务。在此应用程序下，银行菜单被下载到 SIM 卡上并加密。手机短信还可以用来向移动网络运营商支付费用，作为用户移动电话账单上的一项内容。这种方法在发展中国家已经很普遍了。

● 近场通信（NFC）：近场通信，以短距离高频无线通信技术为前提，实现了设备间数据的非接触式交换。这是一个双向无线电协议，也可以让消费者接受及兑换奖励。

● 无线应用协议（WAP）：基于网络支付的无线应用协议。这种数字通信方式通过允许移动设备从互联网检索信息（连接到移动网络上的云服务器），从而使网页浏览更便捷。与云相关的支付方式可能首先需要进行

---

① 它还提供生命周期管理服务，比如从被盗或丢失的设备以及其他不再需要使用的设备中删除卡片。

授权，这种授权可能但不仅限于通过NFC，授权完成后才能使用移动设备通过互联网访问银行账户。在线支付系统利用了这种技术。

NFC只能用于相邻设备之间的近距离支付。SMS和WAP则可以用于远距离主体间的支付（不仅仅是在相邻的双方之间）。认证可能是必需的，尤其是在支付金额相对较高时。通过输入字母、数字密码或代码，可以对SMS和NFC支付进行身份验证。

NFC是移动钱包的关键技术。凭借设备内置的SE，NFC允许终端用户将所有支付凭证下载到钱包中，然后只需在POS终端点击该设备，就可通过短距离无线技术转移资金、优惠券和会员信息进行购物。支付应用程序和支付凭证的所有元素必须驻留在UICC内的SE中或移动设备内嵌的SE区域内。NFC钱包需要在智能手机上安装一个物理NFC芯片。这是一种基于硬件的解决方案，复制了现有系统的基本结构。

在云钱包中，支付及个人信息被存储在安全服务器中，这一安全服务器形象地被描述为"云"。存储平台或云中的主机服务叫作云存储（Dropbox）。存储在云中的信息通过移动设备或计算机上的一个应用程序进行访问。因此，可以说在一个云钱包中，卡片被放在文件中。云钱包是一个软件驱动的解决方案，商家要接受云钱包只需对实体POS进行少量投资。它安全操作的前提是将一个防干扰模块（TRSM）（而不是电话上的SE）内嵌在商家POS机中。TRSM是一个包含了物理保护的装置，可以防止关键安全参数（CSP）受到危害。没有什么被存储在手机中，甚至连密码都没有。唯一的访问代码被生成，供终端用户使用。这个代码是设备专用的，并通过输入复杂的主密码生成。一旦生成，代码将由终端用户单独保存，并可与设备一起使用。用于生成代码的密码不需要被记住。只要代码没有丢失，密码就不必随时启用。但是，如果旧代码丢失了，就需要使用密码重新生成新代码。

主机卡仿真（HCE）是一种混合NFC和云的移动支付方式。发起混合NFC和云的移动支付类似于单独使用NFC支付。然而，支付凭证并不是存储在手机上。相反，移动电话与商家的 POS 系统间的通信使用的是一个虚拟账号（或代理账号），虚拟账号被用来识别客户的真实支付凭证，这些真实凭证被加密且远程存储在服务器（云）上。无论是商家还是手机操作系统都没有真正的支付卡信息。这种支付方式使得银行和其他移动钱包提供者能够绕过移动网络运营商，后者控制了 SIM 卡（及通过 SIM 卡所发生的费用），只有 NFC 支付方式依赖于 SIM 卡。

## 12.3　比特币[①]

比特币是基于开源协议的点对点支付网络和数字货币，它利用的是公共交易日志。比特币在 2009 年由匿名开发者中本聪提出。一个比特币并不代表对实体对象或实物货币的求偿权，它的目标是使自己成为一种货币。它将一个实体对象和某一银行账户的贷方替换为一个计算机文件，该文件包含了一份过去所有交易的列表，其中一个单元代表着比特币的创建。比特币是一种信用货币。由于它没有内在价值，因此它不是一种以商品为基础的货币。而且，也没有支付机构执行债务人的指令。更确切地说，是债务人利用下面描述的程序，将比特币从一个钱包转移到另一个钱包。

在进行支付时，付款人请求更新公共交易日志，即区块链。区块链是所有交易的总览表，显示了谁当前及曾经拥有过那个比特币。它由一个分散式网络进行维护，通过一个工作量证明系统来验证支付并记录支付的时间戳。比特币是一种加密货币，因为它使用公共密钥加密技术来控制被称作"货币"的计算机文件的创建和传输。用户通过向网络广播数字签名信

---

[①]　接下来讨论的要点是基于 Benjamin Geva 2014 年 4 月在华盛顿召开的 MOCOMILA 会议的初步报告。

息进行支付。参与者被称为矿工，他们负责对交易进行验证并将时间戳记录到一个叫作区块链的共享公共数据库中，作为回报，他们将收取交易费用及新创建的比特币。

在比特币付款后，比特币协议确定了文件中付款人对比特币的所有权，并将比特币转移给收款人。协议还规定了比特币的发行，它可以消除伪造和重复付款的问题，并确保计算机文件的安全传输。它做到了所有这些，却不依赖任何一个权威机构。

区块链是记录比特币交易的公开账簿，它提供了一定程度的匿名性。因此，它通过比特币地址来识别交易，而不是通过个人的名字。然而，通过交易追踪比特币的流动，可以提供比特币所有者的线索。此外，虽然比特币使用加密技术，它这样做的目的不是为了保护用户的身份。此外，许多司法管辖区的法律规定，比特币中介机构（如交易所）需要收集个人用户数据。

比特币的发展过程严重依赖于社区的"大致"共识。"核心开发人员"的网守功能（gatekeeping function）包括控制基础设施和讨论协议补丁。自2012年比特币基金（Bitcoin Foundation）成立以来，美国的一个叫作数据资产转移管理局（Data Asset Transfer Authority, DATA）的自律组织成立了。它的使命是：规范、保护和推广比特币项目。

在商品和服务进行付款时接受比特币的做法提出了一个涉及公众保护的重要问题。此外，作为一种私人发行的货币，比特币对传统意义上的货币提出了挑战，数千年来货币的意义已经被明确。自由主义思想家和政治家们对其理念的接受无疑提升了它的形象。与之相关的特定的法律问题包括：

- 计算机文件的法律性质是什么？它是一种求偿权吗？对谁的求偿权？
- 谁对其（名义的）价值负责？
- 它是货币、通货、商品还是无形资产？即使它不是法定货币或官方货币，在法律解释上它是货币吗（特别是当它被同意作为一种支付方式的时候)？仅仅因为作为一种支付手段而被接受，它就能成为货币吗？

- 它是否要受到证券监管？
- 它的使用会影响货币政策吗？
- 反洗钱如何对它进行管理？
- 它如何成为税收主体？

到目前为止，对于所有上述问题并没有统一的答案。

从长远来看，我并不认为比特币作为一种货币替代品会严重挑战央行发行的法定货币。当然，我认为它在偿还债务以及作为一种记账媒介的流通方面没有任何问题。与此同时，我对比特币作为价值储存手段的稳定性持怀疑态度。[①]也许我应该指出，历史上，硬币和纸币的发行都起源于私人企业，但随后国家很快就接管了货币发行。[②]然而，历史并不一定要重演，或许我太草率地对它寄予了厚望。

然而，这并不意味着为了保护公众，比特币需要被监管。对比特币的处理如果不能统一，那么至少应该相互协调。因此，关于这一主题的讨论十分重要。此外，比特币注定将继续存在并彻底改革支付交易。

因此，比特币既是一种货币替代品，也是一种基于区块链的支付方式。区块链是一种专门用于虚拟分类账的技术，也被称为公共分布式账簿，它是分类账用户之间共享的交易记录。它可以用于验证交易的持久性并防止重复消费和恶意攻击。虚拟分类账可以在不使用中介的情况下（甚至在两家银行没有代理关系的情况下）连接每一对银行间的支付。

更一般地说，目前，银行间交换客户的支付指令，并且支付对方交换后未偿还的金额。银行间的指令交换被称为"清算"，随后的付款叫作"结算"。在清算中，支付指令可以用手工或自动程序进行处理，可以批量

---

① 货币作为记账单位、交换媒介和稳定价值储存手段的特点，参见：N Dodd, The sociology of money: Economic , reason & contemporary society（New York:Continuum, 1994）at xv。

② 在大约公元前7世纪的丽迪雅（Lydia），就有这样的硬币。在18世纪的英国出现过这样的纸币。参见：Geva, The payment order , above note 1 at 84-85 and 476-489 respectively。

或单独处理。支付指令可以通过双边或多边方式结算，也可以使用延迟净额结算（DNS）或实时结算系统（如实时全额结算系统，RTGS）进行结算。通常情况下，对于每种官方货币，至少大型银行会在货币所在国中央银行的账簿上进行结算。小型银行以大银行为代理行，在大银行的账簿上结算。就其本身而言，非银行支付服务提供商需要银行为客户的收付款行为提供服务。

通过绕过任何对中介和多银行清算活动的需求，虚拟分类账肯定会对支付法规提出挑战，因为现有支付法规是以通过银行账户支付为前提条件的。


## 12.4　结论

移动支付和比特币都预示着数字支付时代的到来。因此，有理由将它们所带来的法律挑战统一对待。二者的发展都开辟了新的领域，但也带来了新的挑战。然而，在最后的分析中，移动支付所体现的变化符合支付机制的概念框架，因为这个框架已经经过了多年的发展演变。移动支付引入了承担新职责的新主体，但还没有改变支付系统的基本架构。

然而对于比特币来说，情况并非如此。比特币不仅提供了一种新型货币，它也为新的支付系统架构铺平了道路。这是一场真正的概念革命，需要的可能不仅仅是对现有法律的调整。

作为两种新型数字支付手段的活动场所，单一数字市场已经被视为共同目标，以期在欧盟内部实现协调监管（如果没法实现统一监管的话）。虽然我们要强调并确定不要混淆移动支付和比特币等加密货币之间的根本区别，我们还是应该鼓励去实现这项任务。

# 参考文献

Bollen, R. （2009）. Recent developments in mobile banking and payments. JIBLR, 454, 154–469.

Bossuyt, M. V., & Hove, L. V. （2007）. Mobile payments models and their implications for NextGen MSPs. Journal of Policy, Regulation, and Strategy, 9 （5）, 31–43.

Canadian NFC Mobile Payments Reference Model. （2012）. CBA 14 May 2012.

CPSS. （2012, May）. Innovations in retail payments. Report of the Working Group on Innovations in Retail Payments. Basel: BIS.

Dodd, N. （1994）. The sociology of money: Economic, reason & contemporary society.New York: Continuum. Geva, B. （1989）. The E.F.T. debit card. Canadian Business Law Journal, 15, 406–440.

Geva, B. （1992）. The law of electronic funds transfers （1st ed.）. New York: Matthew Bender, Loose-Leaf.

Geva, B. （2007）. Recent international developments in the law of negotiable instruments and payment and settlement systems. Texas International Law Journal, 42, 685–726.

Geva, B. （2011）. The payment order of antiquity and the middle ages: A legal history. Oxford and Portland, Oregon: Hart.

Hughes, S. J. （Ed.）. （2013）. RFIDs. Near-field communications, and mobile payments: A guide for lawyers. Chicago: ABA.

James, J. S. （Ed.）. （1977）. Stroud's judicial dictionary of words and phrases （Vol. 4, 5th ed.）. London: Sweet & Maxwell.

McGuinness, K. （1996）. The law of guarantees （2nd ed.）. Toronto:

Carswell.

Mugasha, A. （2003）. The law of letters of credit and bank guarantees. Sydney: The Federation Press.

Proctor, C. （Ed.）. （2009）. Goode on payment obligations in commercial and financial transactions （2nd ed.）. London: Sweet & Maxwell.

# 监管的挑战

本书讨论了移动支付和虚拟货币（尤其是比特币——欧盟框架内使用最普遍的虚拟货币计划），并特别关注了欧盟外部的监管经验。最后，从历史角度所做的调查揭示了支付在国际上的情况及与支付相关的法律。事实上，经过漫长的时间，与支付相关的法律已经力求为身处货币义务中的债务人和债权人提供了易于操作的规范，也引入了中介机构，从而使得商人和消费者不仅可以进行买卖，还可以进行远距离资金转移，并且始终在最终付款和责任的分配方面保证他们法律的确定性。问题是，欧盟已经实现这个目标了吗？

从20世纪80年代末以来，欧盟一直在踏踏实实地工作，为支付服务建立一个单一框架，同时建立单一货币区。欧盟已经发布了关于使用信用卡和远程支付的软性法律，包括欧洲法院关于资本和支付自由的判例法，现在又发布了关于信贷转移和电子货币机构的指令。最近，欧盟政策制定者制定了一套全面的、建立在"支付服务"概念基础上的支付法律和监管框架。对支付服务的灵活界定使欧盟得以继续推进支付和金融服务一体化进程，并启动了一项针对单一数字区域的计划。

然而，这本书的跨学科和跨行业的方法使我们能够解决一些需要处理的有争议的问题：

● 第一，立法的途径。当立法者（无论是欧洲还是其他国家及地区的立法者）必须面对新的接入设备或创新的支付手段（也就是比特币和移动支付）所带来的监管挑战时，他们往往持相同的态度：让法律体系适应陌生的环境，并试图用旧的法律来规范新鲜事物。这种方法可能会带来风险，即过度采用类比的方法，在不进行必要的监督或授权的情况下拓展规则和条例的应用范围。

- 第二，一般监管和部门监管之间的辩证关系。支付服务的综合框架（如PSD及PSD2中所规定的内容）有可能解决与创新支付服务有关的主要问题，但似乎我们也需要一个强有力的部门监管规范来解决交易安全、个人数据保护和洗钱控制等问题。

- 第三，以市场为导向的监管。欧洲政策制定者积极推动了市场的平等并鼓励创新。然而，在这个方向上付出任何努力的同时都应该意识到这样一个事实，即主要或完全建立在利润最大化基础上的支付系统演变将不符合这样一种假设，即支付系统的正常运行是一个公共利益函数。

- 第四，本书正确地突出了这样一个观点，即移动支付和比特币只是市场全球化进程的最后结果。这意味着欧盟建立一个协调框架的努力必须得到赞赏，但移动支付和比特币天生就是可跨境使用的工具，因此我们要鼓励各司法管辖区制定一致的标准。

最后，欧盟已经采取了许多措施，但仍有许多工作要做。